Stride Across the Hill

A Record of Ding Yiyuan,
A Criminal Defense Lawyer

丁一元◎著

跨越山丘

刑辩律师丁一元办案实录

法律出版社 LAW PRESS · CHINA

自序

这不是一本自传，却能领你进入一个专业律师的巍巍世界，这是对30年执业生涯中24个经典刑事案例的剖析与感悟。

这不是一本生存法则，却是一只“华南虎”在荆棘丛林中摸爬滚打、野蛮生长，阅尽千帆的心路历程。

笔者自1988年4月开始第一起辩护工作，迄今已经办理了近千件刑事案件，既有轰动全国的，在央视庭审直播的大案要案，也有各种奇葩的“疑难杂症”。

笔者的刑辩之路和我国《刑事诉讼法》1996年和2012年的两次大修一样，也经历了三个阶段的变化：执业伊始，笔者与绝大多数同行一样，各类案件都办，接触最多的是暴力、侵财案件，属于“万金油”式的律师；从千禧年开始的10年间，笔者的办案重心转向刑事案件，逐渐增加毒品和走私类罪辩护，属于半专业化阶段；2010年笔者加盟盈科（广州）律师事务所“承包”刑事部，专注刑事领域，接受委托更多的是互联网金融诈骗、非法经营类经济案件和职务领域的行贿、受贿、职务侵占和挪用资金类案件，以及民刑交叉、行刑交叉有挑战性案件，完全走上了专业化道路。积极取证，所做辩护大多数取得成功，如改判保命、轻判、不捕不诉，甚至判决无罪的，当然也避免不了有遭遇挫败的无奈之案。

专业化是律师发展的不可逆之路！近年来，刑事辩护全覆盖，大所标签化的专业部门纷纷成立；随着公检法人员的不断辞职加盟，各种刑事部门和团队更是如雨后春笋般组建起来。但专业化之路并不是一蹴而就的，就像笔者跑过的多个马拉松（其中全程马拉松6个）一样，仅有理想和行动还不够，必须持之以恒才能在专业化、精细化辩护上取得成功！

笔者在刑辩路上一路前行，诚恳守信、亲力亲为深耕在辩护第一线，可谓千锤百炼，阅案无数；三教九流，阅人无数。一般的案件，委托人在电话或微信中简述案情，经过见面交谈和会见嫌疑人后，便对定罪量刑心中有数；疑难之案，经过详细阅卷、检索和团队讨论后，也能“八九不离十”地预判结果。即便纷繁复杂的案情也能迅速厘清法律关系，找到焦点和辩护的切入点。笔者秉承“进攻型”辩护风格，强调积极调查取证的观点，已被编入陈瑞华教授的新书《刑事辩护的经验》中。本书将结合笔者的亲办案例，从多维角度，将上述粗浅经验及感悟，与同行读者们交流分享。

近年来，法律人著书立说蔚然成风。为了不落窠臼，本书不是单纯讲解法律的工具书，也不是以案说法的文学作品，而是一部亲办案件的随想录，在写作上力求把专业性揉进文学性之中。书名《跨越山丘：刑辩律师丁一元办案实录》喻示着笔者虽在刑辩事业上取得了一些成就，但仍处在攀登刑辩高峰的过程中。

从构思动笔到完稿，本书历时两年多时间。笔者边办案边写作，并将最新办理的一些颇具挑战性的案件收入其中，虽然有的已发表在自媒体“一元说法”微信公众号上，但写在书中的更为真实详尽。为避免侵权，本书中使用的人名均为化名。由于笔者才疏学浅，文笔尚不够精练，本书肯定存在不少纰漏，或者对案例的法理分析不够精准，敬请读者批评赐教。

引子

一

“丁律，去达丝利公司会见客户的时间已经到了，香港那边下午两点和您还有个简短的视频会议。”

“好，我知道了！”

收起钢笔，我用布片轻轻地擦拭眼镜。

此时已是2016年的夏至，落地窗外是太阳折射下晃得耀眼的羊城，我在这座城市生活了20多个年头，马路对面是繁华的天河区——这一片曾叫渔民新村的田野草地如今已是高楼耸立，成为华南区的头号商业中心。

二

从所里去往天河大厦大约需要10分钟，副驾驶坐着的是第一天来上班的小助理。第一天上班就要陪我出门会见客户，他显得有些紧张。

“会议材料准备好了吗？”我开着车问道。

“准备好了。”他回答。

“记着要做好开会记录。”我提醒他。

“明白，丁律。”他紧张地捋了捋胸前的领带。

下楼迎接我们的，是达丝利公司大陆区的副经理罗淼，他热情地领我们走进电梯，上到27层。

“到了！”罗副经理把我们引进了会议室。

一进会议室，我便隐约感觉到气氛的不寻常。

在座的除了达丝利公司的少公子，与其邻座的还有达丝利的法律顾问——毕马威（香港）副主席龚总，龚总对面坐着一位律师模样的中年男子，经介绍得知，他是某大所专攻走私案的司律师。会议圆桌的对面立着一块近两米的多媒体显示屏，视频连线的是达丝利（香港）法务部的两名专员。

我对着林公子礼貌性地笑了笑，和几位在座人员一一握了握手，示意助理在我身旁坐下。

龚总放下手中的茶杯，微笑地看着我：“丁律师，这次我们过来，主要是想听听您对于案子的辩护策略。”

我拿起手上的一份辩护大纲，“拿去复印几份。”我示意助理，助理躬身走出会议室。

三

“好的，龚律师，这个案子，”我顿了顿，“做无罪辩护，”我望向林公子，接着望向龚总。龚总仍旧微笑地看着我，对面的司律师脸上露出一丝讪笑。

“目前达丝利（中国）有限公司总经理连先生已经被羁押，根据起诉书的内容，检方还指控我们走私进口生产辅料1.3亿元，偷逃税款人民币2700万元。情形不容乐观，对于辩护策略，我主要会从三个方向着手，其一，一定是主观因素，不具有走私故意这点我们必须坚守；其二，改变检方对我们付款方式的定性，达利公司的付款方式是历史原因形成的特定模式，而非非法支付渠道；其三，挖掘偷逃税款2700万元的统计方法，部分物证清单统计模糊、缺乏效力；此外……”

龚总打断道：“以目前的不利的证据导向来看，不知丁律师在庭审过程中，如何将上述问题一一击破呢？”

龚总似笑非笑，我慢慢明白了这次会见的用意。此时助理已经回来，他看着我，我便示意其将材料分发下去。

“这是基本的辩护大纲，目前的证人证言只有小部分对我方有利，大部分对我方不利。”

司律师随即开口说道：“具体的证据先放一放，丁律师还是谈一谈总体思路吧。”

此后两个人开始交叉打断我的思路，我停顿了一会儿，摆出疑惑的神情，望着司律师。

龚总示意司律，说道：“我有个建议，丁律师如何做无罪辩护的观点，我们听，司律和林总从起诉方的角度去反驳丁律师的观点。模拟扮演双方的关系。看看有什么需要补充的，会提炼出什么观点。”

“好啊！”司律师毫不迟疑地应和道。

“好。”我双手怀抱胸前，静待这场好戏。

四

司律师先发制人：“根据《海关法》，达丝利（中国）有限公司作为收货方，就是纳税义务人。可以说，申报人应该是我司。从法律和事实上，你的主观无故意之说难以成立。”

他看着我，面带笑意。

我看着他，平静地说道：“根据《海关对进出境快件监管办法》第16条及第18条的规定，运营人履行报关手续，并由运营人向海关递交进出境快件舱单或清单，海关确认无误后接受申报。快递公司是运营人，履行报关义务，我们在主观上至多为过失。”

司律师反驳道：“法院认为纳税义务人是收货人，不管你中间采取什么方式，最终结果，就是你没有纳税。”

这时视频连线的香港专员也开始发言：“纳税义务人的概念非常重要，如果我们认同这是一个货物的话，就应该承认我们是收货人。对于这点，我们和司律的意见一样。”

“收货人和货主不能等同为同一概念。达丝利（中国）有限公司不能视为收货人，真正的收货人根据单据显示，是达丝利制衣公司，严格来说，我们连收货人都不是。对于是否应申报的问题，关键点在于，采取快递方式的究竟是应当由快递公司申报，还是由我们申报。”我回应道。

会议逐渐陷入无休止的争论与辩驳中，从我进入会议室前，龚总、司律师和香港连线的专员就已经达成一致，他们只有一个目的——在委托人林公子面前给我一个下马威，不达到目的，我想他们不会罢休。

必须想个办法赶快结束这场会议。

我开始试图终结话题：“总的来说，针对起诉内容，我们坚决不能妥协。主观上，虽然我们不是故意，但客观行为这方面我们也不能放松。”

“检方起诉书一再提出我们是为了非法降低成本，这有违事实，这是其错一；检方还提到，被告人连先生未要求快递公司报关，事实上根本不存在要求一说，这是其错二；同时，检方指控，我们达丝利（中国）有限公司要求香港付款后，也未向海关申报，无视实际申报义务人，这是错三。”

不由他们打断，我继续说：“如果我们附和检方对于主观方面的认定意见，那么在犯罪事实上我们将很难再去辩解，对于该案，我们也将失去辩论的立场和空间。”

看龚总与司律师似乎还想打断，我继续说道：“目前案子还没开庭，我们已经缴纳了 3000 万元的保证金，但效果全然没有看到，连先生至今未保释，如若再在这上面妥协，损失将不可估量。”

我看了看龚总，又望了望司律师，两人不再接话，脸色显得很难看。

之前由于龚总和司律师的诚惶诚恐，他们二人建议达丝利公司向海关缉私局主动上缴 3000 万元保证金了事，结果是不仅未达到效果，反而吊起了检方的胃口，如今形势变得更加严峻，现在达丝利上下已是“热锅上的蚂蚁”。所以达利集团的总裁才如此着急地找到我。

“是啊，当务之急就是按照丁律师的要求，把所有应诉材料备齐。”林公子似乎意识到了什么，开始帮忙打圆场。

龚总也终于回过神来，“林总说得对，今天的提前演练也是为了将来更好地出庭。司律师和我也是希望能把我们前期的成果全部反馈给你们，希望对你们有所帮助。”

司律师没再说话，只是生硬地点了点头。

“是的，我明白，谢谢你们的支持。”我报以微笑。

五

回来的路上，已是中午的高峰期，助理坐在旁边，一直没吭声。

“你看懂刚才是个什么局吗？”我一边注意着前方车流，一边侧过头问他。

“嗯？师父，我只顾着做记录，我……”助理怯怯地回应道。

“鸿门宴！”

“四大行”将他们垄断的客户的法律业务推荐给其熟悉的律师行，是不想让其他律师再介入分一杯羹的……

我打了个右转向灯，向事务所方向开去……

回到办公室，已是下午 1 点，我知道已经来不及吃饭，与咨询客户的见面约在下午 2 点。啃了两块面包我便瘫在椅子上，胳膊撑着桌子、手顶着脑袋，望着窗外发呆。

窗外的广州已是烈阳高照，蒸腾的热气似乎已经要从马路沿儿上蔓延到南方传媒大厦 17 层，想着想着，已有些困意……

六

因为一个简单的念头，我离开家乡，踏上羊城的旅途，想去看看父亲年轻时曾闯荡过的都市，如今一恍间，已是 20 载，父亲也已离开了我。现在办公楼下已是车水马龙，再也不见当年那个叼着油条、骑着小摩托、奔波于川流人河中的愣头青律师。那年，我甚至会为了节省出早餐钱，在上下班途中顺道用摩托车载客。

想到这里，我低头笑笑，窗上映出些许皱纹，但眼神却似隔了层致远的雾，仿佛眼里的世界，仍是那个初来乍到广州的时间，一宗宗所办案件也悄然浮现……

目录

第一章　彷徨与欢愉

归上帝，还撒旦

——大学生“传销窝点”反抗杀人案，免于刑事处罚

“互殴”还是“正当防卫”？

——工友故意伤害致死案，无期徒刑改有期徒刑

归上帝，还撒旦

——大学生“传销窝点”反抗杀人案[1]，免于刑事处罚

【引】

作为律师，我常常会思考，怎样将一个问题不断延伸，最终寻求到它本身存在的合理性与意义。比如，对于社会而言，刑法的意义在于保护社会的重大法益，守护的是一个社会最重要、最基本的道德底线。因此，刑法的价值不在于其作为政策工具的治理效果，而在于其的规范意义。 除此之外，它究竟还会触向那些我们不曾到达的边界，用客观的方法来表达总是无法详尽的，如同人的眼睛，永远会有盲区，只不过这个盲区是动态的，它时而细小无法察觉，时而庞大且模糊。

对于千千万万的法律工作者来说，纵然个体微小，但只要竭尽全力，也能凝望到乌云背后闪出的亮光，这便是我们的使命。既然没有客观、完美的解决方案，那么，往前走便是唯一的路，法律便在这之间历经优劣与进化，最终走到制度上的通达。法官也好，检察官也好，公安机关亦是，作为律师的我辈，都是刑法那座大门前的守卫，如耶稣之言“上帝的归上帝，凯撒的归凯撒”，让该去见上帝的见上帝，该还给撒旦的，就如数奉还。

这便是时代给予我们的，在这欢愉而彷徨的时代。

1 （2011）东一法刑初字第1488号刑附民判决书。

【辩护之路】

一

2012年7月10日上午，当东莞市第一人民法院的法官当庭宣判，念出“免予刑事处罚”这6个字时，已经被看守所羁押整整16个月的庞盛斌，再也忍不住泪水，掩面痛哭（参见图1-1）……

图1-1　被告人被带上法庭时掩面痛哭的镜头
插图来源：《南方日报》2012年7月11日刊。

面对出现人员伤亡的重大刑事案件，许多法官往往迫于被害人家属的压力作出较重的有罪判决。法院从来都不是请客吃饭的地方，绝不允许和着稀泥做好人。

在我的执业生涯中，像庞盛斌这样的案例几乎绝无仅有，放至全国也可能很难再找出第二例。对于故意伤害致人死亡的犯罪认定，使之达到免于刑事处罚的辩护效果，这甚至比“2017年推动法治进程十大案件”之一——4·14山东聊城“辱母杀人”于某案的5年有期徒刑更为理想。二者皆为防卫过当而认定为故意伤害，均导致“致人死亡”的严重后果，是什么原因导致两者之间的量刑差距？

2011年3月，25岁的庞盛斌即将大学毕业，他在网上求职，却被骗入传销窝点，传销人员不仅控制了其人身自由，还将其手机等通信设备没收，对其进行洗脑。第二天在完全明白这是个骗局的时候，他试图逃离，却遭到传销分子的围攻，在寡不敌众的情况下，打斗中一名传销分子被一把水果刀刺死。死者名叫李向泽，同样是 25 岁，与庞盛斌的生日仅相差 3 天。

无论是庞盛斌案还是于欢案，学术界和社会舆论对于案件最为关注的焦点都在于“正当防卫”的界定。情理上，由于被害人的过错，人们自然更倾向于被告人是正当防卫。但两个案件中，法院都最终认定为防卫过当，构成故意伤害罪，这还是有些令人遗憾。但对于庞盛斌案的结果，于家属、于我而言都是比较满意的，其中的审判过程、辩护工作，不仅仅体现在判决结果上，也真正体现了法官智慧和律师的有效辩护。

我的预判：案发后，庞的叔叔由盈科北京的同事带来广州见我，听其介绍完案情后，我轻轻问：“你们家属想要达到什么目标？”回答：“不要判无期徒刑以上，有期徒刑都可以接受。”我的脑海中迅速把曾经办过的故意伤害和杀人案件，像放电影般过了一遍，在心中预判：此案会定故意伤害，因存在正当防卫因素且有自首情节，正常量刑 5~10 年；最理想的结果是判缓刑；最差的结果是判 15 年有期徒刑；于是我签下了委托合同。

二

第一次见庞盛斌是在 9 月，9 月的广东异常闷热，人的心情也会不自觉地有些浮躁。看守所虽然大多建在依山傍水的城郊，较市区阴凉很多，但由于没有空调，律师会见室的犄角旮旯里还是养了不少的蚊虫。正埋头整理会见笔录时，只听见远远传来缓慢的金属锤击地面发出的清寡声响，我抬起头，一个瘦削的男孩子站在了门口，垂着头，脸色看起来特别黄瘦，一眼就能看出这种瘦是由短时间内积虑而成。他抬头看了看我，没说话，神情灰暗，迈着缓慢的步子准备坐下。

这时我才注意到刚才的金属声响是因为庞盛斌戴着脚镣。我难以掩饰自己的吃惊，直接质问看守所的管教：“你们为什么要给他戴脚镣？”看守所的管教估计也是刚刚午睡醒，一时也愣住了，迟钝了一会儿说：“上面要求的。”

“上面？哪条看守所的规定要给他戴脚镣？根据《中华人民共和国看守所条例》，只有对已被判处死刑、尚未执行的犯人，才必须加戴械具。我的当事人，一个还没毕业的大学生，在看守所里安分守己，又没有任何行凶、暴动、脱逃的迹象，为什么要对他加戴械具？”我几乎一口气说完，燥热的天气让我不禁出汗，呼吸也热了几分。

管教掂量了一会儿说：“你等等”。便出去了，没过两分钟便回来了，说道：“你先会见，有意见见完再去向领导提。”

简短的会见完毕，我便随管教来到所长办公室，一个花甲模样、体态圆盘的老者靠着红木椅端着杯温茶细嘬，我开门见山：“我是当事人庞盛斌的辩护人，我刚才看见我的当事人被锁着手铐、脚镣，我希望、要求你们解除他的脚镣，不仅是会见提审时候，包括他之后在看守所里的所有时间。”

老者清了清嗓子，“哪个庞盛斌？”

“所长，就是那个掉传销窝里的小年轻。”管教回答。

所长示意看管给我倒杯茶，问道：“谁给庞盛斌批的条？”

“是办案单位刑警大队要求的！”管教回答。

“行，我知道了。……丁律师这样吧，你反映的情况我知道了，是这样，这个庞盛斌我知道，之前他情绪比较消极，在语言和行为上有顶撞和违规，不是很服管，我们商榷一下后会解决问题。”

律师在会见过程中与看守所工作人员产生冲突的情况并不少见，小到会见顺序安排、大到违纪违规的处理，都需要律师时刻保持警惕之心，否则羁押场所往往会成为最容易“出事”的地方。不过，对于当事人的合法权益，该出手时一定要出手，戴脚镣对于律师自身而言也许不痛不痒，但为当事人争取合法权益，争取到权益，当事人及其家属无疑都会看在眼里，也无疑有益于律师进一步的辩护沟通。许多当事人家属对于当事人的犯罪行为往往心中有数，对于当事人难逃牢狱之灾是心知肚明的，所以，除去争取量刑减轻之外，最为关心的，便是当事人能否在牢狱中过得舒服一些、少受些欺负，甚至羁押在哪个看守所、在哪个监狱服刑、仓友如何、做哪种类型的劳作，在他们看来都是十分有必要打听清楚，甚至是提早“安排”的。据我所知，现在已经有相当一部分注重业务领域创新的律师开始重视，并涉入客户判后、服刑的业务中去。

但事情并没有得到解决，第二次会见时，庞盛斌仍然拖着脚镣进来，几乎是一瞬间，我便难以掩饰自己的怒火，指着领庞盛斌进来的看管斥道："你们怎么回事？为什么还要给他戴脚镣？"

这次倒是很顺利，管教用对讲机说着些什么，不到两分钟，另一名管教便拎着一串钥匙进来，蹲下给庞盛斌卸下脚镣。小伙子眼泪唰地就流出来了，捋着袖子一个劲地擦眼睛，一个老实巴交20岁出头的年轻人，原本准备大学毕业后争取一个好前途，不料却遭此变故，可以想见他对现在的处境定是难以接受的。

我拿出纸巾，递给他说："振作一点，你爸妈都在等你回去。"

"丁律师，我会判很重的刑吗？里面的仓友给我分析，说是不会判死刑，但有可能是判无期以上……我不想坐牢！"庞盛斌捂着脑袋，哽咽地言语之间满是沉重。

"你先不要着急，简单的案情我已经听你父母说了，也了解到你是个诚实、善良的人。但我现在需要知道整个事情的经过，包括所有关键细节，才能帮你制定辩护策略。现在谈量刑还太早，但我希望你明白一点，就情理上而言，大多数人都会站在你这边。所以只要做好准备，一定可以为你争取到最好的结果。"

从庞盛斌的口中，我将整个案件的过程记录在会见笔录上：

2011年3月初，一家名为"广东省东莞市恒辉实业集团有限公司"的单位，在网上与庞盛斌取得联系，并要求他迅速来东莞面试。3月12日，庞盛斌抵达东莞后，被人带到莞城步步高罗沙前一巷的一间出租屋窝点进行"面试"。但实际上，面试人员与恒辉实业集团没有任何关系。当庞盛斌意识到招聘只是一个骗局时，他已经陷入传销组织中。于是，庞盛斌决定迅速离开，但遭到传销分子的阻止和围殴，双方发生了肢体冲突。争斗中，四五个人先将庞盛斌按住，后用拳脚对庞盛斌进行殴打，接着使用折叠椅砸向庞盛斌，欲将庞盛斌制服，庞盛斌退后，拿出弹簧刀挥舞乱划，威胁传销分子不得靠近他，并放他离开。由于庞盛斌手持刀具，传销分子一时不敢靠近，随后，庞盛斌试图冲出房间，在跑出房门口时，遭到受害人李向泽的阻拦。李向泽朝庞盛斌扑过来，并紧紧搂住庞盛斌。在双方扭打过程中，庞盛斌手中的刀刺中了李向泽左胸部，致李向泽受伤倒地。其后，庞盛斌即跑到二楼客厅的阳台玻璃门处，踹烂玻璃来到阳台向楼下住户求救，接着又撞开防盗网，顺着下水管道跳到地面上逃离事发地点。之后庞盛斌离开东莞，返回河北老家。而李向泽因受伤严重，被团伙人员送至医院，经抢救无效于当日死亡。10 天后，庞盛斌到河北省沧州市公安机关投案。

三

依据基本案情和阅卷之后的总体判断，我认为庞盛斌及其家属的预估似乎过于消极，我选择直接从“正当防卫”入手，为其做无罪辩护。构建“正当防卫”的整个辩护思路需要注意几个关键信息：其一，案件起因特殊，庞盛斌是传销的受害者，也是勇于反抗传销的反抗者，这是情理辩护的关键，值得阐发；其二，也是最为关键的部分，即双方的冲突对抗过程的定性，这其中又需要固定两个基本事实才能将法律事实定性为正当防卫行为，即行为环境和行为紧迫性，其中有一个关键细节——弹簧刀，在庞盛斌的陈述中，这把刀是其被包围时，在房间内看到的，但在检方的起诉书中却并未指明，而是指控庞盛斌从身上拿出弹簧刀，这处争议对于庞盛斌的行为是否产生主观恶性影响至关重要，值得争取；其三，致死的结果与庞盛斌的行为之间是否具有唯一必然性？从阅卷的细节来看，存在辩护空间。

厘清了思路和关键信息后，我心里有了底，便开始策划辩护方案：其一，帮助庞盛斌厘清整个案发过程和事实，既是施害者也是受害者的双重身份，庞盛斌的庭审语言表述无论在内容还是方式上都显得尤为重要，这是从同理心上获得合议庭倾向的重要一环；其二，申请相关人员出庭，与死者李向泽共同围殴庞盛斌的还有另外 3 名涉案人员，作为事件核心环节的参与人员，他们的供述对于说明案发时的实际情况无疑有着极其关键的作用；其三，通过阅览整个卷宗，寻找可能存在的其他辩点，增强正当防卫成立的可能性；其四，谅解，对于受害人死亡，寻求受害人家属谅解是伤害类案件的固定套路，虽然本案存在特殊因素，且庞盛斌的家境贫寒，因此此环节仅作为附加值，尝试争取。

四

控辩双方一致认为庞盛斌的行为有防卫情节，而分歧在于该防卫行为是否过当？如未过当，则属于正当防卫行为，不构成犯罪；如防卫过当，则可能构成（间接）故意杀人罪，故意伤害（致死）罪。防卫过当本身不是独立的罪名，对防卫过当应根据防卫人主观上的罪过形式及客观上造成的具体危害结果来确定罪名。于庞盛斌的行为而言，究其主观心态，可能面临的结果是，正当防卫、过失致死、故意伤害致死，其中因为刀的因素，正当防卫和故意伤害致死的可能性高于过失致死。市第一市区人民检察院认为：庞盛斌故意伤害他人身体，致一人死亡，虽有防卫情节可减轻处罚，但明显超过必要限度造成受害者重大损害，应以故意伤害（致死）罪追究其刑事责任。

对于我方而言，坚持庞盛斌构成正当防卫自然是不必多说，但控方指控的故意伤害则有两层含义，其一，庞盛斌的行为是故意伤害；其二，致死的结果与庞盛斌的行为有着直接的因果关系。庞盛斌的行为是否属于“明显超过必要限度”，而由正当防卫行为转化为防卫过当的故意伤害。无论是在正当防卫还是防卫过当的情形下，都“可以”造成重大损害，因此，是否显著超过必要限度，才是“过当”与“正当”的关键要素。

那么，先假定李向泽的死亡与庞盛斌的行为具有因果关系，则导致李向泽死亡的那致命一刀是否具有正当防卫的性质？是否具有合理性？是否存在紧迫性？

庞盛斌是一名尚未正式进入社会的在校学生，懵懂无知中从江西南昌校园被骗到了远在东莞的传销窝点，在一个完全陌生、对传销分子满是恐惧的环境当中，在身上所有的财物、手机均被没收，失去作为人的基本安全感的需要时，其在接受行为刺激下的反应，是否还具有可期待性？在这种“叫天天不应、叫地地不灵”的环境中，遭到至少 4 名男性传销分子的持械围攻、殴打，庞盛斌只有招架之功，毫无还手之力。对方持折叠椅、木棒先后打击其手、脑、背部，前后夹击，这种状况之下的庞盛斌只想早点逃离传销窝点，并伴随极其恐慌的内心，此时庞盛斌手中的弹簧刀便成了保护自己的唯一武器。那么，如何看待他的主观动机是防卫心态还是过当的故意，或者说这种主观心态更倾向于前者还是后者？

在庞盛斌持刀、双方周旋的整个过程中，庞盛斌并没有直接挥刀乱刺，而只是以挥舞刀具的形式呈防卫状态，企望能阻止对方的攻击和威胁。证据卷宗显示，庞盛斌的整个行为后果，只有死者李向泽左胸部一处刀伤，其周身再无其他刀伤痕迹，在其他传销人员也没有受到刀伤的供述和相关鉴定下，从侧面印证了一个事实，那就是即使在极端的恐慌之下，庞盛斌仍然“控制”住了那把弹簧刀，并没有将其用作施暴的工具持续攻击，而“失控点”则在于李向泽从客厅突然闯进房间内并扑向庞盛斌，致使刀具失去了“可控性”。

我们看看在场其他三人的讯问笔录：

1. 王某2011年6月8日第一次笔录问：“你把当时情况再讲一下。”答：“李向泽刚开始在房间外面，那个人发现被骗后情绪激动把弹簧刀拿出来威胁我们让他走，李向泽进来去夺刀。双方发生冲突。李向泽被划伤了，但没能把他手上的刀夺下来。”

2. 李某2011年8月10日第三次笔录问：“你是否看清那个新人是如何弄伤李向泽的？”答：“李向泽上去想夺下那个新人的刀，然后李向泽和那个新人就扭抱在一起了，扭抱在一起的时候两个人还倒地了。”

3. 翟某2011年6月4日第一次笔录问：“后来发生了什么事？”答：“李不让他（庞盛斌）走，他还是决定要走，王某栋按他肩膀，我用左手抓他的右手手臂想将他按住。”问：“之后呢？”答：“姓庞的就用手将门打开想冲出门，被李向泽迎面搂着，我看到姓庞的有往前刺的动作，应该是用刀刺到李向泽了，李向泽就松手了，那个姓庞的也跌到了外面的大厅。”

从上述三次笔录中可以清楚看出几个关键信息词：在弹簧刀刺中李向泽前，庞盛斌的肢体状态是肩膀被王某按住，同时翟某抓住庞盛斌的右手手臂，庞盛斌上半身被牵制，且其系右撇子，右手持刀，在这种情况下庞盛斌仍旧试图用手将门打开冲出房间，双方对抗力明显，此时李向泽打开门几乎与庞盛斌迎面相撞，根据供述两个人随后一并摔倒。

这个过程中最为关键的，是弹簧刀插入李向泽的左胸口的行为过程和性质。但对于无法完全还原现场的这个情节而言，我们只能通过整体行为过程选择这个细节更为可能的一种发生方式，遵循从古罗马法沿溯至今的“罪案有疑，利归被告”的原则，选择更符合常理的推断。

本案中，庞盛斌从地上起来后，并未有任何攻击伤害对方的行为，只是踹烂玻璃门，撞开防盗网，从二楼跳下去报警和逃命。整个扭打过程中，我们无法确认其具有伤害他人的主观故意，其握刀在手挥动、大声喊叫不要过来的话，是处在一种孤立无援处境下出于本能的防卫行为，庞盛斌自始至终没有用刀主动捅、刺被害人，反而是李向泽和同案三人围攻庞盛斌并试图空手夺刀时扭打在一起，导致双方倒地而不幸刺中其胸口，李向泽的受伤完全可能是其扑向庞盛斌搂抱时被误中弹簧刀的，或者在扭打倒地时被意外刺中。

就社会意义而言，如果这种行为以故意伤害罪追究刑事责任的话，无疑也与立法本意相悖，使公民在和犯罪分子抗争时变得无所适从！在北美，很多州都使用城堡准则（castle doctrine，亦称城堡法或居所防御法），赋予公民在特定情况下，被侵犯人可以对于入侵其宅邸（在某些州，也可以是机动车或工作场所等合法占用的空间）的进犯者使用武力（甚至是致命武力）进行防范和对抗的权利，而对于所造成的后果免于法律责任且不被起诉。这是赋予公民特定环境条件下的正当防卫权利的形式之一，而庞盛斌所面临的状况也是正当防卫形式的一种。虽然该行为意外造成了李向泽死亡的不幸后果，但不能因为出了人命就认为属于《刑法》第 20 条第 2 款规定的防卫过当行为，而由行为人承担刑事责任。我国《刑法》第 20 条第 3 款规定："对正在进行行凶、杀人、抢劫、强奸、绑架以及其他严重危及人身安全的暴力犯罪，采取防卫行为，造成不法侵害人伤亡的，不属于防卫过当，不负刑事责任。"这是我国刑法对"无限防卫权"的规定，该规定明确排除了特殊场合下致不法侵害人死亡之防卫行为的有责性。

庞盛斌因为拒绝加入传销组织，而遭到至少 4 名成年男性的持械（折叠椅）围殴，敌众我寡、处境危险。虽然参与围殴的传销分子在归案后未供认其伤害反抗者的企图和决心，但从其实施的行为和一般常理来看，庞盛斌当时面临的情况确实是具有紧迫性的。李向泽等人对庞盛斌的持械围殴属于《刑法》第 20 条第 3 款规定的"行凶"行为，不能要求防卫的手段和侵害的手段完全对等，那么庞盛斌在已受伤的情况下除了手中的弹簧刀外别无其他自卫工具可供选择，庞盛斌在对方持折叠椅攻击有可能致自己受伤或死亡的紧急情况下（后文写到的张胡生案，便是当事人使用桌脚作为工具致人重伤致死的笔者亲办案例），因此，退一步说，即使用刀捅刺防卫也符合无限防卫权规定，其防卫行为不属于防卫过当，不应负刑事责任。

细致的读者在阅读上述文字时可能已经注意到，我遗漏了一个细节——那把庞盛斌“手中”的刀，从何而来。我专门将其单独拎出来谈，也想借由这个话题单独谈谈律师在庭审过程当中的发问技巧。

发问，几乎是庭审中最为重要的表达艺术，如何问，绝不仅是临至现场的随机应变，辩护人对当事人、证人乃至公诉人的每一个发问，都有其目的与意义，每个问题都与下一个问题环环相扣，甚至有的问题就是“明知故问”。坊间流传着很多辩护律师发问的笑话，例如，面对可能存在刑讯逼供、需要进行非法证据排除的讯问警察时，当头就是一句：“你有没有对我的当事人进行刑讯逼供？”这种“愚蠢”的发问方式应当完全避免，对于这类问题，应当通盘考量整个讯问笔录（包括提讯证、录音录像等材料），从诸如讯问时间、地点、人员、方式、法定代理人、翻译等笔录完备性、权利告知、核对签名等所有细节入手，进行由点及面的发问，最终指向的发问目的，此时被询问人已无路可退，哪怕拒绝回答辩护律师的目标问题，辩护律师的目的也已经在庭审现场达到。2014 年 3 月，李庄和王誓华律师等在广州市中级人民法院创纪录的 37 天审理胡伟星等 34 人涉黑一案中，对出庭作证的警察的发问堪称经典。当时我也去旁听了一天。

回到本案，“刀”的来源作为本案辩点之一，是因为其来源可以间接说明伤人行为究竟是具有蓄意性的还是偶然的、随机性的。在本案中，刀的来源存在争议，在涉案传销人员的供述中，一人表示不清楚，其他两人表示刀是庞盛斌自己的，也是其从自己口袋里掏出来的。当然，这与庞盛斌的供述并不吻合，其描述的情况为逼仄至房内角落时临时看到的，在半开的电视柜里。那么，面对这项争议，如何在庭审现场使法官更倾向于采信我方的供述呢？

我们需要根据辩护思路和目标，结合不同对象设定不同的问题。对于这个辩点，3 个涉案传销人员中有 2 人均表示刀是庞盛斌的，想要否定这两人的供述，达到“刀”不是庞盛斌的，或者来源存疑的目的，我们需要寻找其符合法律事实的空间。首先，我们要考虑的是其合理性，通过一步步的发问，提出合理怀疑；其次，使涉案人员的供述与事实、常理或者原供述不符；最终，再通过庭审现场发问庞盛斌，得到其供述支持，以下文字简要记录了这一庭审过程。

（发问人：丁一元　　被询问人：涉案传销人员翟某）

丁：翟某，我是庞盛斌的辩护人，现就本案向你发问，请如实回答。

翟：好的。

丁：你跟李向泽是什么关系？

翟：一起……工作，一个地方的老乡。

丁：你指的工作是什么？包括传销吗？

翟：都做过，服务员、司机、销售之类的都一起做过。

丁：翟某，我的发问是有关于庞盛斌在你的“工作场所”发生的细节，我希望你端正你的态度，不要再回避问题，虽然你所涉嫌的组织、领导传销犯罪另行开庭，但你在本庭的回答态度一定会影响你的定罪量刑。（虽然翟某在侦查阶段对其进行传销违法犯罪的行为供认不讳，但发问初始阶段，其在庞盛斌案的庭审现场一直避重就轻）

翟：知道了。

丁：你在侦查阶段供述你有参与违法传销活动，做了多久。

翟：两年多吧。

丁：李向泽多久了？

翟：比我久些，他算是我领导。

丁：两年多，那你对这一块的业务应该是比较熟悉了。

翟：你指什么？

丁：庞盛斌在你们那里待了多久？

翟：从他进来到他跳窗逃走，总共也不到 24 个小时吧。

丁：他刚到你们出租屋时是谁“招待”的他？

翟：我、王某某、李某，还有李向泽，大概五六个人吧。

丁：为什么要这么多人？

翟：刚来的人可能不服管，那个庞盛斌又人高马大的，我们怕出什么问题，就多了一两个人手。

丁：对于“新来的人”，你们的手段、程序一般是怎么样的？

翟：一般新来的人，我们先要对其进行洗脑，如果对方不是很服管，我们就会先把他关一阵，每天都派人去跟他沟通，但我不负责洗脑这块，不怎么擅长，具体是怎么做的我也说不清楚。

丁：庞盛斌的供述里说他进门没多久你们就把他的行李包、手机之类的物品全部收走了。

翟：是的，刚进来肯定是要断绝他和外面的联络的。

丁：他的手机在哪里？

翟：在他口袋里。

丁：你们搜他身了？

翟：呃……是的，这是规矩。

丁：你们还脱了他的袜子和鞋子？

翟：是，我们肯定要把他身上"收拾干净"的。

丁：既然是你们的规矩，这些套路你们已是轻车熟路，背包、手机、手表、钱财，甚至袜子，庞盛斌身上的东西被你们搜得一干二净，那么他身上有没有可能藏有一把水果刀——如此危险的凶器而不被你们发现？

翟：……沉默。

丁：审判长，我的问题问完了。

发问的目的，往往需要包裹在一堆看似无关痛痒的问题中，而这个问题的核心往往会由于你的连续发问而使对方难以察觉，如果仅仅是开门见山地发问："庞盛斌手里的刀是不是你们的？"那么一定得不到想要的答案。如以上的发问示例，又是仅仅隐藏在众多辩点所形成的一套问题中的一部分，其目的的隐蔽性将更强，让被询问人防不胜防。因此，学会将目标问题包裹、掩盖，同时一步步限缩对方的回答空间，直到最终揭示目标问题，便是发问技巧的精髓所在。掌握熟稔后辩护律师应对庭审时才能充满信心，至于向自己当事人发问这类"配合战"，自然也就迎刃而解了。

五

审限漫长，直到第二年初春，案件才第一次开庭，而等到第二次开庭，已是2012年7月，这一次，是当庭宣判。

"李向泽等传销人员实施的非法传销行为是我国明令禁止的，其社会危害性严重，李向泽等人引发本案存在严重过错，鉴于庞盛斌的行为属防卫过当，依法应当对被告人庞盛斌免予刑事处罚。"

短短几行字，我却永远也不会忘记庞盛斌听到审判结果时，双肩颤抖、号啕大哭的表情，这对他而言，几乎意味着一次重生。

整整 20 余分钟，庞盛斌情绪才渐渐平复，开始接受记者采访。此时，我注意到一个细节，一位法院工作人员看到庞盛斌仍穿着囚服，便立刻通知其家属拿来普通衣服，走到庞盛斌面前说："释放了，这身衣服不能再穿了。"

庞盛斌的叔叔和姑父已经来东莞 10 天了，这一年多以来，庞家全家每天都在煎熬中度过。庭审过后，他们也来向我致以谢意。"我们家里虽然很穷，但从老到少，从来都没有一个人犯法，都踏踏实实做人。"不过遗憾的是，庞盛斌的爸爸有心脏病，爷爷也瘫痪了，其母亲因为这事脑子也不清醒了，没有前来旁听庭审。但日子总算有了一个好的奔头，不是吗?

传销是长期存在于我国社会的一大毒瘤，不仅骗人钱财，使受害者倾家荡产、众叛亲离，而且常常发生不愿加入传销组织的反抗者被打死打残、被迫跳楼的恶性事件，影响恶劣、民怨极深。公安部在全国范围内统一部署、严厉打击非法传销活动的今天，本案具有特殊的社会意义，庞盛斌是传销的受害者，也是勇于反抗传销的反抗者，如果因为其在反抗过程中造成了李向泽的死亡就将其定罪处刑，无疑是将过于沉重的负担加在了这个尚未正式走进社会的青年人肩上。庞盛斌寒窗苦读十几载，在校表现一直优异，但尚未出校门即被关进牢狱，这既不是我们刑法的目标，也与我们教育的意义背道而驰。

法院对一宗命案的行凶者作出了"犯故意伤害罪，免予刑事处罚"的判决，这在国内是少有的，但却不是最公正的，只能说是合适的，能让控辩双方都接受的结果。

【一点思考】

同年 7 月的宣判阵势浩大，吸引来不少媒体记者，在那一年算是轰动一时的案件。作为辩护律师，不可避免地承认社会媒体的介入、社会舆论的影响，一定在某种程度上左右或者审视着刑事案件的走向和判决。

尼尔·波兹曼在《娱乐至死》一书中曾指出，现实社会的一切公众话语日渐以娱乐的方式出现，并成为一种文化精神。我们的政治、宗教、新闻、体育、教育和商业都心甘情愿地成为娱乐的附庸。书中有一句话让我印象尤为深刻：有两种方法可以让文化精神枯萎，一种是让文化成为一个监狱，另一种就是把文化变成一场娱乐至死的舞台。

前文提到的同类型案件—— 4·14 山东聊城“辱母杀人”的于某案的影响力是全国性的，2017 年山东省聊城市中级人民法院的一份“无期判决”引起轩然大波，全国的网民因为这起案件群情高涨。女企业家苏某霞被 11 名催债人长达一小时的凌辱之后，催债人杜某浩脱下裤子，用极端手段当着苏某霞儿子于某的面污辱苏某霞。22 岁的于某摸出一把水果刀乱刺，致 4 人受伤。被刺中的杜某浩自行驾车就医，却因失血过多休克死亡。

热闹之时，国内超过 30 名顶级刑法学专家教授针对此事发表言论，大大小小的分析类文章达万篇。引起全民高潮的原因，在于社会公众的正义观念与司法实践结果之间存在的巨大落差，这种巨大落差直接挑动了社会大众最后那根敏感脆弱的神经。

舆论媒体强势宣传其营造的广泛同理心，让每一位阅读新闻、浏览微博、微信的普通群众都推己及人地将自己代入情境当中。我们说老师像妈妈，称祖国为母亲，在几千年传统文化所孕育的泛俄狄浦斯情结的中国老百姓心中，自己的生母在眼前长时间经受讨债人的言语侮辱，理智似乎无从谈起。很多人似乎都在表明，如果我是于某，我也会这样做。

我们的文化宣扬不畏强暴的英雄主义，宣扬董黯为母弑人的二十四孝，我们的道德观念已经预设了本案当中刺死辱母者的道德优越性。然而，当现实中司法实践的结果否定了这层优越性时，源于案件本身的矛盾便显得微不足道，因为这似乎不仅是一份对于当事人于某的判决，也是一份对于所有有同理心的社会公众的判决。真当有一天事情发生在我们自己头上，我们是应当如何应对？

作为普罗大众，发出以上的感慨不足为奇，但我们还有一层身份，我们是法律人。对于此事，法律人的态度究竟应当如何？在面对各大公知的纷纷发言，造势也好，蹭热度也罢，法律人是否也一样要鼓吹那份同理心？那份同理心真的是建立在了解全部事实和案情的基础上吗？还只是说对个别情节的无限放大，我们还有些什么可以向公众告知、提醒和宣判的呢？

事实上，从判决书的全文来看，法院予以认定但被媒体所忽略的事实有：其一，母亲苏某霞与要债人员前期一直存在对骂，甚至推搡的行为，而并非在长达一小时的时间里任人侮辱；其二，警察并非撂下一句“你们要账可以，就是不要动手打人”就离开现场，而是在门外向在场人员了解情况；其三，掏出生殖器是事实，但全案没有任何关于是否抽打于某母亲的脸部，塞进嘴部等陈述。

阐明以上事实，是想向公众传递一个信息，那就是不能无条件地将一个人置于绝对弱者的形象，哪怕是丑化警察形象。近年来，似乎每一件传播广泛的大案要案都以“黑化警察”为手段，似乎不以捆绑和激化警民矛盾为套路就不能引起民众的强烈共鸣。本人亲办的胡凭醉酒枪杀孕妇案如是，“警界寒战”李才温案如是，还有那些大大小小的城管、“暴力刑警”都在被黑化的道路上“一骑绝尘”，更何况传播的过程中已经有诸多捏造的事实被当作事实而广泛报道。

当一件事情已经刻意地被大众媒体推至一边倒的情况时，这件事情本身也就失去了去评价的意义，没有人去关心真相。于某的母亲甚至“官方发布”为儿陈情书，无论该文的放出是其个人还是代理律师的意思，其也的确是救子造时事了。陈情书中，一个“女本柔弱，为母则刚”的先天弱者形象已经跃然纸上，文中甚至出现“想强奸我”这类已经基本脱离事实的陈述，值得我们每一位观众思考、熟虑。毕竟，网络始终是把“双刃剑”。事实上，对于生殖器抽脸、口交的谣言，部分公知事后也进行了澄清，然而网络世界里信息传播的法则是不会顾及所谓“澄清”的，澄清前的新闻效力已经达到了最大化，人言可畏的效能也达到最大化，那么这种“澄清”在群情高亢的网民面前无疑显得苍白无力。

自媒体时代的一个问题在于只有热度，没有温度。对于社会热点事件不能人云亦云，舆论有时会有绑架法律之嫌，媒体是把“双刃剑”，有时会杀人（道德审判）有时可推动法治进步（许霆案改判等）。所以应慎用自媒体和舆论导向。

"互殴"还是"正当防卫"？

——工友故意伤害致死案[1]，无期徒刑改有期徒刑

【引】

2005年1月17日，农历腊八，佛山，寒风刺骨，吹袭着街上寥寥行人，一个黑影慌张地从街边的家具厂里跑出，不一会儿便遁于夜雾之中……

工厂里尘土飞扬，一个男人倒在地上，头部满是血迹，不知生死。周围簇着两三个工友。不一会儿，一辆闪着信号灯的急救车停在路边，一行人匆匆将伤者送上车，也消失于茫茫夜色……

20分钟前——

手里正攥着把笤帚的张胡生，是佛山市龙江镇美伦家具厂的工人。此时车间里只剩下两三个工友火急火燎地收拾行头，准备赶回去和媳妇小孩过节，三楼的时钟响了一声，张胡生抬抬头——晚上8点30分整。

张胡生吹着哨子，继续扑腾扑腾地扫着楼梯道上的尘土，地上还没见着干净，而空气中已满是尘土味儿。这时，猛地听见身后传来一阵吼声，还没等张胡生转过头来看清楚，只见工人余某平拿起走道边的板凳就往张胡生身上砸去。张胡生本能地捂住头，但肩上瞬间的剧痛使其一个踉跄，直接跪倒在楼梯道上。

张胡生恼火地起身就要揍余某平，"我他妈怎么着你了！"

"怎么着？"余某平瞪着大眼泡挑衅地说，"我在楼梯口刚拐弯儿你个孙子就把灰扫我一脸"。

1　（2005）粤高法刑一终字第766号。

两人吹胡子瞪眼，说话间就要扭打起来，周围几个工人见势纷纷上来劝架，拉住二人。不想那余某平身材高大，一两个人根本拉不住，他抢过笤帚就往张胡生脸上扫，年轻气盛的张胡生哪里受过这般侮辱，眼里止不住的怒气，猛地发现几个废旧家具就靠在墙边。说时迟那时快，张胡生拿起旁边一根木餐桌脚便朝余某平头部打去，只听闷声一响，余某平应声倒地，不知死活。张胡生看见这幅场景，把木桌脚一扔便慌忙跑出了工厂……

当晚，张胡生在案发后逃离现场，待头脑稍稍冷静下来，心里估摸着得筹钱为余某平治疗，便到其妹张某英的住处，将打伤余某平之事告知了其妹。两人正聊着，便接到工友张晓云及工厂老板黄某洛的电话，叫其赶紧到派出所处理该事，张胡生立刻同意。

怎知刚到派出所门口，黄某洛又打来电话，告知："余某平现在在被抢救，情况不好，你赶紧先来龙江医院！"张胡生找了部摩的，便直奔龙江医院。缴纳了1100元医疗费，张胡生坐在抢救室的门外，双腿不自觉地抖动着，暗自祈祷余某平千万不能出什么岔子。

越是在医院里坐着，张胡生便越是感觉到内心的恐惧，"我出去透口气"。张胡生对着妹妹张某英匆匆撂下一句，便走出了医院。但没想刚走出医院两步，便在门口被便衣抓获。

次日，伤者余某平由于脑后枕部遭到钝击打造成严重颅脑损伤，经抢救无效，不治身亡……

【辩护之路】

一

张胡生，江西九江人，与我是老乡，其母亲找到我为其辩护，是因为一件十几年前的一桩旧案。1993年，当时还在县城里的法律顾问处工作的我，曾前往浙江温州为一个打工老乡聂云金抢劫案辩护，案件最终由死刑立即执行改判为无期徒刑，后来这件事不胫而走，乡里乡亲的，便也都知道了有个律师叫丁一元。没有想到，一个十几年前的旧案仍未被乡亲忘记，我顿时也是感慨万千。

二

我清晰地记得，那是2005年2月28日，虽说已是立春，但那年广州的冬天却离去得很晚，星期一的早晨冷得出奇，嗖嗖的风成了精似的往脖子里钻，我带着些许困意来到所里，看见所门口蹲坐着一位老妇人和姑娘，似乎正倚着墙睡觉。

“大姐,这么冷的天,就别在这儿睡了！”我一边搓着手,一边礼貌性地提醒她。

她恍恍惚惚地睁开双眼，眼睛仿佛顿了两三秒，才将眼神聚焦到我身上，我这才注意到她的双眼已布满血丝，透着一股沉沉的疲惫感，一看便知是好几天没合眼。

她望着我，呆了一会儿，腿冻的似乎有些抽筋，拍拍花布棉衣上的水气，扶着墙慢慢站起来，开口说：“丁律师？我就是来找您的！”

她的声音有些颤抖，但这一口熟悉的乡音却如同穆静的晨钟，顷刻间将我的困意驱散。

“大姐，我们到所里说！”我引她进了事务所。

眼前这个如同《秋菊打官司》中“秋菊”般朴实的妇人，已满身疲惫，但与刚才不同，此刻她的眼睛里已经有了些神采。

“丁律师，我想求求你救救我的伢！”话音刚落，这妇人就要顺着茶几跪地，我及时上前伸手扶住，赶忙说：“大姐，不着急，我们慢慢说，能帮得上忙的我一定尽力而为。”

“我儿子他不是故意的！”老大姐掩饰不住情绪的激动，开始啜泣起来，几乎听不清说些什么。

“大姐，您有没有收到公安局的法律文书？”我递过纸巾，问道。

“有的，有的”，大姐抹了抹泪，开始翻动她那泛旧的几乎看不出颜色的布制旅行包，她带着一个破旧的布包从江西坐了10多个小时的火车跑来广州，掏出那份皱巴巴的文件时，她又忍不住啜了两声，好像很难面对这份对她的骨肉似乎意味着制裁的文书……

我一边看着给家属的《刑事拘留通知书》，一边听大姐左一句右一句地向我讲述着他儿子的为人，待她讲完最后一个字，才想起桌前的热茶，端起来嘬了两口。

三

接洽完毕，我感觉这似乎又是一个涉及“防卫”的案件，但这个案件却无法简单定位为一般的正当防卫。

案情显示余某平与张胡生是在已经被工友拉开后，又继续发生了争吵与厮打的行为，这种间断后又持续的行为，是否还能成立“正当防卫”；又如何将“正当防卫”与“互殴行为”之间进行区分；如何说明即使在这种被拉开后又持续的斗殴行为中，张胡生的行为依然具有“正当防卫”的紧迫性、正当性。这些是作为辩方立场的焦点所在，也需要更为详尽的人证、物证进行证明。

余某平人高马大，平时就八面威风，而张胡生年纪轻，再加上家境贫寒，身形瘦小，和余某平争执起来不会是对手。但根据情节来看，要推翻“伤害”之故意，实在是困难重重。可是如果“伤害”之故意无法推翻，认定“正当防卫”就无从谈起。

当然，分析至此，仍只是知其一二。针对一件受害者死亡的案件，除去对案情本身的挖掘外，我们律师还有很多紧要的事情需要做。会见当事人了解案件的详细经过，便是首要任务。于是我立刻在所里将所有相关委托手续办理完毕，便着手准备去往佛山市看守所的会见材料。

四

看守所从来都不是一个彰显人情味的地方，会见室里也都只是简单的一副桌椅，在不大的空间里，也异常清冷，但空气却闷得人透不过气来。

张胡生并没有抬头看我，即使看不到他的眸子，我也能感受到他的失落。

“张胡生，你好。我是你老乡丁一元律师，你母亲委托我来会见你，她很担心你。”我打破了沉默。

听到“母亲”二字，他终于像回了魂儿一样，慢慢抬起头，“我没有杀人……

他侮辱我、欺负我……那么多人看着，我不知道该怎么办，看见边上有根桌子脚，就砸了过去，我不知道，我跑了我不知道他会死……”话还没有讲完，他的脸有些抽搐，但是依然激动不已。

此时我才看清张胡生，虽然胡茬已经布满脸颊，但脸上透露着一股未经世事的稚气，如同一只受伤的小羊羔。是啊，20 多岁，履历简单的年轻人又怎会想到遭此劫难。

“我明白，”我望着他说道，“你母亲和我聊了你的很多事情，”他的眼神里终于有了些光亮，“但你刚才说的那些仅限于感受，现在你需要详细的回忆整个过程”。

我从公文包里拿出材料递给他，说：“这是公安机关对于当天案发所描述的案情，你仔细看看，回忆一下有没有什么不妥和遗漏的地方，任何一个细节都不要遗漏。”他看着我，接过我手中的材料……

张胡生终于恢复了些元气，不再一副快快的模样。会见结束前，我语气略显郑重地对他说：“记得无论结果怎样，门外都有你母亲在等你。”他看着我，没有了来时的孱弱，已然有了些男人骨气。

五

一个案件的前期准备工作往往复杂而又漫长，而在这期间，针对当事人的心态变化，律师做好恰当的安抚工作显得尤为重要。对此我一直认为，一个好的律师，最好具备应用心理学的基本知识，或者说，至少具备关注人的心理变化的特殊敏感性。敏锐的观察力，在当事人产生倦怠、消极、急躁，甚至绝望的时候，往往会使律师兼任起心理咨询师的责任，至少在很多当事人家属看来，他们经常性的催促律师会见当事人，就是为了给予当事人一份安全感，因为在这个阶段，律师是唯一可以接近当事人的自己人。而掌握应用心理学技巧无疑可以提升会见效率、完善庭审发问策略、密切与多方人员的沟通，这贯穿于整个辩护阶段的律师工作中。

在帮助张胡生恢复生存意志后，他详细向我叙述了案件经过，同时也针对起诉材料补充了几点较为关键的信息。

其一，起诉意见书以及案卷材料中并没有对于自首问题的任何阐述与认定，抓捕过程的描述也仅简单地表述为“于死者救治医院门口抓捕”，这里缺乏一个显然的案件事实：当天案发后，张胡生接到工友张某云及该厂老板黄某洛的电话叫其到派出所处理该事，张胡生同意后，在与其妹张某英去派出所的途中，再次接到黄某洛与张某云的电话，让其先去龙江医院看望伤者并缴纳1100元医疗费，随后才被便衣抓获。

无论是案卷材料还是起诉意见书中，均没有任何有关这段事实的说明或证词。很显然，张胡生虽然没有抵达派出所，但其仍应属于在投案自首过程中被抓获，不应影响对于自首的认定，这个事实对于量刑显然是有极大帮助的。但《刑法》第306条如同一把悬在律师头上的达摩克利斯之剑，刑辩律师的所谓“禁忌”——调查取证。一审时出于审慎，我并没有向黄某洛和张胡生工友张某云调查取证，但仍然在法庭之上向张胡生发问，并说明其归案经过，提出了其具有自首情节的观点。

其二，也是本案的焦点，对于侵害之故意的认定：根据张胡生的描述，其承认当时的确有两三位工友在劝架，但余某平始终没有停止侮辱和殴打他。之后余某平更是拿起了木凳打中了张胡生的脸部，而此时手中只有扫把这种不具备攻击性工具的张胡生，慌忙之下才捡起了过道旁的一根餐桌脚，朝余某平打去。事实上，在工友劝架之前，根据张胡生的阐述，余某平先是使用了自重很大的打磨机朝其砸去，但这部分情节并没有相关的目击证人，工友们是在这之后才闻讯赶来的。

也就是说，直到最后张胡生才选择了较为有力的餐桌脚作为工具进行反抗。但对于案发环境而言，他是否还具备“正当防卫”（防卫过当）的“紧迫性”呢？在有数名工友劝架的情况下， 是否就能说明张胡生没有遭受危险的可能性呢？然而从余某平的死反证来说，这显然不能成立。因此，我仍然决定选择以“防卫过当”为张胡生进行辩护。

六

赔偿被害人家属损失，取得谅解也是杀人和伤害案中为被告人获得从轻减轻处理的砝码。但张胡生的家境并不好，律师费也只交了 5000 元，这给我们做余某平家属的谅解工作带来了极大的困难。余家人的态度也一直保持强硬，似乎达不成他们的要求就绝不谅解。在尝试了几次以后，张胡生母亲选择了放弃。

第一次开庭时，检察官当庭发表的量刑建议即是判无期徒刑以上，坐在庭下的张胡生母亲听不懂程序、听不懂法条、听不懂辩护，但她却听得懂这清清楚楚的“无期徒刑”4 个字。我能看见庭下这个脆弱的母亲，用那条打着补丁的围巾抹着痛哭的脸，这张脸会让我想到自己的母亲，在那个并不富裕的家乡，有许多这样的老母亲，他们养育了很多儿女，读书不多，年复一年，在山间田地里老去……

但这一切远不及一审结果给予我们的震撼与打击，虽然我深知此案在做“防卫过当”的辩护道路上几乎算是唯一选择，委托时也预料到对于案件情节与性质的考量，张胡生不可能处以极刑，但当无期徒刑、剥夺政治权利终身的结果下来时，还是让我深深地感到难受。

七

事实上，不仅审判结果令人难以接受，一审判决中甚至都没有认定自首。

但此刻也许最不应沉浸在这种自愧情绪当中的就是我，律师应当学会如何处理挫败感，一场辩护，一场对事实的认定，终究只是一次胜负。但不知缘何，这一次我却感到格外的沉重，也许既有法理与情理的徘徊，也有来自家乡隽永的情愫。

律师可以理性、睿智、敏捷，但同样不能缺失感性与同理心。关键在于，当感性充斥脑海时，一名合格的律师应当具备重新拾起理性的能力。我承认对于这样一份判决书我无法接受，张胡生母亲的眼神也一直出现在我脑海中，但秉持一颗相信真理的心，相信上诉会有更贴近真相的审判的决心，这才是律师应当具备的素质。

因为此时，还有两个人需要力量去承受与振作。或许是因为一直以来的工作张胡生的母亲都看在眼里，此刻的她显得比以往任何时候都要坚强……

再次来到看守所，墙外的梧桐已经密得遮住了阳光，如同我面前的张胡生，脸上似乎看不到生气。

“你母亲让我带来三个字，”我望着他，“‘要上诉’！”

张胡生的母亲让我想起了一段话：

“传说，因为神不能同时在世界的所有地方，所以创造出了妈妈。

到了妈妈的年纪，妈妈也依然是我的守护神，

妈妈，依然是个叫一声都会哽咽的名字。”

八

上诉后，我深知没有新的证据且仅在书面审理的情况下，想要改判是渺茫的，于是我决心闯闯刑事辩护“禁区”，带着助手范建军律师到张胡生打工的家具厂，向黄某洛厂长和张某云分别做了调查笔录，又去到龙江派出所走访，复制案发当日接报警及出警记录，写好辩护词后便将调查笔录等材料附后并提交给法院。

2005 年 9 月 17 日，也就是中秋的前一天，二审判决书寄达前，我就先接到了广东省高级人民法院承办法官打来的电话，他将结果在电话里简单告知了我：

经过他们的核实，认定了调查取证的证词，符合自首情节、可减轻处罚。最终，虽然没有采纳“防卫过当”的观点，但以故意伤害罪改判有期徒刑 15 年。

大约是一个月后，我收到一个包裹，里面是家乡寄来的“哨子”，望着这一包包手擀出来的团子，我久久不能释怀。

之后我再也没见过那位母亲。

后来，听乡里人说，张胡生由于在狱中的表现很不错，经过两次减刑，2017 年中秋前提前释放了。

我想，对于他的母亲，一切都不算迟。

【一点思考】

“互殴”还是“正当防卫”？

从纯粹客观的表现形式上看，互殴案件中斗殴参与者实施不法侵害的打架斗殴行为与正当防卫中存在的伤害行为具有相似性，即正当防卫客观表现与互殴中的斗殴行为在外在形式上呈现出很大的相似性，例如，用拳脚殴打对方、用棍棒刀具等凶器攻击对方等。但仔细考察，我们不难发现二者的根本区别：互殴是危害社会的行为，正当防卫是维护法律秩序、有益于社会的行为。互殴与正当防卫的不同之处在于前者主观上是伤害故意，客观上是斗殴行为，后者主观上具备防卫意图，客观上是一种防卫行为。

张胡生故意伤害案，是行为人事先并没有约定，由于某种原因而相互攻击对方的突发性事件，此类案件由邻里矛盾或者普通民事纠纷升级引起，在案件定性上也易引发争议。

就本人观点而言，张胡生的行为应当定性为防卫过当，而非“互殴”当中的非法侵害。

我的预判：一般来说，在互殴行为的参与者都具有积极不法加害对方意思的场合，我们认为客观上不管谁先下手，任何一方均不得主张正当防卫。

但互殴的特性，表现为双方在积极侵害对方不法意图的支配下不断实施持续性攻击行为。主观上，参与者都具有积极侵害对方的故意，这从根本上否定了正当防卫的成立。而张胡生在互殴的两点特性上显然是均不成立的，其一，其没有积极侵害对方的不法意图，案件中，张胡生一直在被动地遭受身体侵害后而采取反击行为；其二，张胡生向被害人敲了一棍后随即逃开，并没有实施持续性的攻击行为。

我国刑法学界关于正当防卫成立要件为以下 5 个条件：其一，起因条件，必须有不法侵害存在；其二，时间条件，不法侵害正在进行之时；其三，对象条件，针对不法侵害本人实施；其四，主观条件，防卫意图，即具备防卫的认识和防卫的目的；其五，强度条件，不能超过必要的限度。而对于张胡生正当防卫认定的争议，主要来自第五点，其是否超过必要的限度，对于这点，我认为不能断然推断只有制止不法侵害才能成立正当防卫，不能一旦出现超越单方面的制止范围的反击行为就否定正当防卫的存在。就防卫结果而言，不超越明显的限度造成不必要的严重后果，属于正当防卫，也就是说，并不要求防卫利益一定要与对侵害人造成的法益损害相当，即使行为人的反击行为超越单方面的制止范围，也是可以成立正当防卫的。

此外，在司法实践中，完全无辜的受害人少之又少，无论张胡生的正当防卫是否得以认定，其对事件的发生、矛盾升级或多或少都有过错，在事件当中都应承担部分责任。一般而言，纠纷起因或者纠纷升级的责任者，往往是因为自己的不当行为才招致对方的攻击行为，只要对方攻击行为的暴力程度不明显超过先行不当行为，就不构成不法侵害，因此起因责任者对其具有容忍义务，对方的攻击行为不能认为是不法侵害。举个例子，甲基于不法侵害的目的实施的不当行为（该不当行为包括但不限于殴打等暴力行为，例如严重的言辞侮辱）引发了乙的反击，甲趁机予以反击，如果甲成立正当防卫则难以让人信服。但“起因是否有责”这一判断标准对区分互殴与正当防卫只具有指导作用,并不必然决定正当防卫是否成立。

如果行为人在情况并不紧迫时，有能力选择躲避却不为，或在侵害人实施轻微攻击时，行为人原本可以采取温和的手段制止却采取明显超过必要限度的方式进行反击，并且造成重大损害的，不成立正当防卫。以“紧迫性”标准取代“不得已”标准，已是目前刑事司法之主流，紧迫的不法侵害，是正当防卫的前提条件。正当防卫的成立之所以有紧迫性的要求，就是因为在法益面临不法侵害而国家公共权力的救济又缺位的紧迫情形下，行为人出于防卫本能，只能实施自我私力救济。

与苛刻的“不得已”标准相比，“紧迫性”的标准是比较科学合理的，而且不会产生诸如“能躲避则不防卫”或者“防卫相当性”的问题。值得注意的是，在已经预见到的不法侵害的场合，并不否认正当防卫的紧迫性要件，因为针对已经预见的不法侵害，如果不能积极给予保护的权利，那么该权利也将不能称为“权利”。

上述两件案例，庞盛斌的行为完全符合正当防卫之要件而应判以无罪，而张胡生的行为则与防卫过当相吻合。两个案件在普通人看来是成功、有效的辩护，但作为一个法律人来讲，却仍有些遗憾，形成此章也是希冀在故意伤害案中对如何界定正当防卫和防卫过当作个参照。

第二章　警戒线

警界“寒战”

——刑警李财坤“设局”杀人案

一声枪响，两处人生

——广西警察胡凭醉酒枪杀孕妇案

警界“寒战”

——刑警李财坤“设局”杀人案[1]

【引】

2012年7月2日，一起枪杀案经几十家媒体的纷纷转载报道（参见图2-1），迅速推送至各大媒体新闻头条——“深圳警察设局杀人”“警员为民除害设套杀人？”“深圳警员为求升职乱杀人！”……噱头十足的标题赚足了关注度。

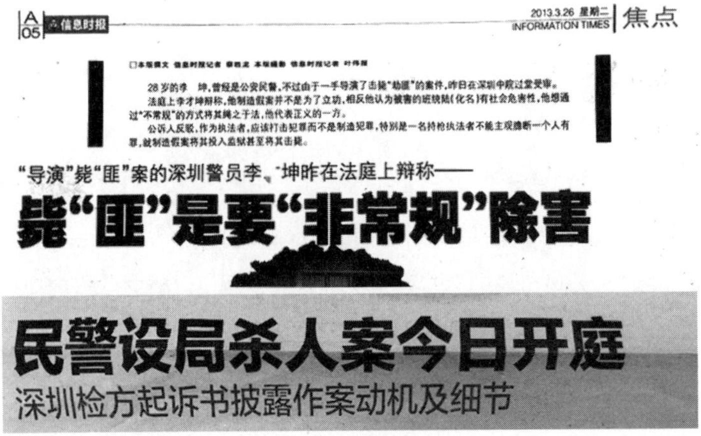
A05 信息时报 2013.3.26 星期二 INFORMATION TIMES 焦点

28岁的李 坤，曾经是公安民警，不过由于一手导演了击毙“劫匪”的案件，昨日在深圳中院过堂受审。

法庭上李才坤辩称，他制造假案并不是为了立功，相反他认为被害的班统陆（化名）有社会危害性，他想通过“不常规”的方式将其绳之于法，他代表正义的一方。

公诉人反驳，作为执法者，应该打击犯罪而不是制造犯罪，特别是一名持枪执法者不能主观臆断一个人有罪，就制造假案将其投入监狱甚至将其击毙。

“导演”毙“匪”案的深圳警员李 坤昨在法庭上辩称——

毙“匪”是要“非常规”除害

民警设局杀人案今日开庭

深圳检方起诉书披露作案动机及细节

图2-1 相关报道

媒体报道：

2012年7月1日凌晨，29岁警员李财坤在审查涉嫌报假警的班统颖及其堂兄班统录时，认为班统录气焰嚣张，在警所内侮辱、谩骂民警，遂产生制造一起假

1 （2013）深中法刑一初字第45号。

持刀抢劫案，将班统录开枪击毙的想法。李财坤诱使一名涉嫌办假证的女性嫌疑人黄晓现配合报假案，让其指认班统录抢其戒指。

2012 年 7 月 1 日晚 8 时 20 分，龙新派出所将班统录释放，仍在上班的李财坤觉得时机已到，开私家车以商量班统颖一事为由，在派出所院外接上班统录，开车到龙岗街道爱南路附近让班统录下车，开枪射击致班统录当场死亡。后让黄晓现报警称被抢，并将事先准备好的金戒指放在班统录手中，随即拨打龙新派出所值班室电话，称开枪将一名持刀抢劫的嫌犯击中。调查过程中办案人员发现，报案人黄晓现对案件细节的描述矛盾重重，谈话时神色紧张、支支吾吾。最终黄晓现坦白，称其是受李财坤胁迫报的假案，其表示，对于李财坤拔枪射杀班统录的行为事先并不知情。

2012 年 7 月 2 日凌晨 3 时，龙新派出所办案民警以涉嫌故意杀人罪将李财坤刑事拘留。

【辩护之路】

一

2012年始，一些社会关注度较高的案子纷至沓来，一切都在不知不觉地变化着，这种变化着实喜人。李财坤故意杀人案便是我接手的又一要案。

细细想来，作为风口浪尖之辩为李财坤辩护，四字以概之——虎口拔牙。

二

警民纠纷伤人事件并不少见，枪击案例以往也有，不过初闻该案时，它依然挑动了我的神经末梢，用时下的话来说，这是个“反转”剧，以“设局”的方式枪杀被害人，使李财坤的整个案件充满了戏剧性，“设局”似乎意味着充分的蓄意和预谋，主观恶性较之于一般的纠纷过程中开枪要更为严重。不过，对于媒体的过度曝光和重点强调，我往往会秉持着怀疑的态度去看待，在这个案子中，除去其“警察”的外衣，民众集中讨论的爆点在于：一是“设局杀人”；二是“杀人邀功”。

对于设局杀人这点，由于人证、物证甚至犯罪嫌疑人的口供都比较统一且完整，看起来已是板上钉钉。而对于杀人立功这个“爆点”，即犯罪目的，窃以为是新闻媒体的“噱头”，对于这种无从查证的“目的论”，我不主张从媒体的口中去做判断。

案发三天后，本所一位罗律师拨通了我的电话。

接到电话得知，原来李财坤是他高中同学，一家都是从江西移民广东的新客家人。罗律师知道我在华南区的刑辩业务做得风生水起，有不少成功案例，并担任盈科广州律师事务所刑事部主任，便希望我能为李财坤辩护。

在简要的电话交谈后，我们便约定见面。作为老乡，我也希望能够更深入地了解这个案件，还原真相。江西人在外省的口碑一向不错，属于既聪明又善良的老区好同志，在我内心，也更趋向于在这个案件中为李财坤找到更合理的出口。

这边还在叹惋，那边李财坤家属早已经坐了最早一班动车从深圳赶来广州。

前台行政人员彼时也才刚刚上班，一打开接待大厅的正门，我和李财坤家属五六个人迎面进来，风尘仆仆。一行人的低气压，让行政小姑娘嘴上说着接待语，却下意识地向后退了两步。来人中，有李财坤的妻子、堂哥及父母，虽然是夏日的早晨，但广州的空气已经开始升温。

我脱下外套，示意他们坐下：

“我们是老乡，时间紧迫，就开门见山来谈，目前的状况，要想在定性上做改动，可能性很小。当然，如果委托，我们还是会尽力再做些尝试。不过，我们的重点应当是在量刑上下功夫，这里首先就需要你们家属的积极努力。”

对此，几位家属并不太赞同，我继续补充道：“以过往判例来看，一般情况，被害人死亡，能够做到积极赔偿、求得被害人家属出具的谅解书，那么被判处死刑的概率将会降低。因此，这是目前你们家属的第一要务。”

我啜了口热茶：“但目前有以下几点对我们不利的地方，其一，这个案件里李财坤的主观恶性比较大，其作为警察，布局枪杀被害人，具有相当大的人身危险性。其二，无论是‘设局杀人’还是‘杀人邀功’，媒体裹上的这一层外衣显然对他不利，舆论的发酵是否会干扰法官的审判，我们没有把握。”

“丁律师，之前那个药家鑫案就说什么‘激情杀人’，我弟弟这个是不是‘激情杀人’？”李财坤的堂哥问道。

“应当不属于，或许被害人在警局对他有语言侮辱、谩骂和挑衅，哪怕班统录确实说过‘你敢抓我，出去我要找人干了你’的恐吓言论。也许他的杀人动机是在被害人的言语刺激下被激发的，但这不是什么所谓的‘激情杀人’，在他动手枪杀班统录之前，他有足够的时间度过‘激情状态’，他的开枪行为，应当是有预谋的。”

“丁律师，我希望您能尽快进去见见李财坤，看看他有什么想法。”李财坤的爸爸说道。

“丁律师，我丈夫他有精神病。”李财坤妻子抬头说道。

“什么？”之前家属对于这点没有和我做过任何沟通。

“他有精神病。”李财坤妻子又重复了一遍。

我的预判：经过一个上午的详细交谈，思忖这是件非常棘手的案子，判死立执的可能性大。便对家属提出初步辩护方案，要达到保命最低要求；首先是申请精神病司法鉴定；其次取得被害人家属谅解；二者要得其一。至于定性方面将根据会见后，了解其本人开枪时的动机，是否存在被害人袭警不得已开枪的情况，往滥用职权罪上考虑。罗律师和家属均对此辩护方案表示认可。

三

去看守所的路上，我思考着李财坤妻子说的话，“我丈夫家族中有精神病史，他奶奶就是病发自杀身亡的。他平常看起来没什么问题，但有时在家中性情会变得很古怪，在派出所也很孤僻，不是那么合群。无论是工作还是生活，都很要强，经常和同事、朋友闹些矛盾。前天我在派出所听他的一个同事说，他在看守所见过李财坤，觉得他有些不正常，他当时问我丈夫‘怎么干出这么蠢的事情’，他说当时我丈夫冲他笑，笑得他发毛。他还问同事‘任务已经完成了，什么时候出去’？你说他是不是精神有问题？”

带着李财坤妻子的疑问，不知不觉已经到达深圳市第一看守所，大约等了20分钟，我办好了手续进入律师会见室，听见脚镣声一步步靠近，我知道他来了。

当我面对他时，我的确能感受到一丝与众不同的气氛。他盯着我，但表情不是惊愕，而是一种轻松的状态，第一次见面，这反倒让我些许紧张起来。

我向他表明了来意，他只是点点头，有点轻蔑的样子。

突然，李财坤抬头望向看管："小李，你让丁律师给我拍张照！"估计看管之前与李财坤相熟，竟然同意了。我重新将手机开机，他站起身，靠在墙边。虽然身上穿着看管服，但拍照时，李财坤面带微笑，露出牙齿，看上去精神饱满的样子。

拍完照片，坐回原位，固定好器械，他又恢复了沉默的表情，一言不发。他略带神经质的反应一时竟让我不知如何开始对话。

"我是冤枉的！"他先开口。"你是我的律师，我知道你是来帮助我的，你不要紧张，我是冤枉的。"他说话的语调出奇的冷静。

但他这一说倒显得我很尴尬，想想也是，无论精神是否正常，他是我的当事人，我是来提供帮助的。就算是被当事人咬掉块耳朵，那也算是为伟大的刑辩事业光荣献身吧。

我重新捋了捋思路：

"证据材料将会对你很不利，虽然你的杀人动机没有充分的说服力，逻辑链上也还存有些许空间。但布局杀人的物证、人证基本完备，想要摆脱故意杀人罪的指控难度很大。"

"我不是故意杀人，我给他指令，让他蹲下别动，但他不听，我一直在给他警告，但他无动于衷，我见他站起身来要攻击我，我便出于防卫意识开了枪。"

"李财坤，"我变得严肃，"当时就你们两个人站在路边，一个站着，一个蹲着。根据现场勘验记录，子弹是从班统录左耳上方进入脑部，右耳下方穿出，贯穿头部的走势是从上到下，这说明枪击时班统录一直蹲着且根本没有还击，要是当时发生了搏斗，不可能以这种弹道轨迹且打得这么准的。"

他顿了顿，"开枪前，我跟班统录聊了5分钟，我心里一直在犹豫要不要开枪，当时他蹲在我面前，我拔出枪后，一想到他有暴力犯罪前科，怕他会抢枪反而受制，见他想站起来，于是想也没想就开枪了。”

李财坤又沉默了一会儿，“我只是想把他打伤，让他坐牢，”他说道。

“李先生，你曾经是一名警察，从事刑警工作多年，如果你只是想把他打伤，那么你必然不会选择在那么近距离的情况下枪击被害人的致命部位，以你开枪的距离和被害人被枪击的脑部位置来看，法院不会认同你的‘伤害论’。”

或许是我说得有些直白，眼前的李财坤似乎一点也不想在他的辩护律师面前表露真实心迹，却又似乎渴望我理解他。其实我心里甚至在想：如若班统录仅仅受到一般的枪伤，那么被害人的话语权很可能不会被消灭。作为一名具有基本侦察能力的公安刑警，如果被害人活着，他与报案人黄晓现随时都能互相印证、揭穿李财坤的计划，暴露必然是最后的结果……我凝视着他，眼神中有一丝犹疑，他似乎也能看穿我的心思，说道：“我也知道把班统录击毙的后果有多严重，一旦办案中出现命案，公检法部门一定会详查，事情迟早会败露。案发后我从没想过要掩耳盗铃，在接受调查时，就自首供述了案件的真相。”李财坤望着我，眼睛里说不出的复杂，我也看着他，他眼中有说不出的意味。

“事情一发生，他们一个个都说不认识班统录，其实我们整个派出所的人都认识他，派出所领导和同事们都说不认识是怕事件会影响警队的声誉。我负责去调查他，领导全都知道。先抓回派出所再搜集证据，这是警察常用的侦查手段……我只是为了将班统录绳之以法才策划的假案，我这是公务行为！说我是为了升职才策划假案击毙班统录，这根本没有任何证据！我击毙他对我升职一点好处都没有，都是他们自己想象出来的！”

我抿着嘴、低头，沉默着。他极度希望获得我的认同，但我的不认同又让他感到极度的失衡，他慢慢地变得焦躁、不安，恐惧从他的每一处汗毛里透发出来。我准备说话，但还没开口他便打断我，“我不需要你的帮忙，我只是完成任务而已，他们早就该放我出去了。”他突然站起来，“我要出去。”随后他便大声嚷着，直呼看守人员，要求解开牢椅，随后便一步一步挪出了会见室……

四

结束了不算顺利的会见，回到事务所，我开始检索查阅相关判例：

2009 年 2 月 13 日，云南省蒙自县公安局警察吉某春醉酒驾车，因倒车琐事与潘某发生争吵，继而相互扭打，吉某春拔枪朝潘某射击三枪，致其当场死亡——云南省红河州中级人民法院作出一审判决，以故意杀人罪判处吉某春死刑，剥夺政治权利终身。吉某春上诉后，云南省高级人民法院作出终审判决：改判死刑，缓期二年执行，剥夺政治权利终身。

2004 年 11 月 10 日，云南文山壮族苗族自治州砚山县维末乡派出所警察陆某，骑着摩托车带着所长史某刚途经维末乡政府门口时，摩托车剐到了正在行走的村民左某，引发双方的争执。随后左某找来朋友蒋某维等向陆某质问。在推搡中，陆某连开 4 枪，导致左某、蒋某维当场死亡——云南省文山州中级人民法院一审判决认为对于惨剧的发生，死者本人也有一定的过错和责任，案发后陆某态度积极，投案自首。法院在认定陆某构成故意杀人罪的基础上，决定对他判处无期徒刑。

2010 年 1 月 12 日，贵州关岭布依族苗族自治县坡贡镇两名村民被派出所警察张某开枪打死。官方通报称，警察在执行公务时遭遇暴力袭击，警察鸣枪示警，当事人抢夺枪支，两名村民后被子弹击中后死亡——2013 年 6 月 21 日，贵州省遵义市中级人民法院对被告人张某枪击致人死亡案作出一审判决，认定张某犯故意杀人罪，判处有期徒刑 8 年。

2002 年 6 月 8 日，甘肃省天水市公安局在平凉市设伏抓捕涉嫌销赃车嫌疑人的行动中，天水市张家川回族自治县公安局警察张某勇在开枪射击销赃嫌疑人所驾车的轮胎时，误将内蒙古阿拉善左旗公安局警察陈某打死，酿成震惊当地的血案——2003 年 9 月 25 日，张家川回族自治县人民法院以张某勇犯过失致人死亡罪，判处有期徒刑 3 年，缓刑 4 年。

通过分析近年来警察开枪致人死亡的几个案例我发现，虽然无论在情节上还是社会影响力上都未达到李财坤案的程度，但严重的依然判处死缓，罪轻的则判以缓刑，一些案件虽然也有争议，但存在被认定为合理开枪的情况。乐观来看，无一例判死刑。但李财坤与上述案件有一个明显的差别，除去一例误杀以外，其余均为双方争执、揪斗过程中引发的枪杀，而李财坤案的现场勘验记录显示，双方之间没有任何明显的搏斗痕迹。这个信息可以导向两个结果——李财坤是在班统录完全没有准备的情况下蓄意开枪射击；或者，如李财坤所说，是在班统录准备起身时，其误以为班统录欲进行反抗而选择开枪射击。前者是故意杀人的犯罪构成，后者是“假想防卫”的构成，但众多疑点均指向了前者，即李财坤具有故意杀人的重大嫌疑。

第一，民警单人携枪执行伏击任务，没有其他民警或者巡防队员的配合，这不合常规。第二，李财坤在实施抓捕时，没有鸣枪示警，就将所谓的犯罪嫌疑人班统录一枪击毙。第三，经法医检验，死者班统录系被枪弹高速射击致重度颅脑损伤死亡，也就是俗称的一枪击中头部致死。子弹从左太阳穴射入，从头部右侧射出，在双方对抗的状态下射击如此准确，一般情况下很难做到。甚至于在我在会见之后，都没有办法认同李财坤的“防卫论”。问题在于，本案即使有较为充分的物证及人证，但这些证据由上至下、由内至外一串起来，却始终存在一种说不通、道不明的矛盾感。后来我才明白，这种槽点，表面原因似乎在于被告人的供述前后多次脱节，更重要的原因，是李财坤涉嫌故意杀人案的侦办单位，即是其本身的工作单位。由于李财坤职务和案件的特殊性，本案的调查结果不仅影响到被告人，同时对涉案单位也有直接的影响，由涉案单位进行自侦自查显然并不合适。

程序正义在此案中显然已经无法成为焦点，经过两次退查，案情实际上远比想象的要复杂。李财坤所在单位先后出具的数份“情况说明”，均不利于李财坤，“情况说明”显示，虽然在案发前派出所就已经知道班统录，也知晓其底细，但李财坤想通过杀掉班统录而邀功的个人行为与单位无关（控方一审通过李财坤的部分供述，结合“情况说明”直指李财坤邀功杀人），李财坤采取如此极端的手段，且期望瞒天过海，从犯罪动机上讲实在难以成立。面对公诉方的长驱直入，李财坤几乎难以忍受，其被“抓获”的地点是龙新派出所的会议室，在被羁押前，派出所为了劝导李财坤坦白、“解决”问题，曾告知李财坤需要和应当说哪些，“帮助”其解决“问题”。但这些难以证明的说法最终也只能成为李财坤的“自说自话”。

五

对于李财坤的精神问题，我无论是在庭审中还是书面材料上都多次重申和强调，虽然没有十足的把握，但我始终认为申请精神鉴定非常有必要。虽然不能肯定李财坤一定患有某类精神病，但在会见的过程中我的确能数次捕捉到其某些行为不排除确实存在患有某类精神疾病或者间歇性精神病的可能。

但之前深圳市康宁医院法医精神病司法鉴定所于案发时已经对李财坤进行过一次精神鉴定，司法鉴定意见书称：李财坤的总智商为111，属于较高水平，其本人在案发前后的社会功能保持良好，精神活动在正常范围。而对于家属向我反映的李财坤青年时期曾离家出走，自称“老家有纹身的人要追杀他”，且其亲属中，事实上有三人都有精神病史，鉴定称，李财坤的某些想法（制造立功的虚假事实、弘扬警威）虽然有些不切实际，或是因青少年时被几个纹身人敲诈的阴影影响所致，见到纹身的人就认为不是好人，但这些表现并非精神病，而是其长期形成的认知和不良的个性素质。7月1日案发期间李财坤无精神病，7月1日实施的作案行为无精神病症影响，辨认和控制能力在正常范围，李财坤目前具有受审能力。

由于此次委托及鉴定程序合法，因此，对于我方多次申请重新鉴定，深圳市人民检察院和中级人民法院也未准允。

最匪夷所思的是，即使在最后一次庭审中，李财坤依然坚称自己精神正常，是为了塑造警队形象、惩罚恶势力才制造此案，他并不想做精神鉴定，只是拗不过家属和辩护人的要求，与我申请鉴定的辩护意见相左。其表示对办案有足够的自信，称在设计假案时，他有把握不会出现现在的结果，只是“不小心”将班统录击毙，事情才变得严重，这是意外。

也许在外人看来，李财坤一点儿也不配合他的辩护律师。不过，或许这样大家才会更加确信他有精神病吧。

记得每次开庭，李财坤都会将身体挺得笔直进场，一副意气风发、正义凛然的样子。某次法官要求李财坤发表意见时，他竟从裤后掏出了一份报纸，希望对着报道的内容一一进行反驳澄清，但被审判长制止。虽然他在庭上的态度保持得很好，很尊重法官，也有很强的为自己辩护的意识（这点估计受益于其所受教育和警察职业的影响），但由于固执己见，没有做到条理清晰、简明扼要，被审判长打断了多次。

事实上，庭审过程的确是一边倒，就连我的发言也被审判长打断过，我记得庭审时检察员声音很小，在宣读某份“情况说明”时，不仅我、被告人听不清，甚至连法官都听不太清，李财坤因此要求检察员再次大声宣读，当法官同意被告人请求时，检察员转身对我说了句“请你认真听讲，不要分神”。

当然，这一切也被在场的十余家媒体尽收眼底，不仅如此，场外还等候着诸多无法进场的各类媒体。

无论是第一次开庭还是第二次开庭，控辩双方激烈争辩的始终是犯罪定性问题，控方一直指控李财坤因憎恶班统录，而想制造一起假持刀抢劫案将其开枪击毙，并为此准备刀具、寻找报假案的黄晓现，最后开枪击毙班统录的犯罪事实，且现有证据形成完整的证据链条，足以认定李财坤构成故意杀人罪。而李财坤始终认为其当时是在履行职务，在岗执行职务期间用警枪射击他人，违反了办案程序，也超越了职权，致被害人死亡，应属于滥用职权的构成要件。

在最后陈述部分，李财坤再次强调：“我设套抓他的本意是要为民除害，是从公心出发的，不是为了一己之私，更不是为了升职。检察官也没有证据证明我是为了升职才这么做的，更何况这样做也对升职没有任何帮助。”他低头沉默了许久，在法官第 3 次提醒下，他深深叹了一口气，说：“控方指控我故意杀人的罪名，我不认罪。但是我确实开枪打死了班统录。我要感谢被害人家属对我的包容和谅解。直到现在，我对开枪的行为感到深深地后悔……希望法庭能对我宽大处理。”

由于与李财坤在沟通和配合上一直存在错位，我始终对这次的结果隐隐担忧，事实上，我手中的王牌仅有一张，便是被害方的谅解书……被害人家属居住广西山区，我开庭前才从法官处得知了电话，经过法官一次开导和我颇有技巧的耐心谈判，班统录的家属接受了 6 万元的赔偿方案：

谅解协议显示："被告人李财坤故意杀人一案，鉴于案件系一时冲动失控造成，李财坤年纪尚轻，事后亦有认罪悔罪表现，并且李财坤的家属多次向我们表示歉意，并愿意向我们赔偿精神抚慰金，现双方已达成谅解协议，因此作为本案被害人班统录的家属，我们对被告人李财坤表示谅解，同意给李财坤一个改过自新的机会，希望法院从宽处理，并保证不再提起由此产生的任何刑事、民事或行政诉求，望贵院批准。"

六

2013年10月29日，李财坤案一审宣判。

偌大的庭审现场四处布满了机位，媒体旁立，几个举着电视台话筒的记者坐在第一排旁听席，蓄势待发的态势。

李财坤被押入法庭时，突然面对媒体记者掀起了外层囚衣，露出里面写有字迹的背心，一个"冤"字、一个"悲"字。他时不时地回头向旁听席张望，想寻找父母和妻子的身影。在法官开始宣读判决书后，其仍频频回头，虽经法警多次提醒，却仍然我行我素。两名法警不得不用力将其摁回面对法庭的方向，李财坤时而大笑、时而反抗，用手臂顶撞两名法警，最终出动三四名法警才将其制止。

宣判前，李财坤的父亲接受采访时一度流泪，听到判决后双眼红肿、一言未发后离开。最终，李财坤一审被判死刑，缓期2年执行。法院认为，李财坤的行为已构成故意杀人罪。犯罪情节和社会影响极其恶劣，社会危害性极大，罪行极其严重，依法应当判处死刑，但鉴于李财坤对被害人家属作出赔偿并获得谅解，故可对李财坤判处死刑不必立即执行。

李财坤听到判决内容后，大笑一声，似乎笑尽人生无奈，随后当庭喊出他要上诉。当他走出法庭时，驻足对旁听席上的母亲说："妈，您保重，我会过得很好，真的。"李母顿时泪流满面。

随后李财坤便拖着脚镣离开，边走边大叹大笑，颇有些"仰天大笑出庭去，我辈岂是蓬蒿人"的"决绝"。

此人开枪时真实想法究竟如何，想破头来我也弄不清，道不明。

七

2013年10月29日，就在宣判前的一天夜里，又一件轰动全国的警察枪杀案发生——广西警察胡凭醉酒进入螺蛳粉店，开枪致一死一伤，死者为一名孕妇。或许是由于李财坤案的进一步发酵，这起警察枪杀案瞬间在互联网上炸开了锅，传播速度较李财坤案有过之而无不及，新闻影响力瞬间让李财坤的宣判也显得“鸡肋”。

几天后，这个案子家属同样找到了我。

一声枪响，两处人生

——广西警察胡凭醉酒枪杀孕妇案[1]

【引】

2014年7月22日早上，师父从看守所会见出来，马上回复未接来电，脸上露出我从未见过的着急，我本能地知道有不好的事情发生了。挂了电话，师父忧虑地说："最高院裁定胡凭执行死刑，胡凭的家属和胡凭今天见面，今天行刑。"

讲完之后，便是一段很长的沉默。回来的路上，我尝试跟师父多讲话，以便分散师父的注意力，师父一直漫不不经心地跟我搭话。我理解师父的心情，任何话语在这个结果面前都显得苍白无力，即便师父经历20多年的风雨，但是这个结果还是让师父难掩失落。

回到所里，当一篇篇关于胡凭的报道摆在我面前的时候，难过和无助铺天盖地而来，我脑海里一遍遍地回放着团队讨论案情的情景……

我只见过胡凭一次，不知道真实的胡凭是一个怎样的人，但同事陪同师父开庭、会见，回来后对胡凭的评价是，现实中的胡凭不像报道上展现的"穷凶极恶"，那些被剪切的画面怎么能展现真实的胡凭，胡凭的最后陈述，让被害人的父母都感动落泪，如果这样的一面能广为人知，那该是多么好……这个案子决定胡凭的生命，包含了胡凭对未来生活的希望。作为一个小助理，只是想告诉胡凭，这个世界上，至少还有人理解胡凭，希望胡凭身上的包袱能减轻些。同时，也希望通过胡凭的事，让更多的人反思一个生命是否应该武断地判决，公正是否更应该得到彰显。

1 （2013）贵刑一初字第37号；（2014）桂刑一终字第36号。

希望胡凭去天堂的路能走得舒心些，好过些。

高雅馨实习日记

2014 年 7 月 24 日晚

2013 年 10 月 28 日，胡凭携带其配备的“六四”式手枪协助湖南省新化县民警刘华、罗宗政到平南县大鹏镇调查案件。当日 19 时许，三人结束工作后到大鹏镇某酒家吃晚餐，席间胡凭经不住他人的再三劝酒多喝了几杯。21 时许，胡凭酒后乘车返回平南县城。途经大鹏镇新望街时，胡凭要求下车并在街道上吵闹，行为怪异。22 时许，胡凭在街道上掏出其随身佩戴的“六四”式手枪开了一枪，随后进入被害人蔡世永、吴樱（孕妇）夫妇经营的“老牌螺蛳粉店”内，询问是否有奶茶卖。听说没有后，胡凭用枪拍打餐桌，接着持枪朝店内天花板开了一枪，持枪指着正在店内吃米粉的客人头部，问客人“服不服”。当吴樱回应说没有奶茶时，被告人转向吴樱，其持枪的手也来回摆动，对着夫妇方向。因为距离较近，蔡世永用手去拔开被告人手中的枪，枪口回摆时发生枪响，蔡世永右肩中枪，吴樱的头部、手部及胸部共被击中两枪。

经鉴定，吴樱系被枪弹作用致严重颅脑损伤死亡，蔡世永构成轻伤。

【辩护之路】

一

“世事间，除了生死，哪一桩不是闲事。”

二

再提起这件案子，我的胸中依然会涌起一股难以消解的胀闷。我会想起那些与胡凭会见的日子，每一次会见都让我进一步了解了他的为人，但此刻这股实实在在的苦闷让我明白，他已消逝于世上，而这种遗憾感，才是最令人难以消解的部分。

胡凭的家属是因为李财坤案报道而找到我的，他们渴望保住胡凭的命。事实上，胡凭妹妹在侦查阶段就已经在互联网上查到我的电话并联系过，无奈我当时正在人民大学刑事辩护高级研修班培训，无法调整时间。但当一审死刑立即执行的判决一公布，胡凭家属还是再次从广西找来。那天是 2013 年 2 月 24 日，距离胡凭案的一审判决，已经过了一个星期。

律所的洽谈室出奇的安静，胡凭的妻子就坐在我的对面，她是县城里一个普通中学的老师，因为这件事，她无奈地从学校离职，他们有个女儿，由于案件影响力实在太大，女儿也不得不先休学回家。她直勾勾地盯着手里的茶杯，窗外的光线透过，还能清晰地看见空气中的尘埃，我注意到她的指尖有些微微地颤抖，“胡凭平时表现都很好的，无论是工作，还是待人处事，同事和村里人都评价很好的。”她捋了捋额头前的长发，虽然仍然显得凌乱，但看得出她仍希望保持镇定的模样。

“虽然我们常常希望与委托人坦诚相待，但有时，坦诚往往换来的结果是失去当事人的委托。”我望向她，“你是胡凭的妻子，作为他现在唯一的支柱，我不得不向你坦白，以目前的状况来看，如果没有新的线索和突破口，案子要单凭我这一张嘴，翻身的难度也许会比你想象中还要大。但从你委托我这一刻起，我们的团队就已经站在了你的身后，这是一场硬仗，你必须无惧外界的一切流言蜚语。”

三

案件还在一审审理时，我就一直默默关注着，作为被“中央政法委点名”“影响极为恶劣”的 2012 年十大干警违法案件之首，本案的社会影响力太大，当时就已预料到这件案子不容乐观。对于这类案件的委托，辩护人的压力也相应增大。

为了办案的效率和质量保证，在征求了家属同意后，我邀请本所广西籍毛敬文律师作为第二辩护人，以及实习生暨南大学刑法硕士郑泳彬协助我工作。

阅完卷，回顾全案时，我才突然意识到，其实在胡凭家属委托我之前，我早已下意识地站到了被告人胡凭这方，并不是没有考虑到被害人情节，对于“一尸两命”的结果，每一个有良知的人都会感到扼腕，也一定会对胡凭的行为感到愤懑。这个结果是每一个人都感受得到、看得见的，但那些没被看见的部分呢？

我的预判：看完贵港中院的一审判决书，直觉告诉我，胡凭凶多吉少！对于故意杀人罪是否需要判决死刑，一般而言都从以下几个方面考量：主观恶性、人身危险性、犯罪情节、犯罪结果以及社会影响等。对于一人死亡、一人轻伤这样的结果，按以往的司法实践经验以及“少杀慎杀”的原则来讲，并不必然判死刑立即执行，前面李财坤案所列举的案例已经可以看见，无一例死立执判决。但本案的不利之处在于媒体报道和政法委点名，可以说已未审先判。基于家属的信任，我也愿意承办有挑战性的案子，所以委托是从二审到最高人民法院死刑复核两个阶段。

这里引申一点关于“孕妇”的概念：从我国法律上来讲，孕妇未分娩之前，腹中的胎儿，并不能称为法律意义上的人，所谓的“一尸两命”只是民间的说法，严格来说这是附加考量的情节，以当时胡凭醉酒的状态而言，他也难以判断该妇女是否有 4 个月的身孕。但“孕妇”这点，便是打开舆论阀门的导火索。

事实上，无论是媒体还是互联网，对于该案排山倒海似的口诛笔伐，几乎都集中于其二人的“特别”身份，即“警察”杀了“孕妇”，而且是酒后携枪到店滋事。因为是警察所以罪加一等，又因为是孕妇所以再加一等，于是身份成了被“捆绑”和“放大”的情节。

当所有人都为逝去的生命而高呼法院必须处死胡凭时，我们应当客观审慎地解析案情，考虑当事人的主观恶性和人身危险性以及枪击的特殊性。胡凭，一个 39 岁的普通警察，警务生涯超过 10 年，10 年来纵无大功，但也无过。

我常常会想，对于那些在精神上并无特殊疾病的个体而言，当一个恶性事件最终发生在他们身上时，他们作为行为人，是所有发生条件和因素结合之下的一个载体，是一个被“选定”的人。

例如，胡凭曾在一审庭审时解释，他知道喝酒时枪支应放在指定保管的地方，但是因为当时派出所没有指定的保管地方，所以他就将枪携带在身上了。平南县公安局枪支管理专用库开具的《枪支保管卡》显示，胡凭曾先后 3 次领用该枪，其中 2006 年 12 月 18 日领取后，于 2007 年 7 月 18 日归还，2009 年 1 月 19 日领取后，于 2009 年 4 月 11 日归还，2012 年秋，胡凭处理一起涉枪案件，经批准于 2012 年 10 月 17 日再次申领该枪。

尽管《公安机关公务用枪管理使用规定》中对民警自行保管枪支有严格规定，但在平南县这样的贫困地区，借一次枪半年不还，好像不是多大的事。而我也相信，这很有可能不是胡凭第一次携带枪支饮酒，这可能是当地刑警的一种常态，对于违反《公安机关公务用枪管理使用规定》的这种现象，并不只发生在他一人身上，而在任何恶性枪击事件发生之前，没有人或者公权力部门会在意这种违规所带来的潜在隐患。平南县对于警员枪支管理的松懈，对导致恶性事件的发生具有不可推卸的责任。

其次，饮酒是一种文化，也是一种“病”。喝酒的人最明白，我年轻时曾在酒醉后向喜欢的女同学表达爱意，天知道当时我拿酒壮了多少胆，有些人酒醉后一动不动，有的人高谈阔论，有的则酒醉后回家喜怒无常甚至是家庭暴力，这就是酒，没喝过也一定见过它所引起的喜怒哀乐。

酒精，在人体血液内达到一定浓度时，人对外界的反应能力及控制能力会急剧下降，尤其是处理紧急情况的能力下降。

6 壶米酒，10.8 斤，7 人共饮，我们唾骂劝酒文化，我们对这惨烈的结果愤慨不已，我们都无法否认一个事实，这样的场景每天都在全国各地上演。但胡凭案的发生，是一个醉不知罪的偶然，更是大环境之下，蝼蚁虫蛀、散漫管理的必然。

事实上，该案发生后，广西公安机关在全区范围内立刻开展了公安队伍纪律作风大整顿，对民警思想、素质、工作、作风和纪律方面存在的问题进行了集中排查和整改，在枪支管理方面严格推行公安部“五项禁令”，而这一切整顿，一定是以某一种程度的牺牲为前置代价的。

39 岁的胡凭与经营“老牌螺蛳粉”店的蔡世永夫妇素不相识，没有杀人动机，更无预谋，事发之时他已然丧失了一个刑警对于所持枪支的控制能力。但因为“社会影响极其恶劣”，他没能逃得过死神的爪掌。我们所看到的这些表面上的修正、改变，也会因为力度的孱弱而无法持续、治本，而那些由此被选中的人，终在众口凿凿之中走上刑台。所以，我鄙夷人类对于自我约束的失控而去寻找所谓的理由，但我更反对众口铄金积毁销骨。

事实上，随着对证据更加深入的挖掘，我们发现，这个案子并没有按照一审事实所认定的剧本走。

四

由于舆论压力的持续升温，10天的上诉时间显得格外紧迫。团队上下无不在努力寻找突破口，几个助理连周末的时间都挤了出来，陪着我一起在办公室里艰苦奋战，但紧张的气氛仍然无法放慢时间的脚步。

目前能注意到的主要问题是，各证人及受害人的证言之间存在几处相互矛盾的地方：第一，对于枪支走火争议，受害人蔡世永说枪击前没有抢枪的动作，而证人王集程却陈述有抢枪动作，张授善第一次证言说双方有推搡，张玟锋又说双方没有推搡。第二，受害人蔡世永陈述他们是站着中枪的，但是王集程的证言却说他们是坐着中枪。第三，蔡世永说抢枪过程王集程和张授善看到了，但是王集程却说看到开第一枪后他便出去了。蔡世永又说第一枪是打中他而不是打中吴樱，等等。整个案发现场，是根据2位当事人、3名目击者的陈述及现场相关物证共同还原的，这5名在场人对于案件整个发生过程的描述，存在诸多细节上的不一致。当然，在高度紧张和高强度压力的情况下，部分视觉及记忆会产生偏差，这是正常的。这几乎已经是案件所能抓住的最后一根稻草，这让我既头疼又兴奋。以经验来看，我知道，没有监控视频，言词证据的偏差往往就意味着漏洞的存在。

那么问题到底在哪儿呢？

五

这天已接近凌晨，几日下来我几乎将整个案卷来回翻了个底朝天，试图在脑中完整地还原整个案发场景。但无奈总是不够清晰、完整，“唉……”我叹了口气，一屁股坐在办公椅上，开始陷入沉思，脑海中开始回想昨天在看守所与胡凭的对话……

“我当时喝得实在是太醉……确实是有好几声枪响……我打了一枪，子弹上了天花板……店老板过来抢我的枪，我们在争执……在我和店老板争执的过程中枪也响了两声……”

“你的意思是，你在和店老板争执的过程中双方无意扣动了扳机，枪支走火射伤了老板娘？可是，目击证人的证言怎么解释？”

我皱了皱眉头，胡凭根本给不了我答案，当时的他已经醉得毫无意识。所里只有我这间办公室还亮着灯，白炽灯下的卷宗泛着令人疲惫的白光，封面模糊地透着一行字——《物证检验报告》，这份报告很厚，大大小小都是公安部门对于犯罪现场所搜集证据的各类检验结果，较言词证据卷宗而言，消化起来更加辛苦。我随意翻了翻，其中一页引起了我的注意，这一部分显示的是胡凭、死者吴樱、伤者蔡世永 3 人身上、衣服上相关部位检出的各种射击残留物颗粒的含量。脑中一道光闪过，我急忙拿起旁边的座机，拨通了广东警官学院的老朋友王炜东教授的电话，由于时间紧急，向其说明大致案情和这份检验报告的内容后，我恳请他来我办公室详谈。

在他到来之前，我仍在纸上比画，两位被害人总共才中 3 枪，却有 7 处创口，这让我觉得不可思议。当子弹发射时，弹头离开枪口的瞬间，伴随有大量残底火和残留物颗粒一起喷出，弹头几乎是许多微小的残留物颗粒“簇拥”着离开枪口，在近距离 50 厘米内开枪，则会有大量的残留物，如果是皮肤也可能在子弹口处产生烧灼伤。我粗略地画起了弹道轨迹分析图，以便于形象分析（参见图 2–2、图 2–3）。

吴樱中枪的弹道分析

图 2–2　头部中枪（图示：正面、侧面、俯面）和手臂部、胸部中枪图示。

蔡世永中枪的弹道分析

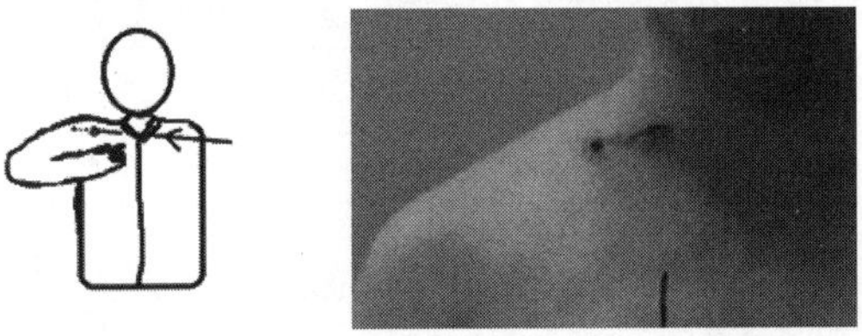

图 2–3 肩部中枪图示。

随后到来的王教授也向我解释：这些射击残留物痕迹通过理化检验，可以判明枪弹的种类、来源以及犯罪嫌疑人是否接触和击发枪支等。

首先，案发现场目击者王集成的证词曾显示，胡凭打了蔡世永一枪后，蔡世永就来夺枪，而吴樱应当是在胡凭与蔡世永扭打中被击中的。而 2013 年 11 月 6 日公安部物证鉴定中心出具的《物证检验报告》（参见表 2–1），能够印证这一推断。该报告显示，胡凭左右手、右侧胸部和枪口、死者吴樱红色上衣左袖口、伤者蔡世永黑色外套左袖、蔡世永左右手等处，都检测出射击残留物特征的颗粒，其中吴樱左袖口的颗粒最多。

对于这种现象，王教授解释道：“射击残留物只会在射击一瞬间产生，从枪口周围散出。胡凭枪击吴樱、蔡世永时均有一定距离，而且射击残留物的检验报告也显示，蔡世永两个袖口的射击残留物的量与胡凭左右手的相近。那么，蔡世永与胡凭的扭打、抢枪行为，从而导致射击残留物留在蔡世永手上的可能性是非常大的，而在扭打中，吴樱已倒地，扭扯的蔡世永、胡凭手中枪支走火，误中吴樱头部及胸部，射击残留物大量散落到倒地的吴樱身上。

然而这种文字表述并不形象具体，想来法官也不一定能明白，我便提议如果能够做成 3D 动画，效果可能更好。这个提议得到团队的认同，3D 动漫现场模拟重建，有助于法官明白其中的问题与合理的疑点。为严谨起见，我们请了专业的动漫公司做了 3D 动画并提交给高级人民法院。

当然，3D 动漫本身并不是证据，但我认为，只要是有助于法官审理案件和发挥辩护人质证权利，那么对于这类专门质疑控方证据的非证据类型的材料，就可以以质证意见的形式提交，因为律师质证并不局限于口头和书面形式，还可以包括视频等直观方式。

表 2–1　公安部的《物证检验报告》（射击残留物颗粒含量表）

	SnSbBaPb	SbBaPb	SbBa	SbPb	Sb	Pb	Sn	SnSb	SnPb	SnSbPb	BaPb
胡凭右手	22	1		2		80		4	10	25	2
胡凭左手	21			3		61			11	25	
胡凭右侧胸						6					4
枪口	53	4	6	1	11	2	5	17	2	114	

续表

	SnSbBaPb	SbBaPb	SbBa	SbPb	Sb	Pb	Sn	SnSb	SnPb	SnSbPb	BaPb
枪管内擦拭物	有	有	有	有	有	有	有	有	有	有	有
吴樱上衣左袖口	409	2	1	12		96	28	30	313	228	10
蔡世永外套左袖	4			11		89				10	4
蔡世永外套右袖	25		1	7		75				7	2
蔡世永领口擦痕处	12			1		8			5	5	
蔡世永右手						2	1				
蔡世永左手	1					5				1	

注：Sn- 锡元素、Sb- 锑元素、Ba- 钡元素、Pb- 铅元素

这天夜里，我似乎已经找到了些战斗能量，但我知道，这场战役必然困难重重，对于庭审的来临，我依然忐忑，但是，一切终将到来。

六

面对一场硬仗，我不能放过每一个细节，庭前会议过程中，我曾试图申请二审院长回避，此前该院长曾观看了一审全程，并且公开肯定一审判决，而进入二审程序又是审委会成员，我认为实有必要进行回避。但合议庭对此并未予以支持。

随后，不好的消息再次袭来。庭前会议上，审判长表示，本案开庭时间定于 3 月 31 日。一听这个时间，我便明白，二审很有可能是要从快从重判决，“审判长，本人 3 月 30 日有另外的事情需要处理，31 日无法赶到广西”。我立即回应道。法官没辙，决定会后商议。二审定的这个时间，一看便知道端倪，时间刚好提前 10 天，掐着最短最快又不违背《刑事诉讼法》的时间规定。

这样的节奏，虽然合法，却不合常理。

开完会后，我们便驱车回到广州。两天后，法官打电话给我，仍然执意 31 日开庭，我百般解释，经过协商，最终二审法院决定调整，然而只推迟一天——4 月 1 日开庭。但毛律师 4 月 1 日在广州市中级人民法院有案开庭，无法前往广西。似乎又要调整

协商，这时我不得不佩服广西壮族自治区高级人民法院，居然直接联系到广州市中级人民法院，让毛律师 4 月 1 日在广州市中级人民法院的庭审延后一个星期。

就这样，在开庭日期这一个小小的较量上，只争取到了一天的时间。不过，这一天仍然显得非常重要，至少让我们赢得了一丝喘息的机会，如果按照原来的时间，31 日是星期一，意味着我们在 28 日星期五下午前就要到广西见到被告人胡凭，我们的工作量和工作成本无疑会增加很多。

七

庭审现场一片肃静，中央电视台的几架摄影机立在旁听席两侧，书记员来来回回地跑动，我穿戴好律师袍，别上盈科的徽章，所有人严阵以待，大家都心知肚明，这是一场生命的博弈……

庭审现场——

“审判长，”检察员义正词严，“一审认定：去年 10 月 28 日，原贵港市平南县公安局刑侦大队民警胡凭，在与外地民警聚餐饮酒后，无目标地当街开枪。随后，胡凭来到被害人蔡世永所开的‘老牌螺蛳粉’店铺，询问是否有奶茶。在得到否定的回答后，胡凭对着天花板开枪，并持枪指向正在店内用餐的顾客头部。见店主没有改口，胡凭朝店主蔡世永夫妻连开 3 枪。蔡世永被击中肩膀，而其怀有 4 个月身孕的妻子，身中两弹死亡，控方认为……”

检察员念着冗长的公诉意见，然而现场十分安静，只有不断响起的快门声，仿佛每一秒都在迈着巨大而缓慢的步伐。胡凭嘴角微微抽动，身体板直僵坐着，仿佛轻轻一下便会被推倒。

……

经过各方对胡凭的发问，案件终于进入质证环节，面对疑点重重的各项证据，这个环节也成为我和毛律师最为重视的部分——

对于检察员提交的目击证人张玟锋是否看清当晚发生枪击过程的侦查实验笔录——

我："请问法庭，检察员提交的侦查实验笔录，有无附加其他手续呢？"

审判长："没有，只有这份笔录。"

我："那请问检察员，你们有没有相关侦查实验手续或批文呢？"

检察员："这个不用什么都提交，如果你们要我们也可以提供。"

我："根据《刑事诉讼法》的规定，没有侦查机关的负责人批准，侦查实验是无效的。另外，没有全部参与侦查实验的侦查人员签名也是无效的。"

检察员：……

过了半个小时，检察员便叫人提交了批文。但仍然没有其他参与的侦查人员签名。

该笔录和张玟锋的证人证言，没有被二审采纳。

在法庭调查中，检察员反驳辩护人的质证意见时，有时会绕开举证质证的内容而发表公诉意见，辩护人也自然要回应关于辩护的内容。检察员试图影响法庭节奏，辩护人便不能一味地按照规定程序来回应。

……

审判长："胡凭的辩护人，你们提交的新证据，请按照一证一质的原则向法庭举证。"

我："好的，审判长，我们有4组证据。第一份是广西平南县官成镇育梧村上百位村民签名按指模的《诉求书》，要求对上诉人胡凭从轻处理。理由是胡凭从警10多年来没有违法违纪行为发生，而且不忘家乡建设经常办理公益事业，深受全体村民的好评。属于品格证据。"

检察员："该诉求书应当算是上诉人案发前的品格证据，但该证据如何取得，上面的指模如何盖上去的请法庭查明。"

我："第二份证据是被害人亲属谅解书和出具谅解书过程的光碟。该谅解书在庭前会议时我们已经提交，谅解人是被害人吴樱的父母、兄长，还有4个在场人见证。这是家属提供的，证明谅解书是在完全真实、自愿的情况下签署的。"

审判长："检察员有何意见？"

检察员："审判长，被害人家属应当包括被害人的丈夫、父母和子女。形式上被害人吴樱的父母签署了谅解书，但吴樱的丈夫没有谅解。这份证据与法庭调取的证据相反，根据法庭的调查，吴樱的丈夫蔡世永是不同意谅解的，而且吴樱的父母亲都不同意谅解，两个老人根本不知道谅解书上写了什么东西。因此应当以谅解人最后的意思为准，就算辩方现在提交的谅解书是真的，但之后在调查时两老人明确表示对胡凭不予谅解，应当以最后的意思表示为依据。”

我：“审判长，被害人家属是否切实谅解，对于被告人胡凭的量刑将产生重要影响，我们申请被害人的父母到庭参与诉讼，在法庭上做一个说明。”

审判长思忖了一会儿：“对于被害人吴樱父母的谅解，是否是其真实意思表示的问题，合议庭认为这个问题不属于本案认定的胡凭的犯罪事实，是否存在谅解待庭后进一步核实。”

我：“好的，第三组证据是5个人的询问笔录。可以说是辩方的新证据，但对法庭来说是旧证据，因为一审判决书没有采用，我们认为有必要提出：第一，2013年11月7日分别对上诉人的两个同事进行询问，证实上诉人平时表现良好。这也是关于上诉人的品格证据。第二，同一时间分别对证人王集程、张授善、张玟锋做的询问笔录。这3份笔录的大部分内容对上诉人有利，但一审仅仅采纳了3名证人的最后一次的询问笔录，以最后一份笔录作为证据事实认定，这是不客观、片面的，所以我们申请再次提交。”

检察员回辩：“证人证言的内容前后不一致的，应当以最后一次的证言为准！”

毛律师回应：“刑诉证据采纳的规则不能像民事的遗嘱以最后一次意思为准，而是要看能不能排除前后之间的矛盾，且与其他证据印证。”

检察员：“辩护人认为被告人现在回忆所供述的证据要以现在的为准，却说证人证言不能以最后一次表述为准，这不是自相矛盾吗？”

我：“检察员不要把两个不同概念的问题混在一起，证人证言前后不一致，可以说是从A到B的改变。而被告人之前是零口供，现在回忆起来，则是从无到有，这是两种不同的前提，不要混为一谈。”

审判长：“这个不是新证据，但是合议庭已充分听清楚了辩方的观点。”

我：“我们将3份笔录进行了表格对比，可以提交法庭，供合议庭参考。”我捋了捋衣襟，“审判长，我们还有一份证据，是辅助我们质证意见的视频资料，我们做了一个案发过程的模拟3D动漫，希望可以当庭播放。”

审判长："什么动画？"

我："审判长，是根据《物证检验报告》中的弹道痕迹分析而模拟的案发过程。"

检察员立即反驳道："审判长，辩护人提交的这份视频材料不是证据，不能提交法庭。"

我："审判长，我认为这份视频材料对于明晰案发过程有十分重要的作用，应当提交并当庭播放。"

审判长："辩护人，这个视频就以辩护意见提交吧，合议庭庭后会自行观看的。"

我："审判长，"我起身强调，"这份3D动画是法庭调查阶段的质证意见，是对全案证据作的一个统一的质证意见，不是辩护意见。"

审判长见我态度坚定，思索了一会儿，说道："辩护人先把新证据提交完毕，合议庭休庭合议。辩护人是否还有新证据提交？"

我："新证据已经提交完毕。"

随后，短暂休庭。

继续开庭。

审判长："合议庭经过研究，为了充分保护上诉人及其辩护人的权利，准许当庭播放该3D视频动漫。"

我内心为之一动，有时候就是这样，面对艰难的处境，有些权利一定要积极、主动地争取，且要提得有理有据，否则，过期作废！

播放完3D动画，我开始陈述："审判长，这是辩护人委托动漫公司根据枪痕鉴定以及其他证据综合所做的现场模拟，我们可以看到，动画中：一赤裸上身的持枪强壮男子，正与房屋男主人搏斗，红衣怀孕女子站在男主人右侧。搏斗过程中，男子双手被抓住，持枪手移动到男主人右肩部位时，枪支走火，一枚子弹打入男主人肩胛部横向穿出而不是射穿。而在随后的搏斗中，枪继续被向右移动，移出男主人身体所遮挡的部位时再次走火，一枚子弹由红衣孕妇左胸部打入，穿向右腰部停在孕妇体内，随即又有一枚子弹打入孕妇的左额，从右颞叶穿出，孕妇倒地。"

我看向大屏幕："通过3D动漫，可以看出枪击不是正面射击也不是直接射击，而是在双方扭打过程中击发的，开枪顺序我们也结合了检察员提供的说明，而我们的动漫模拟则依据公安部的物证检验报告《射击残留物颗粒含量表》，如果按被害人蔡世永所说或一审法院所认定的‘枪击后才发生抢枪事实’，是无法形成上述含量及双方比例如此相近的射击残留物的。只有在双方的争抢过程中枪响才能使得被害人蔡世永与被告人胡凭身上的射击残留物如此均等，相关的弹痕专家也对此结论予以肯定，综合3D动漫，结论就是并非一审法院认定的胡凭走入螺蛳粉店对被害人连开3枪。相比被害人陈述和证人证言这种不稳定且部分矛盾的言辞证据，弹道痕迹和射击残留物是经检验留存、不会说谎的客观证据，更应予以参考采纳。”

……

最后一轮辩论，审判长：“辩护人有新的意见需要发表吗？”

我：“有的，审判长，”我放下手中的笔，“对于我们提出的模拟动画及对于射击残留物的专业意见，是鉴于事实证据而提出的，相较于不稳定的言辞证据，应当着重予以考量。除此之外，办案民警在处理此案关键证据时，还留下了一个重大瑕疵：扣动扳机的指纹被破坏。今年1月24日，贵港市中院要求贵港市检察院补充材料，即对涉案枪支的扳机进行指纹和DNA生物物证鉴定，以确定是否存在蔡世永的指纹和DNA。但根据贵港市公安局刑侦支队五大队出具的《说明》来看，涉案‘六四式’手枪由平南县大鹏派出所移交给平南县公安局督察大队民警林某彬，该民警当场进行了退弹夹、拉枪膛、退子弹、勾扳机、复位等一系列验枪动作，故该枪表面除了枪管口附近部位外，其他痕迹物证已受到破坏，已无条件进行提取。因此，检验时，在该枪扳机上提取不到有价值的指纹和DNA生物物证。”我看向胡凭，“对于这样一场存在争议的案发现场，关键性证据——手枪扳机上没有胡凭指纹、DNA，在已经醉酒的胡凭与清醒的蔡世永存在抢枪的情节下，如何能肯定胡凭是扣动扳机的人？审判长，蔡世永与被害人是夫妻关系，利害关系是无法否认的，抢枪的情节与其亦有利害关系，因此，单纯采用蔡世永与他人矛盾的证词，而无视射击残留物以及关键物证的缺失，是十分不妥当的。”

我继续说道：“本案的发生，是由多种原因诱发的，同时，对于被告人胡凭而言，其主观恶性应与一般的故意杀人罪有所区别，其既无杀人动机，更无预谋，我们也向法庭提交了关于胡凭品格方面的证据。这次案发完全是酒精害了胡凭，是偶发事件，不是有预谋的恶性犯罪。无论怎样，胡凭作为一名警察醉酒滋事，应当受到法律制裁，但我们不能只因为影响恶劣而一杀了之，这与最高人民法院少杀慎杀的原则相违背。希望二审合议庭秉公执法正确裁判，给上诉人一个公平的判决。一审直接判定死刑，是明显畸重的。此外，第一时间赶到现场的何某超警官以及蔡世永三姐的证词显示：当时何某超赶到现场，看到蔡世永拿着枪，其以为是蔡世永抢枪杀人，马上将其按倒在地。而此时的胡凭是未被他人控制的。但他跪在马路中央，并没有选择逃离现场，当蔡世永三姐上前质问时，他说‘快点救人’，因此，出警记录的记载显然并不准确，应当对一直等候在案发现场的被告人胡凭认定自首。”

毛律师：“审判长，我补充几点：第一，对于检察员陈述本案证人有前后矛盾的问题。张授善、张玟锋两名关键证人在第一、第二次证言中都证实蔡世永和胡凭有推打行为，但是后面几次证言就没有这段决定本案是故意还是过失的关键情节，应当以后面的证言为准，这是没有依据的。刑事证据证明力的标准应当结合是否孤证、能否相印证等作为法庭认定该证据是否有效和证据证明力高低的标准。一审认定胡凭连开3枪，认定这个事实的证据只有言词证据，这些言词证据是中断、不能相互印证的。关键现场目击证人相互印证的一个事实，就是被告人和受害人蔡世永有拔枪、推打的行为，这是可以互相印证的，这才是法庭认定证据是否采用的标准。而且在一审和二审中提出的司法鉴定对于射击残留物和死者死亡损伤情况说明，都指向本案的关键事实不是连开3枪，而是在射击之前就发生了抢枪的事实，提请法庭和检察员注意，在认定本案事实和证据的关键环节上不能断章取义，应根据严格的刑事诉讼的规则进行，给予胡凭一个公正透明的裁决，谢谢。”

检察员：“对于辩护人提供的动画和论述的问题，我们认为，从现场勘察、活体检验、尸体检验报告等证据看，一致证明了案发现场发生枪击4次。蔡世永证明胡凭走入米粉店先朝天花板开了一枪，随后开枪击中了他，之后用手枪指向吴樱开枪。虽然与证人的证言不完全吻合，但用枪拍击桌面顶住证人头部的事实有多人证实。同时，目击证人明确证明高大男子把男老板压到墙壁上，也证明胡凭一直处于‘有意识地积极进攻的状态’，另外，该视频不是独立的证据，该动漫也是根据辩护人的意思制作的，如果按照另外几个证人证言来制作，情况就不一样了。胡凭无端向吴樱夫妇开枪，常人可能做不出，但有些并非常人，就做出了其他人做不出的事情。根据胡凭的供述，其案发时酩酊大醉，在这种情况下是有可能做出常人无法理解的行为的。接出警记录表明民警到了现场将胡凭控制起来，没有说胡凭在现场等待。上诉人胡凭违反枪支管理规定酒后滥杀无辜，没有任何从轻处罚的情节，一审以故意杀人罪判处死刑，检察员认为定性准确、量刑适当。另外，最高人民法院的指导案例是一般情况下对醉酒犯罪的人慎重适用死刑，没有说不能适用，考虑到杀人的原因和手段，指导案例并非法律规定，只能参考。”

八

庭审是在胡凭最后的独白中结束的，这也是他与公众的最后一次对话——

“尊敬的审判长、检察员，先说一声你们辛苦了。这种环境下，我的心中满是创痕。我曾经是一个警察，一直兢兢业业地工作，也和我的战友一起默默奉献着自己的光和热。2013 年 10 月 28 日，是我永远不会忘记的一天，那天我协助湖南的两名警察到大鹏镇办案后，违反规定饮酒，后来喝醉了，我跑到被害人经营的螺蛳粉店询问有无奶茶，在与老板蔡世永抢夺枪支的过程中，我朝天花板开了一枪，后来还造成了吴樱的死亡。给被害人的家属造成了无法弥补的伤害，我真诚地表示道歉，对他们说对不起，如果可以，我愿意用我的生命换回吴樱的命。”

“我今年 39 岁了，我记得年前老婆跟我说明年 40 岁的生日要好好过，但现在我却坐在了这里……我是一个准死刑犯，没有人会知道当这 4 个字压在我身上时，我的感受，我每说出的一句话，都可能是日后的遗嘱，我的妻子、我的小孩，很有可能再也见不到我……但我却不能为自己哭，我很清楚，因为我的缘故，蔡世永再也看不见他的妻子和未出世的小孩，吴樱的父母再也见不到他们的女儿……我在监狱里自责几万遍……如果那天我没带枪，如果我那天经住了劝酒，如果我从来就不是个警察，这一切是不是都不会发生……对不起，我毁了自己的家，也毁了你的家……如果我有机会，我会履行我对吴樱父母许下的承诺，把他们当亲生父母对待，我也愿意和蔡世永一起把他们的女儿共同抚养成人。对我的家人我也有愧疚，我曾经忙于工作，很少关心照顾他们，如今我父母都已经60多岁，奶奶也90多岁了，唯一的愿望，就是有一天可以回到他们身边好好孝敬他们陪伴在他们身边，让他们能够安享晚年……”

他朝着被害人亲属的方向，重重地低下了头……庭下开始响起些啜泣声，胡凭的家属和被害人的亲属都湿了眼眶……

九

我接触到的胡凭，就如同庭上的他一样，内敛、沉重、哀伤，那张脸会告诉你，他出事前是个温暖的父亲、丈夫，是个阳光、敬业的警察，是个喜欢将责任扛在肩上、压力由自己消化的男人。在接受委托这半年，不断有胡凭的同事、亲友告诉我，胡凭这10年有多么敬业，在领导和同事中的口碑有多好。由于很难接触到亲人，每次去看守所会见，胡凭的第一句话，永远是妻儿与父母是否安好，生活压力会不会很大，能过得下去吗。眼前这个突然长出许多白头发、眼睛失了焦的男人，似乎已经从心里放弃了自己的生命。

在所有的媒体报道中，胡凭被塑造成了一个茹毛饮血的刽子手：一个喝得醉醺醺的警察，拿着枪走进螺蛳粉店，因为店里没有他想要的奶茶，不由分说拔枪就朝老板和老板娘开枪。

我想，我有责任对每一个对这个案子仍有记忆的人说，他不是为了杀人而去喝酒壮胆，更不是醉后再去拿枪。每一个推波助澜的外因导致了这最终令人叹息的结果。这样的事情对于他而言，不会再有第二次。普通人活在世上30多年，对于自己醉酒的认识，是醉后也许会滋事，也许会沉睡不醒，但绝不是醉酒后杀人。甚至有人恶意推断胡凭放任自己喝醉就是存有杀人的故意，实在是荒唐。醉酒犯罪当然不能免除刑责，但也不能简单等同于其他恶性的预谋仇杀、谋财害命。醉酒犯罪不是常态和惯犯，酒醒后也多是懊悔，不具有更大的人身危害性。

血腥的报道的确可以吸引眼球、引发公愤，但是没有告诉大众事实，歪曲了真相，这种写法可以带来点击率、销售量和知名度，但是却罔顾了生命的重量和百姓的知情权。我们渴望将我们的声音发出去，我们请了《羊城晚报》记者和我们一起去案发现场采看报道，也通过自媒体发文，甚至在天涯论坛上发帖，但随即就会被漫天的舆论斥责给湮没，微弱得根本无法引起别人的注意，我们提出的有力的疑点也都敌不过种种压力。终究，还是换来了这一纸判决。

如果胡凭还在世，我想以他的个性，也许这辈子他都将滴酒不沾，但他这一辈子也随着吴樱的离去，定格在了 39 岁。

【一点思考】

一念——死刑适用

本章讲了两个案例，都是警务人员开枪致人死亡的案例，一个判了死刑缓期执行，另一个判了死刑立即执行——两个截然不同的结局，也成为死刑适用上最为鲜活的个例。死刑适用问题实质上是死刑立即执行、死缓限制减刑、死缓未限制减刑的选择与确定。

单就这两个案件，我想也会有很多人对于判决结果持不同意见。即使对于专业功底深厚的法官来说，对于死刑适用的选择也会有所不同。举例而言，不同法官所秉持的死刑存废立场各异，主张废除死刑立即执行的法官与主张保留死刑立即执行，或者保留死刑立即执行但严格限制使用的法官，在死刑适用的价值选择上，自然存在差异。当然，如果我国的刑事法官仅仅从废除死刑的个人理想、国际潮流出发，不判处死刑（所谓废除死刑的司法化），那就不是在解释和适用刑法关于死刑的规定，而是对于死刑的立法！

就犯罪本身而言，真相只有一个，要么有罪，要么无罪：换言之，在有罪和无罪之间抉择时，法官是不具有自由裁量权的，法官的自由裁量权，应当集中体现在量刑方面，即死刑立即执行、死缓限制减刑还是死缓未限制减刑的选择适用。这种自由裁量权在面对生命权的剥夺与否，显得尤为重要。消极如哈奇森法官所言："判决是依据法官的直觉和预感，而非依据逻辑推论，逻辑推论只是在书写判决意见时才派上用场，它只是一份'向法官自己证明判决是正确的'书面论证，并使判决能够得到批评者的认可。"这种说法使得法官的自由裁量之尺度似乎被无限放大，似乎法官的量刑标准无从考究，但实际上，影响法官裁量死刑适用的因素有很多，有些显性，可以坦然于一纸文书之上，有些则隐性，是那些无法言说于判决书之上的。

显性因素，即一般的从轻、减轻情节和从重、加重情节，而不同的情节对于死刑适用在影响程度上又不尽相同。但是可以说，同从重处罚情节并存的从轻处罚情节，是宣告死缓的唯一根据。一项调查显示，在 160 例无任何从重情节的故意杀人案中，判决结果全部为死缓；而从轻情节当中，存在积极进行民事赔偿或取得谅解情节时，被告人被判处死缓的概率比不具有民事赔偿情节高出 5.921 倍，为所有从轻情节之首。这也是缘何此类案件我往往会在第一时间要求家属积极与被害人家属取得联系以获得谅解的原因，相比之下，自首、坦白等法定从宽情节则并无特殊优势。[1]本人最近办理的一起赵某斌故意杀人案，一审、二审均判处死刑，但在最高人民法院复核期间被告人成功和被害人家属达成了谅解，最终最高人民法院裁定不核准死刑发回广东省高级人民法院重审，从而改判死缓。[2]

而从重情节，在故意杀人罪的死刑裁量中则具有双重作用，除了应当作为进入死刑圈的“门槛”以外，在死刑执行方式的裁量上，从重情节也对死缓判决存在消极影响，特别严重的情节甚至能够抵销从轻情节的作用，而使被告人被判处死刑立即执行。

针对显性因素，我们可以做实证研究，可以分析调查，但针对那些隐性因素呢？隐性因素如同“无形之手”，同样在助推案件事实认定与法律适用，无论是司法潜见、逻辑推理、经验判断，还是权力渗透、社会结构、舆论媒体等，都可以成为隐性因素，它们是死刑适用方式运行的“暗线”，这条“暗线”无以言传但却又不言而喻、心照不宣。

法院既要独立审判又要接受监督，而这种独立审判与监督之间的界限并不确定。例如，媒体通过报道体现立场、引导民众，使民众产生“或生、或死”的预判，又反过来形成“民意”，最终使法官、法院不得不接受这种“民意”；再例如，利害相关者，或与当事人密切相关的利害群体，或是与案件审理结果相关的

1　参见刘雪斌、钱伟强：《死缓适用影响情节的实证研究——以 614 份故意杀人罪一审死刑判决书为分析样本》，载《法制与社会发展》2008 年第 2 期。

2　（2017）最高法刑核 27052917 号、（2018）粤刑终 227 号。

利害群体，前者是“私”，后者为“公”，这些都隐性地影响着案件最终的走向，却又无从考究。

执行死刑立即执行的标准，应当是指行为人的犯罪行为及其造成的危害后果在违法性和有责性上都极其严重，才能达到所谓的罪行极其严重。即使达到罪行极其严重的标准，如果符合《刑法》第 48 条“不是必须立即执行”的条件，就可以判处死刑缓刑 2 年执行。适用死刑，始终要从规范论的立场出发，确定适用标准，使死刑判决能够完全符合刑法规范整体的要求，任何非规范性的因素决定死刑的适用，都将背离法治，最终引发的，都是人们对死刑适用正当性和同一性的怀疑与否定。如若不能公正、统一地使用死刑，倒不如公正、统一地均不适用死刑。

第三章　天使还是魔鬼

最怪诞的犯罪

——教授精液治病“强奸”案

“力比多”之罪

——经理年会猥亵醉酒实习大学生?

最怪诞的犯罪

——教授精液治病“强奸”案[1]

【引】

这个案例值得一书的地方有很多，总结起来，大约有以下几点：

1. 奇葩案由——当事人十年研究，用精液做药引，医术奇葩还是“心理变态”；

2. 奇葩辩护——法官、检察官与律师三方亲临案发现场调查取证；

3. 奇葩程序——既做证人，却又做全程代理人的被害人家属；

4. 奇葩历程——两次审查起诉，两次不批捕；两次延期审理，一次延长审限；两个罪名之间反转4次；思路正确，手段正确，为何结果却事与愿违？

面对极具新闻价值的案件，作为辩护律师，始终是要面对舆论的，但是要砥砺前行，还是要刀口舔血，我们有选择权！

【辩护之路】

一

“25日下午，我按约到马林的诊所后，他让我躺在妇科治疗床上，让我脱去下身内外裤，又用一块绸布盖住了我的脸。之后，我就感觉他用棉签在我的阴部擦涂药膏，并用手一直轻柔地按压着我的腹部；接着他就开口说要开始用木制仪器向我阴道放药，让我放松，但当时我就感觉有硬物深入我的阴道，并不停地在动，

1 （2012）南市刑一终字第172号。

这和平时过性生活时的感觉一模一样，我两侧大腿后部还感觉到有布料触碰了两三下。”

“几分钟后，我感到有热的液体从我的阴道流出，这时我开始怀疑马林是在对我进行性侵，但又不确定，我便尽量从蒙脸的布料缝隙向外看，隐约看见马林转身时他的侧面阴部位置明显向前突出。”

“我越来越怀疑，想坐起来，但他又示意我躺下，此时又感觉有棉签将药膏放入阴道……几分钟后，我起身上厕所，发现阴部除了有黄色药膏外，还有乳白偏黄色的液体，像是精液。我便质问其是否对我进行了性侵，他说没有，但我看见他的黄色外裤阴部处有明显接触液体后变色的痕迹……整个过程中我都是处于完全清醒状态……”

感觉？不确定？怀疑？隐约看见？完全清醒！——我审视着被害人陈述中这些令人敏感又矛盾的字眼，这些词汇让我警觉，我需要在字里行间分辨这些主观感受是否真实，是否为事实。在未被灌醉或药物麻醉的情况下，被性侵的过程可不可以是模糊、不明确、不肯定甚至是不反击的。我疑问重重，在受害人全程由绸布盖住脸的条件下所进行的“医学治疗”实际上是直接的性交行为？这与马林对我所说的情况，也截然不同。

而问题的关键在于，法官最终会选择相信谁！

二

执业 28 年，接触过千奇百怪的案件，遇见过千奇百怪的当事人，有些案子，无论何时回忆起来，都会在心里泛起一丝怪诞的玩味，这个案件便是典型，感觉就像是一个酝酿了很久，几乎呼之欲出的喷嚏突然被生咽了回去，既觉着不舒服，又说不上哪儿不舒服。

马林于 2010 年 9 月 15 日被当地检察院正式被捕。就在被捕后的第二天，包括广西、广东乃至整个华南的诸多纸媒、网媒开始陆续刊登、转载有关案件的各类消息，甚至连天涯、豆瓣等八卦论坛都乱搅一气，案件热度甚嚣尘上。对于这一点，马林的姐姐也始料未及，急匆匆地给我打了十几个“夺命连环 call”，说是娘家亲戚、亲家亲戚，所有八竿子能打得着的、打不着的都如同挨了棍的马蜂窝，朝着她蜂拥而来，狂轰滥炸。情况突然，我也未摸清头绪，无论是线人的“新闻买卖”还是受害人的“舆论控评”，哪一种可能，结果都是一致的——对我的当事人不利。

寥寥几句安慰之后，我便匆匆挂了电话，也不知这几句安慰能有多大作用。想一想也正是从当年起，包括福建南平砍杀小学生案、“蓝可儿”事件、长春盗车杀婴案、黑龙江孕妇为夫猎艳杀人案等一系列既有争议，又有“卖点”的案件趟进了舆论这场浑水，加速了信息爆炸时代的来临，网络媒体的急速膨胀直接导致司法与民众提前信息群共享，随之而来的，便是社会舆论无法避免的影响甚至引导刑事司法进程。“精液也能治病？”等倾向性的疑问句在这其中都不算过分，“这就是强奸！”“变态医生！”甚至是“中医已亡？”等未判先立或者直接扣大帽的标题能惊掉人的下巴。可以说，无论是家属还是我本人，都是第一次经受如此巨大的舆论冲击力，而此时的我，几乎成了马林一家唯一的精神支柱。

扛着千斤顶，也得投入案件中。

我的预判：性犯罪案件是很容易引发公众关注的敏感性案件，对此先要化解对当事人的不利不实报道，尽早占领道德高点。对于医生借治病之机强奸患者可能性很小的案件，找到有利证据后须做无罪辩护或改变定性辩护。司法实践中，往往有强奸不成变猥亵的判决，针对本案起诉指控强奸罪名脱罪有较大把握。

翻看起诉书时，一个细节引起了我的注意，起诉书中用到了一个专业的心理学名词，即认定案发时被告人马林对被害人是施以浅睡眠后进行性侵。虽然“施以浅睡眠”这种说法本身就有待商榷，但这个细节不自觉让我回想起一个旧时代的恐怖心理实验。

在德国纳粹时期，曾有过这样一个实验，纳粹将死刑犯关在幽暗静谧的黑牢房里，绑在一个凳子上，缚住其手脚，用纱布蒙住其眼睛，随后，使用刀片在其手腕处割一个小口，再用水龙头滴水的声音模仿伤口出血滴在地上的声音。不过三个小时，死刑犯就因脱水症而死，而不是失血过多。实际上，由于凝血功能，伤口不到几分钟便自动愈合了，但死刑犯在丧失环境感知，又处于在巨大的恐慌之下，以致将微弱的水滴声误以为是自己一直在流血。死亡的真正原因，是强烈的心理暗示造成严重的新陈代谢障碍而脱水。可见，强烈的心理暗示会引起人的意识的错觉，严重的甚至会直接反映到肉体上。起诉书中所称的“浅睡眠”，是公诉机关指控被告人马林实施强奸所使用的犯罪手段，指控被告人使用“催眠”等方式致使受害人丧失意识与反抗的机能，使受害人不得不听从于被告人马林的指示，这种指控不仅在实践中证明的难度极大，同时也与受害人口中的“完全清醒状态”相背离。不过此时的浮想没有过多意义，我需要尽快见到我的当事人马林。

三

“我全程都是用涂了药引的木棉签和小木棒放药，根本没对她做任何越轨的行为，更不要谈什么性侵。”马林继续道：“我用精液做药引治病已经好些年了，一大批在我手上治好的妇科病人，好多都是有送锦旗给我的！我哪里有那么傻的，这个彭香（化名，下同）是我一朋友的老婆，我那朋友还是公安厅当职的警察。你说……我去强奸她？我不是傻的嘛……”马林激动得一直咚咚咚地捶桌子，“那天晚上她又发短信质问我，我跟她说得很明白，她当时有妇科病在身，我不可能跟她发生关系，她还问我是不是要吃避孕药？我跟她说完全不需要，因为根本就没有发生那样的事，更何况，每一次入药的精子都已经酒精灭活了，怎么可能致孕？”

看守所里，马林一见到我便收不住嘴，一股脑儿地全吐露出来，而话落至此，他也是被气得如鲠在喉。

见到马林此状，我不得不严肃起来，“马医生，希望你在庭审时也一定要注意，始终保持诚恳、谦卑的态度，即使说到激动处，也绝不能用刚才和我谈话的语气与法官、公诉人说话，‘不然你的情绪化很可能会引起庭审现场在座的不满和抵触’”。我说道。

“好，好，我知道了。”马林有些缓和，身子向椅背挪了挪，渐渐放松。

“马医生，”我敲了敲笔头，慢慢说道：“现在案件有两个争议点，第一部分的争议，即你到底有没有对彭香进行性侵犯，这里检方指控的，是性器官相接触的性交行为，进一步则需要确认你是否有在违背受害人意志的情况下与其性交，即强奸；第二个部分的争议，即在于，倘若你没有对受害人进行强迫性交，那么你用精液做药引这本身是否构成犯罪。对于第一点，你的供述一直都很一致，既然你已经明确地否认了，作为你的辩护人，我当然会选择无条件地相信你，我也相信，案件中一定会找到诸多印证你说法的证据。而对于第二点，目前的情况是，争议大，不乐观。”我深深地沉了口气，“你的案件从过往看几乎没有可循先例，如果说，没有性行为，而仅仅用精液作为药引，强奸自然是无法认定的，但是将男性精液以‘违背’女子意愿的情况下放入其性器官，会不会构成其他性犯罪，例如强制猥亵妇女罪，这就不仅依赖于案卷材料了，还有赖于法官的自由心证，合议庭的定性、量刑会比较难以琢磨，再加之舆论的影响本身即对你不利，这部分我们会被动一些。不过已经接受你妻子和你的委托，就不会打无准备之仗，既是逆风，我们就好好准备，打好这场防守反击战，既要厘清所有能够帮助你的证据，同时尽力避免舆论的进一步激化。”

交谈近两个小时，会见临近尾声，工作人员走了进来，将锁住马林的铁椅解开，马林慢慢起身，透过栅栏想伸手同我握手，看守人员也没有阻拦，两只铐着手铐的双手颤颤巍巍地抓住我的手，说：“丁律师，我的清白就靠你了。”一个大男人在我面前冷不丁说出这种话，实在是让我想笑又不敢笑，以前给一些身陷囹圄的女性辩护时，也偶尔会冒出这么一两句肉麻兮兮的话来。旁边的工作人员先没绷住，带着笑意咧嘴嚷嚷道：“行了行了，赶紧地。”

作为专业律师，我心里自然是再清楚不过，当事人将希望寄托于你时，便希望用有分量的语言激励你，表达对你的信任。当然，有时这种信任并不是蜜糖，而是砒霜，对你抱着更大的期望，也就意味着不能接受太多的失望。但听到面前这个年龄相仿的马林蹦出这么一句，我也只能尴尬地拍拍他的手，轻声说：“放心、放心。”

疾步走出看守所，我对着身边的助理李宇飞说：“马上做三件事情，第一，马上联系马林太太，告诉她，我们要在南宁多留两日；第二，联系刚才马林所提到的几位曾经接受过治疗的女性，争取逐一做调查笔录；第三，下午去一趟案发现场！”

四

临近马路约一百米的巷子里，就是马林先前咨询室所在的民居小楼，楼层不高，大约六七层，墙面上长满了青苔与爬山虎。虽然不是新楼，但与百米外的繁噪车流相比，这里显得清新又静谧。

马林的咨询室在三楼，马林的妻子引我和李宇飞上楼，楼梯道有些阴暗，采光不足，上到三楼转角时，一位约莫60出头的老妇人拎着簸箕与我们打了个照面，也许是少有陌生人到访，她皱着眉朝我和李宇飞打量，看见马林妻子时，似乎有些明白，和她寒暄了一句便匆匆下楼。

“隔壁的邱婶，人挺好的，偶尔老马在咨询室工作没饭吃，邱婶都会打上自家的饭菜给老马送来。”马太太一边开门一边说道，“进来吧。”

一个一室一厅的居室展现在我面前，大约10多平方米的客厅被各种医疗器械、桌椅板凳填满，显得有些拥挤，这里就是马林的诊室了（参见图3–1）。

“喏，这就是那张治疗椅。”马太太指了指手边一个被碎花粉布包裹、约一米多长的躺椅。“患者一般都是躺在这张椅子上。”

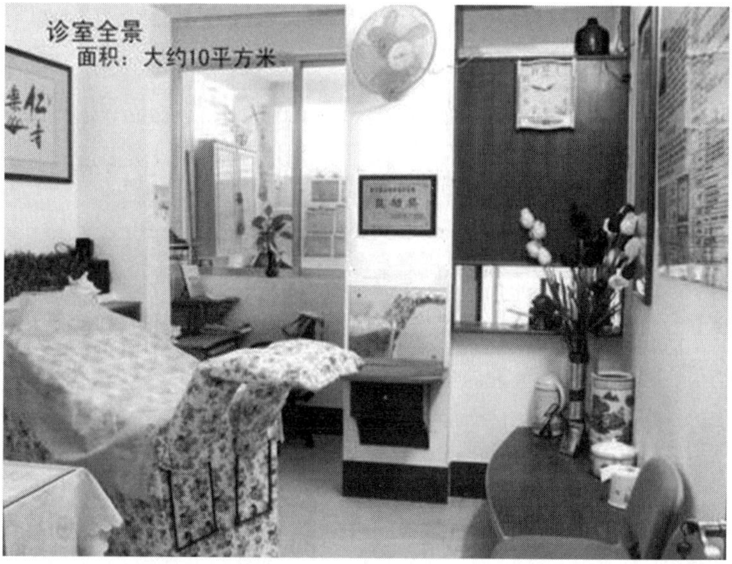

图3–1　诊室全景
插图来源：《和讯网》2012年10月16日刊。

我打量着这张长椅，长椅尾部有两个直角折起的长板，用来支撑病人的双腿，应当是方便医生向患者阴部放药。我掰了掰两块长板，似乎不易挪动。

“那个都是螺丝固定好的，不用起子很难挪动。”马太太似乎对这些器材也很了解，静静说道。

“躺上去！”我望向李宇飞。

“什么？”李宇飞有些懵懂又尴尬地看着我，眼睛瞪得比平时还圆。

“我说躺上去。”我又重复了一遍。

“丁律师，师……师父，好吧。”李宇飞深吸了一口气，又缓缓吐了出来。

李宇飞跟我做实习律师已经二年了，略显羞涩的小伙子躺在上面，脸涨得通红，马太太看见这场景也几乎要笑出来。

“我躺好了。”李宇飞撇过头来看着我，我打趣道：“行啦宇飞，这么点事儿脸涨得这么红，心理学上说，会害羞的人不单纯。”马林妻子几乎“噗”地笑出声，我走上床头，用自己的身体比了比，李宇飞又别扭地把头转了过去。

我再次尝试向前挪动，但发现即使强行顶着支撑腿部的长板，距离被治疗者的阴部位置仍有约 20 厘米的距离。也就是说，想要在这张治疗床上实施性行为，如果没有被治疗者的主动配合、调整姿势，似乎无法发生性行为……

脑子里正寻思着要找哪家权威的鉴定机构对这治疗床结构、功能进行鉴定，李宇飞也预备坐起来，突然听见旁边传来水龙头的阵阵流水声。

“这是什么声音？”我转头询问马太太。

“哦，估计是邱婶在洗衣服呢吧。”马太太回答。

“这里房屋的隔音效果不好吗？”我继续问道。

“是啊，好像是施工队没用好的隔音材料，具体原因我也不是很清楚。有时候隔壁邱婶和他老伴儿拌嘴，我和老马也能听个一清二楚。”马太太回答。

五

我敲响了隔壁邱婶的门铃，邱婶一开门，看见是我们，又瞭了瞭我身后的马太太，“进来吧！”她淡定地招呼我们进来，似乎早有准备。

“邱婶在洗衣服啊？”马太太打开话匣。

“是啊，老邱打完球，闷得衣服一身臭汗，我给搓搓。”邱婶漫不经心地回答。

我向邱婶表明身份后，直接切入了主题。“邱婶，我的当事人马林的事情您知道吧？”

“知道，”邱婶望着茶几上的搪瓷杯，利索地回答。

“那么去年8月末，也就是2010年8月25日的下午，隔壁马林家发生的情况，你清楚吗？”

“嗯，我知道你在说什么，虽然具体的我已经记不得了，但我记得那天风大，我下楼捡衣裳时还碰见老马和那姑娘，那天晚上我正在厨房洗菜，我隐约听见对面开始有交谈，大致就是说让那小姑娘放松，他要放药之类的，他以前对别的看病的也都说过这些，我都听过，没啥特别。”

“那你有没有听到争吵、打闹、呼救，或者呼喊的声音？”我继续问道。

“我能听到隔壁的诊室里他们俩的说话声，断断续续的，偶尔还有一两阵笑声，没听见什么大的动静。”邱婶继续说道，“当时那姑娘出门时刚好还和我打了个照面，挺有礼貌的，还打了声招呼，没看出什么异常。”

听到这里，我示意李宇飞开始做一份调查笔录，虽然邱婶的话并不能成为证明马林无罪的直接证据，但无疑从侧面印证了当晚的当事人、受害人的客观状态，至于马林与被害人彭香之间应当没有发生性侵行为的推断，还需要更多的证据予以支撑与串联。

接下来的两天里，我又依次对3名曾经接受过马林治疗的女性进行了律师调查，并做了调查笔录，调取了一份来自广西中医学院蒋晓教授自书的《关于人体精液的药物作用》的书面材料，其之前与马林在用精液为药引的问题进行过许多交流。

回到广州以后，我又立刻让李宇飞联系了广西一家权威的鉴定机构，准备为治疗床的性能、结构做进一步的科学鉴定，以待证明我的推论。

六

虽然一审的前期工作已经随着时间的推移而一一安排妥当，但司法程序却陷入了更为持久的拉锯战，从拘留、被捕，再到检察院的两次退侦、两次延期，整整两年时间，才迎来一审第一次开庭的通知。

开庭前，马太太告知我一个并不好的消息，就在数天前，一审法官不顾公安机关提供和认可的治疗床原始状态及结构，直接到事发现场将床体搁脚两个支架拆下重新安装、由原来“内八”结构改变为“外八”结构。

这一点，让人跌破眼镜，我眉头紧锁，知道庭审定会是场硬仗。

庭审现场。

“马林，”公诉人发问，语言犀利，“2010 年 8 月 25 日下午，你约被害人彭香去你诊室做什么？”

马林清了清喉咙，一步一步地回答着公诉人的问话，我也悄然记录着每一个问题，警惕着问题中的陷阱与漏洞。

……

“马林，你最好老实回答，你没有强奸彭香，为什么她的供述中提到你黄色外裤阴部处有明显接触液体后变色的痕迹？那个痕迹是什么？”

马林：“是，我外裤上的确是湿了。”“我旁边就是医用洗手池，戴手套前后我也都有洗手，有水溅到外裤很正常。”马林回答。

“外裤上哪里都不湿就那里湿了，这是能用巧合来解释的？”公诉人继续质问。

“那你以为是什么？”马林有些不耐烦。“前列腺液？精液？就算是有生理反应，就算那是前列腺液浸湿了我外裤，我也不认为这是异常现象，作为妇科大夫，总会遇到有生理反应的情况。但做医生始终有医生的职业操守和执业道德，这是两回事情。”

七

“审判长，侦查机关的证据显示，对于被害人彭香称其在被‘强奸’过程中的状态描述前后存在矛盾。其一，其于案发次日陈述中称‘整个过程中我的意识是处于完全清醒的状态’，但在马林被短暂取保的数日中，彭香又在向南宁市公安局提交的《强烈要求依法追究马林刑事责任的控诉书》中，称自己‘处于催眠状态’、‘半梦半醒’；而在 2010 年 11 月的被害人陈述中，又称‘我现在不能回忆起来了’。另据公诉方出示的南宁市公安局某派出所出具的《抓获经过》记录，受害人彭香报案，称被催眠后遭受性侵犯；不同的场合下，彭香及其亲友对其在2010年8月25日接受会阴穴药引点穴保健时的意识描述，一会儿是‘被催眠’，一会儿是‘很清醒’，说法不一、自相矛盾，唯一的解释是，她所说的根本与事实不符，我的当事人并没有对她实施强奸。”

“审判长，如果被害人当时处于被被告人施以浅催眠的状态，其对于该段时间内所发生细节的记忆存在模糊、不准确甚至矛盾也是情理之中。”公诉人回应。

“受害人记忆模糊都如此信誓旦旦地指控我当事人性侵，如果其是清醒又目的明确地要指控我当事人强奸，岂不是要无中生有，要我当事人连辩解的余地都没有？”我回应。

“好了，控方证据已经出示完毕，辩方你们是否有新证据出示？”法官问道。

“有的，审判长，”我也轻呼一口气，“其一，针对‘强奸’发生场景，即该妇科治疗床由于床体结构限制而导致的‘行为不可能’，对此，我特意向广西某司法鉴定中心申请了专业鉴定，鉴定报告已经于庭前向合议庭提交，该份鉴定表明：该治疗床搁脚支架向内弯曲并交叠的特别结构，使得站立的人根本无法进入到两支架中间，即站在支架前的人的身体根本无法接触到躺在治疗床上的人，无法发生性行为。”

出示完第一份证据后，审判长与公诉员竟一致地没有提出异议，这与之前我所听到的消息完全不符，而此刻审判长和公诉员的表情，让我产生一种莫名复杂的滋味。

“其二，”我继续说道，“我们针对三名曾经接受过马林治疗的女性进行了律师调查，做了调查笔录，已经提交给合议庭，并于庭前申请证人出庭作证，已获得审判长准允。”

“请证人依次出庭——”审判长面无表情。

（以下证人姓名均为化名）

第一位证人——罗洁：“我在一家制药厂工作。自己读高中时就头晕、肚子疼、肠胃不好，偶然听说马林能用偏方治好病后，就去医院找他求治，他在自己的诊室给我做了10次腹部、头部保健，还做了2次会阴穴保健。在做阴部按摩用药时，我也曾追问过他用的是什么偏方，他先是告诉我，偏方需要保密，多次追问后他承认，药里含有精液，已经酒精杀毒。我是学药学的，连大便都可以入药，精液入药我也听说过，”罗洁在庭审中镇定地说：“经过十多次的按摩保健，偏方治疗后，我精神状态好多了，一年下来，肚子再也不痛了。”

第二位证人——刘华：“我在广西医科大学印刷厂工作，9年前就认识马林了。2007年的时候，我坐摩托车时摔伤了膝盖，担心伤口会留疤。马林给我配了点药，说是用精液与药物一起配的，起初我根本不信，以为他发癫，用了几次，最后竟然没有留疤。后来，2010年8月，就是他被抓前，我被检查出前庭大腺囊肿，不愿意做手术，就找到马林，他再次用精液配药给我。他把药装到玻璃管里拿给我，擦了2个月，肿的地方全消了。”

“审判长，我还有一位证人。”我示意法官还有一位证人未上庭。

走上来的正是住在马林咨询室隔壁的邻居邱婶，如同我初次见邱婶一样，即使是在庭上，她依旧镇定自若。在我向其发问完毕后，公诉人开始询问。

公诉人：“8月25日是什么日子，星期几？”

邱婶：“不是什么特殊的日子，星期几不记得了。”

公诉人：“既然你连星期几都不记得，那么当天的事情你又怎么记得那么清楚？”

邱婶：“当天我遇见过那姑娘，所以就记下了，何况第二天公安局一报案这事儿就闹得沸沸扬扬，我想不记住也难。”邱婶依旧冷漠。

公诉人：“当时除了听见你提到的那些内容外，你还听见什么了？有没有听见被害人质问马林是否有性侵她？”

邱婶：“没有。”

公诉人：“有没有听见任何你觉得有异样的声音、动静？”

邱婶：“没有。”

公诉人：“你和她打照面时她什么都没和你说吗？”

邱婶：“那姑娘挺自然的，叫了我一声大娘，还笑了一下，就下走了。”

公诉人见这大娘嘴巴严实得紧，连续十几个问题下来都不露痕迹，便不再多问，“审判长，我问完了。”

“审判长，第三项证据，是我们想出示一份广西中医学院蒋晓教授自书的一份《关于人体精液的药物作用》的书面材料，用以明证以精液做药引治病的实践情况。同时说明中也能反映被告人马林数年来一直致力于研究‘精液治病’的情况属实。从2001年起，马林就开始接触到有关于人体分泌物与治疗之间的关系的研究。2003年开始，他尝试用精液、红霉素、醋酸地塞米松、生理盐水等配置偏方，免费为妇女治疗妇科病。2009年10月，他找到曾在2001年为其授课的广西中医学院副教授蒋晓，表示希望合作省级课题项目，主要内容是用精液配西药，对人体会阴穴进行按摩治疗。"

"公诉人，你有意见吗？"法官问。

"没有意见，但该事实不影响本案当中对于马林性侵行为事实的认定。"

无论是质证环节还是之后的法庭辩论，也无论我出什么招数，公诉方都以"弹簧床"一般的方式将招式打了回来，丝毫没有意愿再与我正面交锋，这种唱独角戏的状态让我浑身不自在。

"审判长，我的当事人从始至终都没有与彭香发生过性关系，首先，无论精液作为药引这件事是否能够得到学界普遍的认定，我方都已举证大量事实来说明，我的当事人已经花了近10年的时间研究精液配药治疗。有效也好，偏方也罢，都不能否认其只是单纯作为药引的事实；其次，被告人马林不会在明知彭香患可感染的妇科疾病的情况下与其发生关系。"

"再次，强奸案件本就不易调查取证，往往依据于被害人的陈述，但毫无疑问，被害人的陈述前后不一致的地方很多，漏洞明显，根本不能形成缜密严谨的逻辑链。此外，我恳请法庭注意，对于彭香阴道提取物标本进行‘精液的定量检测’，大部分为药物成分，作为药引的精液成分极少，以印证精液只是作为药引，而大部分为消炎药物的说法。同时，辩护人通过说明以及提交相关机构的鉴定意见，阐述了当事人马林的治疗床不具备进行性行为的硬件条件。"

"最后，我想从心理学的角度上，对此案做个注解，"我望向法官，"起诉书中有个明显错误需要指出，起诉书根据被告人回复被害人的短信内容‘你在浅睡眠状态下会产生幻觉’的内容，而认定案发时是被告人对被害人施以浅睡眠。这首先是个表达错误。事实上，正常人的睡眠本就是深浅睡眠交替，并不依赖于旁人的施与。虽然被害人当时是否处于浅睡眠状态已经难以论证，但被告人的这条短信内容无疑说明了问题。”我拿起一份材料，“心理学上认为，大脑需要某种最低程度的来自环境的刺激，如果达不到这种最低的条件，或这种条件被一些心理障碍因素给破坏掉了，可能会促使大脑根据过去的经验、人格因素等重新构建现实与环境的意义，便导致幻觉的产生。”

“我们用这个案件来直接解释，此案当中，对于受害人的场景，一般的女性在进行妇科病检查时或多或少都会有一些紧张，如果大夫是男性的话，紧张情绪会更甚。被告人马林为免双方尴尬，而将被害人的双眼用绸布遮住，并播放轻音乐《掬水》，此时毫无经验的被害人视觉丧失；下一步，被害人彭香处于卧姿状态，而阴道放药的手法加重了其紧张感，如同被害人所述，木质仪器向其阴道放药的感受和平时过性生活的感觉一样。这种抵抗情绪，慢慢开始影响此时彭香并不确信地感受。被害人时而清晰时而模糊的说辞，以及前后各不相同的场景描述也印证了这种可能性，在被害人精神高度紧张的情况下可能发生以上错觉吗？完全存在这种可能性。”法官并没有打断我，我继续道：“人人都有产生错觉的可能，只不过在一般的情况下，它常与一些通过感官的真实刺激相互作用，被大脑不断地检验，抑制了这种能力，又在各种感观被限制时被无限地放大。每个人对于这些刺激的反应阈限不尽相同，这也就是为什么其他使用精液治病的患者能够接受，而不会出现被害人这种情况的原因。以上虽以推测成分为主，但存在即合理，请书记员记录，供法官参考。”

法庭辩论之后，马林向合议庭做出了最后陈述，法官宣布休庭，择日宣判！

庭后马太太再次向我表达了谢意，其他亲属也一致认为我们的辩护十分成功。但此刻只有我忧心忡忡，那份隐隐的对于今天庭审状况的奇怪感受，始终让我惴惴不安。

难道注定是场荒诞的暴风雨？

八

终究是没抵过舆论的侵袭，两个月后，一审判决认定马林强奸罪名成立，判处有期徒刑 4 年。这个一直纠在我心中最为荒谬的结果，被当庭宣读出来。

走出法院时，马太太焦虑地说："老马没有做过这样的事情，更担不起这样的罪名。"几乎就要跌坐在楼梯的马太太，和姐姐回过神来又望向我，"我们一定要上诉，一定要上诉！"

然而，这样一幅画面也被早早等在一旁的纸媒成功拍下，并渲染为"马家人不服判决，卖房筹款只为上诉"的新闻标题。

九

由于案件的特殊性、争议性和社会舆论的影响，又涉及当事人隐私，二审采取的是不公开的开庭审理，我继续作为当事人及其家属的委托的辩护人代为出庭。

二审开庭前我们提交了鉴定意见作为新证据，证实治疗按摩床正常情况下医生和患者是不能发生性行为的，同时也邀请了中山大学聂立泽、华南理工大学徐松林、暨南大学梁玉霞、胡陆生、贾学胜等知名教授召开研讨会，出具专家意见书，一致认为不构成强奸罪。开庭前一天，为慎重起见，中级人民法院审判长召集了检察员和我们律师三方去了现场，让一位和彭香身高相同的女法警躺上按摩床，另一位女性合议庭成员则模仿医生站在按摩床的支架边，比画两者阴部距离。毕竟是训练有素的法律工作者，两位年轻女性反倒比之前我的男助理更为大方淡定地予以配合，而且是在众目睽睽之下。相反我倒有点不好意思说话了，这种"侦查实验"式现场模拟可以很直观地看到，虽然高度相近，但两人阴部相距至少在30厘米以上，由此可见不拆除支架或改变成"外八"形状，患者仰卧情况下是不可能发生性关系的。当时我情不自禁说了一句："除非是用绳将马教授吊起来成空中飞人，才有可能发生男上女下位的性交"，引发了哄堂大笑。这也是紧张办案中难得的轻松一刻花絮。庭审结束后的几周时间内，社会舆论依旧是"人欢马叫"。各类声音不绝于耳，各种专家学者、教授医生纷纷出洞蹚浑水。随着新闻报道的蔓延，"精液入药"几乎引爆了网民和医学工作者对中医学整个学科的大讨论。

一些人疯狂地驳斥着"精液药引论"，认为精液根本没有什么杀菌消毒的功能，用来做"药引"更是荒唐，精液无非就是一堆蛋白质和碳水化合物，所谓治病乃是无稽之谈。

当然，也有一些身为医务工作者的网友表示，偏方的药引和中医一样神秘，有时确实能取得一定的治疗效果，但要讲究服药的时间和方法，我国中医博大精深，很多不起眼的事物都可以治疗疾病，这并不奇怪。

而那些网络八卦论坛和社区也没闲着，甚至开始进攻被告人和被害人双方的家庭，编造各种背景和隐私，诸如被害人男友是警察，靠关系才迫使检察院批捕起诉；被害人与被告其实有婚外情，事情败露导致女方要和未婚夫分手，才不得不控告马林强奸等各种不堪入目的言论铺天盖地。

判决时间越拖，对被告与被害人双方的损害越惨重。

十

2013 年 5 月 4 日，劳动节假日后，我接到了这个案件的裁判结果："撤销一审判决，判处上诉人马林犯强制猥亵妇女罪，判处有期徒刑三年。"

我不知道怎么置评这个裁判，只清楚地知道，这个结果糟糕得让我苦笑。

案件开始，先是受害人姐姐作为证人的同时又作为彭香的诉讼代理人全程参与庭审；再是一审两次延期审理和一次延长审限，皆没有告知被告人及其辩护人；基于对案件本身的信心以及对司法程序的透彻理解，我一直没有在程序问题上做过多的纠缠。但此刻，我却感到一种真实的沮丧。

且不谈其多年来一直采取精液做药引进行"治病"的争议性，也不去考究其究竟选择此种医疗手段的动机为何，就案件本身来说，彭香是基于何种原因报案？她是基于自己被强奸而报案的，这个前提是被强迫发生了性行为。而法院的二审判决已经直接否认了性行为的发生这一点是正确的，那么精液的放入是否可以等同于以刺激或满足性欲为目的，用性交以外的方法实施的淫秽行为，对妇女的抠摸、舌舔、吸吮、亲吻、搂抱、手淫等行为，用下流动作或淫秽语言调戏妇女的行为，从而直接认定为强制猥亵妇女呢？在无法认定强奸的情况下，检察院自始至终都没有能够找到否定被告人使用精液是为了进行治疗妇科病的主观特性，而我方却能够一直给予各类证据用以证明其主观意图是治病。在这种证据失衡的情况下是如何确定强制猥亵罪的？难道是因为他已关押了两年半，刑期不能与羁押时间倒挂？

无罪辩护的思路没有问题，辩护的手段没有问题，但结果却出现了问题，这让我陷入深深的挫败感。于理而言，这并不是一场失败的辩护，打掉了强奸罪也减刑一年。

“力比多”之罪

——经理年会猥亵醉酒实习大学生？

【引】

性，是人类社会生活中不能避开的话题，用西格蒙德·弗洛伊德的话来说，这种称为“力比多”的东西，甚至是人的一切心理活动和行为的动力源泉、社会发展进步的原动力，是机体生存、寻求快乐和逃避痛苦的本能欲望。[1]面对频频由性行为、性关系而引发的刑事风险，我们不应排斥对此的讨论，更不能将其束之高阁。

作为熟人作案比例最高的犯罪类型之一，从严格证据标准的角度来说，我们应当保证“熟人”不被污名化。以发生性行为达到非法占有他人财产的目的，得之不成便状告强奸的大有人在。社会人贪图合法性快乐时，更应当充分了解其中的险恶。

探寻避坑的路径，不如先由司法经验入手，便可知其一二。

【辩护之路】

一

刨根究底前，先来看几个简短的真实案例：

浙江嘉兴，被害人为酒吧陪侍，案发当晚和犯罪嫌疑人在酒吧一起喝酒，之

1 参见［奥地利］西格蒙德·弗洛伊德：《性学三论》，徐胤译，浙江文艺出版社 2017 年版。

后进入犯罪嫌疑人的车内，最终犯罪嫌疑人在车内实施了犯罪行为，但在法院审理过程中，犯罪嫌疑人提到被害人系自愿与其发生性关系，在犯罪过程中被害人无反抗行为，并称其未使用任何暴力手段（医院的证据证明被害人身上并无暴力伤痕），在这种情形下，法院最终对犯罪嫌疑人从轻量刑。

湖南龙山，犯罪嫌疑人与被害人在网上聊天认识，后确定了恋爱关系，在两人交往过程中多次发生性关系，后因被害人害怕自己怀孕遂拒绝同犯罪嫌疑人发生性关系，但两人仍以男女朋友相称，在一次性行为发生后，被害人拒绝再与犯罪嫌疑人开房，犯罪嫌疑人威胁被害人要去伤害其姐姐，被害人报案，将犯罪嫌疑人抓获。在审理过程中，证据显示二人确为恋爱关系，并且在犯罪嫌疑人威胁被害人后二人并未再次发生性关系。因此无法认为二人先前的性行为完全违背被害人意愿，法院在量刑时考虑到犯罪情节最终对犯罪嫌疑人从轻处罚。

广州天河，某银行一个 35 岁的青年男性，科级干部，未婚，喜欢在网上认识女性网友。某日，该青年与两名女性网友相约一起吃饭，聊得尽兴后便一同在兴盛路喝酒，当晚，该男性便送两名女性回家，当送至第一位女性家楼下时，该女性暗示男青年可以过来找她，于是在将另一名女子送到家后，其又返回前一名女子的出租屋中，两人当晚发生性关系，第二天，该女性声称男青年趁酒醉对其进行强奸，要求男青年给付赔偿 10 万元，男方答应给 5 万元，但女性不肯，遂报案。此案最终判决该男青年强奸罪成立。

诚然，这几个案例都考虑了被害人因素、诱因甚至是过错，而被告人最终都得到了从轻处罚的结果。但如同至今还在申诉的马林一样，当被告人始终坚持自己不构成犯罪时，即使判刑再轻，“强奸犯”“猥亵犯”的帽子依然在头上，对于他们而言是难以面对社会生活的。

从事特殊职业的女性，在犯罪行为发生之前对犯罪嫌疑人进行引诱行为，由这种先前行为引导犯罪嫌疑人产生犯意最终实施了犯罪行为，在司法实践中是屡见不鲜的；还有那些被害人与犯罪嫌疑人之间本是恋人关系，或是因为被害人在犯罪发生前因醉酒等原因处于意识不清的情形等，这些原因最终在法官司法裁量时被考虑进来，最终降低对犯罪嫌疑人刑罚处罚的程度。

但罪与非罪和罪责轻重的区别，自然不能相提并论。

二

大约两年前，我和刑事部的段长明律师合办了一起“强奸案”，段律师是擅长办理性犯罪案件的能手，在与他办案的过程当中也能获益满满，让人尽兴。但在案件漫长的辩护工作中，我依然能察觉到此类案件中存在的通病和困顿，这往往使案件难以取得良好的辩护效果。

事实上，前文所提到的被害人过错，只是夹杂在这些案件问题中间的一个小点。即使是马林案，在诸多证据痕迹与细节接近和还原事实都指向马林可能无罪的情况下，让法官以疑罪从无的司法原则予以判罚，难度依然非常大。一般来说，直接证明强奸行为是否成立的证据，依赖于被告人供述和被害人陈述。多数案件并不能直接鉴定出女性阴道内存在男性射入的精液，或女性身上存在明显反抗、受伤的痕迹。对于证据不够充分、案件存在疑点的案件该如何判罚，我和段律师合办的这个“趣案”，便值得一讲。

三

对比全案证据，由于报案时间和鉴定时间距离案发有数日的时间间隔，因此没有证明被告人孙某东曾性侵伍某晶的直接证据。此时，有三个人对案发过程的阐述便显得尤为重要，其一，是被害人伍某晶的陈述；其二，是被告人孙某东的供述；其三，是证人，即被害人伍某晶的同事（师兄）李某聪的证词。这三个人的陈述，基本构建了整个“案件事实”。

首先，案发当晚，被害人伍某晶一直处于醉酒状态，整晚都意识薄弱、四肢无力，因此其所做的重要陈述并不多，我截取了其中的关键几句，以供分析：

1.“回房间后什么时间躺在床上我也不清楚，只隐隐约约记得有人和我发生了性关系、还舔我的胸部，我多次问他是谁，他只是说——你说我是谁。……对方长得什么样我也不清楚，连对方什么时候做完我都不知道。”

2.“李某聪征得我同意后帮我穿上裤袜（没帮我穿内裤）。”

3. “我怀疑是孙某东所为，他以前有说喜欢我，而且在2015年12月9日他送我去广东工业大学时，他有强吻过我。”

4. “1月24日下午4时通过微信、QQ、短信给我发了一些求我原谅等内容的信息。”

而证人李某聪（伍某晶的师兄兼同事）的证词则显得“有趣”许多，李某聪参与全程，且全程清醒，其证词的重要性不言而喻，能反映全案过程，至于其中的真伪，我们且看：

1. “2016年1月22日，孙某东与我们大概40个同事一起到广州市从化区某温泉别墅度假村参加单位举办的年会，同行的便有被害人伍某晶。”

2. “当晚，伍某晶在晚餐时因饮酒过量（约八九杯红酒）致醉酒。随后，我将其背回六栋二楼的单人房休息（同事刘某超跟随），我帮伍某晶脱了鞋子，伍某晶不时呕吐，我和刘某超照料约一小时后，其他人陆续来看望伍某晶，照料工作仍由我负责。晚上11点，我离开伍某晶房间，为防止意外情况，且不使房门从里面反锁，我没有将门扇完全闭上（此房间门是推拉的四扇磨光玻璃门）。”

3. “看了一会儿麻将后，我回到伍某晶所在房间，却发现房门被反锁着，房内无动静，我便离开了。约十几分钟后，对伍某晶不放心，我便回到伍某晶房间门口，把最右边的门往上提，用了不超过30秒的时间将门撞开，进入房间后，发现伍某晶用被子捂住全身，我害怕其窒息，便从右床沿扯下其头上的被子，但其双手硬扯着被子不让其掀开。”

“我反复跟她说我是师兄，她力气还是没我大，被我掀开露出了头。我一不小心，脚踢到东西，一看是一双男人的帆布鞋子，这男人鞋子是我上次离开时没有看到的，我很惊讶，就是有人进来了也不会脱鞋。我把鞋子拿到床对面的液晶电视下，才发现床上还有男人的衣服，一条长裤，裤子上还套着皮带，皮带上有内裤。我吃惊得不知所措，跑到地下层跟吴某梁他们说伍某晶出事了。我和他们急匆匆回到二楼，这时看见孙某东就站在伍某晶房间门口，好像有些慌张。我留意到他穿的鞋子就是我刚才在伍某晶房间看到的，鞋带还没有系上。孙某东有些恼火地说，‘大半夜吵什么吵’。我发现伍某晶床上男人的衣服和地上的鞋子都不见了。孙某东说他在楼下睡觉，被吵到了。后来我了解到，孙某东并没有安排在这栋别墅睡觉……孙某东走了以后，我征得伍某晶的同意后帮她重新穿上黑丝袜。她说冷，后来我还下去帮她拿了一床被子。后来询问伍某晶后，我便留下照顾她直到早上 7 点，随后决定与同事一同送其去医院。我问过伍某晶有没有人对她实施不轨行为，她说感觉有人强奸了她。如果伍某晶被人强奸了，那孙某东的嫌疑最大。”

4.“还有一点就是我怀疑伍某晶出事时我去扯被子的时候很难把被子扯开，但是我后来照顾伍某晶时发现她还是浑身没力的样子，事后我想到会不会在我扯被子的时候还有其他人在被子里面。”

2016 年 1 月 25 日李某聪向广州市公安局从化区某派出所提供了其于案发当日用手机拍摄的照片 3 张：

1. 李某聪在伍某晶住房发现的鞋子的照片。

2. 孙某东躺坐在伍某晶床边的照片。（孙某东同李某聪一同进入房间后拍摄）

3. 事发后伍某晶住房床上的照片。

被告人孙某东当庭供述，他实际上只是因为嘈杂声醒来，过来看望情况才在伍某晶房门口与李某聪等人相遇，并没有对伍某晶实施强奸行为，关键供述如下：

1. 10 时许，何某杰来到 11 栋要我和他巡一下房。

2. 之后何某杰去打麻将，我感觉头痛就想找个地方睡觉，后来我就在 6 栋别墅一楼的客厅沙发上躺了一下。

3.（一起进入伍某晶房间后），李某聪进房间坐到床边上抱着伍某晶，伍某晶说“师兄我要喝水”。

4. 我不清楚我的鞋子是怎么放在伍某晶的房间的。我看到照片时也很惊讶，平时睡觉我都有脱鞋的习惯，我也不敢推断是否有人故意将我的鞋子拿到二楼的。

四

很显然，3 份陈述迥然不同。被害人伍某晶由于处于醉酒状态，不过值得注意的一点是——其自始至终都未明确孙某东便是对其进行强奸的人，其凭李某聪的告知和对方说话的语气怀疑是孙某东。

而孙某东和李某聪的证言则是完全的南辕北辙。的确，倘若我们只看孙某东的供述，我们很可能会归咎其仅仅是在自我狡辩。但若研究李某聪的证言，我们会发现许多疑点。

其一，实际上被害人伍某晶一直都有稳定的恋爱对象，前往派出所报警也是由其男友陪同。但在这次年会现场，这位师兄、同事对伍某晶照顾有加，不仅背其去卧室，甚至毫不避讳，帮其脱鞋穿袜，并称破门而入是因为担心被害人呕吐，案发当天照顾被害人至早晨。要知道，近 40 人的同事聚会上并非仅有伍某晶一位女性，在伍某晶发生醉酒情况后，其他任何一位女性同事都可以在当晚替李某聪起到照顾被害人伍某晶的作用，而非一定要以这种方式照顾一位有明确交往对象的异性朋友。

其二，李某聪陈述认为有人藏在伍某晶的被子里，并扯住伍某晶头部的被子不让其掀开，这样的描述几乎失真。他人若藏在被子里，是无法扯住伍某晶头部被子不让掀开并且掀开不被发现的。被子藏人的怀疑若是事实需要有众多巧合：一是要刚好被子里藏了人；二是被子里的人刚好扯住的是被害人头部的被子；三是掀开头部被子时藏的人的头和手都没被李某聪发现；四是被子的形状刚好还没被李某聪发现；五是在发生对抗扯被的情况之下，李某聪并没有立即查明现场情况。

其三，当李某聪破门而入，发现被子难以掀开，并踢到脚边的一双男性帆布鞋时，其第一反应并不是可能正有名男子藏在床上或房间内，甚至可能对其造成人身危险，其既惊慌失措地下楼呼唤其他同事上楼，却又在之前淡定自若地拍摄帆布鞋的照片，又称发现了男性衣物、皮带、内裤时，其却没有对这些关键证据进行拍照。

其四，因昏醉呕吐导致窒息死亡的事情虽有发生，但概率一般较小。对于大多数人而言，我们更愿意相信伍某晶只是睡得比较沉，而不是发生了意外。李某聪选择将别墅房门破坏，破门而入的方式十分奇怪，即使其想确认伍某晶是否安全，也完全可以要求度假村的酒店管理人员帮忙开门而不是直接破门而入。

在会见孙某东的过程中，作为景观设计师、硕士生、党员的孙某东向我们提供了这样一个信息——在事情发生后，领导曾要求其几人前往湖南找伍某晶及家属解决问题，李某聪曾对孙某东说——去可以，有两个条件，其一，便是他去了以后孙某东就不要回来（孙某东理解的意思是李某聪要替代孙某东在设计院的位置）。在孙某东看来，李某聪一直对其在设计院所处的岗位虎视眈眈。

此外，还有一个细节需要强调，孙某东在庭审中陈述其在一楼大厅睡觉时脱了鞋，而关于李某聪在伍某晶房间内拍到孙某东鞋子的情况，鉴于李某聪没有在房间内对其发现的男性裤子、皮带和内裤进行拍照，而只是把鞋子拿到一边单独拍照这一不合常理的行为，结合本案其他矛盾，李某聪完全存在从一楼客厅将孙某东鞋子拿上楼拍照的可能，显然，孙某东在客厅睡觉时并未脱裤子，李某聪并没有办法拿到孙某东的裤子去拍照。

作为唯一的“非直接”目击证人，如若以上证言，真是李某聪为了职务晋升铤而走险所做的伪证。只能说，现实远比剧本更精彩。

五

此后，随着我们对其他证据材料的进一步研究，案件所显现出来的问题越来越多。

以前接触过许多“机灵”的鉴定意见，记得和一位鉴定老专家聊天时说过，实际上，鉴定结果的文字表达，是门艺术。鉴定不仅是生物科学上的意义所在，更有赖于每一位鉴定专家的经验和判断。对于部分无法明确结果，却又需要结果的鉴定来说，发挥语言文化的博大精深便显得尤为重要。

根据被害人的陈述——“只隐隐约约记得有人和我发生了性关系、还舔我的胸部……对方长得什么样我也不清楚，连对方什么时候做完我都不知道。”侦查机关于 2016 年 1 月 25 日提取了相关的 DNA。实际上，本案鉴定意见未明确确认被害人身上提取的检材含有孙某东的基因成分，只是不排除有孙某东的基因成分。

“不排除”是个有意思的词，“不排除”的含义是可能有，也可能没有。而且“不排除”与“不能排除”又具有完全不同的含义，“不能排除”的潜在含义是无法排除但倾向“有”，而“不排除”则是中立的、没有倾向性的，即对有和没有均不能肯定。

同时，2016 年 1 月 25 日提取检材，鉴定中心 28 日受理材料。可以断定，从被害人报称被强奸到提取鉴定检材有 3~6 天的时间。在广州，多数人无论春夏秋冬都有天天洗澡冲凉的习惯，更何况是 3~6 天，又何况是被害人作为女性且有醉酒的情形。在被害人 3~6 天洗过澡后再提取本案鉴定检材，该检材本已失去真实性，提取的检材更不能代表案发时能提取的检材。

思考再三，作为被告人孙某东的辩护人，我和段律师最终决定为孙某东做无罪辩护。

六

从辩护人的角度来看，本案当然缺乏直接证据证明孙某东有强奸伍某晶的行为，公诉机关指控的强奸基本为事实推测，被害人伍某晶关于强奸事实及强奸既遂事实的陈述既模糊又为孤证，而其与证人李某聪的证人证言又存在众多关键的矛盾甚至有违常理之处。

但前文我已经提过，此类案件是有通病和困顿的，通病在于，许多涉及猥亵、强奸的案件并不能及时对犯罪事实和直接证据进行固定，而被害人和被告人的陈述往往又不一致。证据不充分、无法还原事实并予以认定的情况，就某个角度而言，对辩护人有利，但当现象成为通病时，利便转化为弊，因为案件越多并不意味着会有越多的无罪案。

当然，我始终认为，司法实践当中，不应在重视和保障被害人之性自主权不受侵害时，而忽略保障被告人之人权。对于被告人而言，如果无法在疑罪从无的原则中获益，便意味着法律关系的不对等。

现实而言，作为以惩治男性为主的犯罪类型，男性在社会生活中，是无法回避偶然性性行为、性关系的，如若没有足够的风险意识，很容易“一失足”便直接成了“失足妇男”。有时候失足并不一定意味着主动触碰违法边界，也可能意味着掉进“坑”里。知己知彼，才能更好地保护好自己，在与异性交往或者发生性行为的前后过程中，无论男女，都应当有意识地充分保留微信、短信、电话记录痕迹，以避免出现事后“追责”时，却发现无从辩解。要知道，“力比多”可能是整个社会的驱动力，但也并不介意让某一个或某一小撮人付出昂贵的代价。

最终，本案判决被告人孙某东犯强制猥亵罪，判处有期徒刑三年。是的，在强奸罪与非罪、既遂、未遂问题无法充分厘清之时，猥亵罪自然成为这类罪的兜底条款。

七

作为刑辩律师，我们常常要做的工作，便是在茫茫绿豆罐子里寻找一颗红豆。只要那颗红豆在，只要不是色盲，任何人都能将红豆捞出，实在不行，把罐子砸了，大不了再换个罐子。当法律装在这罐子里时，依旧能挑出红豆，而罐子也依然会向前滚动。前进过程中有盲点，需要我们走出这个盲点，抽剖它。强奸案件“证据确实、充分”的证明标准让很多律师感到“盲”，但行为经验最终会化为理论，上升为知识与智慧，最终将盲点填补。

这里谈点儿我的经验，也许能对办此类案件的律师有所裨益——

对于以言辞证据为主要证据的强奸猥亵类案件，首先，一定要将被害人陈述与被告人供述进行比较分析，如果发现两者之间相互矛盾，被害人与被告人双方的供述矛盾点往往直指谁对案发过程当中的关键节点撒谎。其次，分析被害人陈述本身的内容。对被害人陈述证明力的分析，应当结合案发的时间、地点、条件、环境，注重对细节的分析，看细节能否陈述清楚，是否符合逻辑。例如，通常根据记忆规律，离案发时间越近的陈述，记忆应该越清晰，真实性也就越强。再次，分析间接证据对被害人陈述的印证力。例如，被害人身上的轻微伤痕，并不一定必然由嫌疑人暴力行为所致。对于客观事实，在证明方向上不是唯一的，而是多维的，所有深层次的多因一果可能只是表象的因果关系掩盖。最后，我们应深入分析被告人的供述，将被告人供述与间接证据进行比较分析。如果一个案件中，被告人对于整个事件的前后过程，在细节问题上，供述始终一致，没有出现反复变化，而细节也有相关的间接证据印证，这对于全面分析事实是有很大参考价值的。在被告人供述和被害人陈述的博弈上，认定被告人供述的证明力高于被害人陈述的概率便也越高。

再有就是对于被害人报案动机要仔细甄别，有不少是发生性行为时自愿甚至是主动投怀送抱，事后却索要钱物；有的是被亲友或恋人察觉后无颜解释，只好违心顺从报案；最为阴险的是色诱设套，以达到要挟陷害目的也不鲜见。对此，要以发生性行为当时的节点为要素，没有使用暴力威胁或利用醉酒手段的，理所当然首选无罪辩护。即使有时牵强附会判为强制猥亵罪，如上述所举两个案例，总是比强奸罪要轻点。

我深知在审判这类案件过程中所需要面对的种种压力，但面对此类案件，审判者应当将自己化为一个罐，能将罐里的物盛起，所有的豆子都在里面，给那颗红豆找到一个最好的出口。在所有的刑法罪名中，我们要寻求的是被害人的利益和犯罪嫌疑人的利益之间的平衡，如果在刑事诉讼过程中不考虑犯罪嫌疑人而只是考虑被害人，那么体现的就完全是司法效率；如果将被害人的过错行为也考虑其中，并且需要被害人在这个过程中依据自己的过错行为承担责任，那么体现的就是秩序。

由效率向秩序的转化，是刑事司法的发展趋势，这种发展趋势的最终目的还是在犯罪嫌疑人和被害人之间的利益冲突中寻找到一个平衡点，以维护社会的公平正义。

第四章　白日焰火

不以成败论英雄

——走私普通货物案，二审认定从犯改判

枪杆子那些事儿

——走私 388 支仿真枪，有罪还是无罪？

不以成败论英雄

——走私普通货物案[1]，二审认定从犯改判

【引】

“丁律，辽宁那位当事人的妻子来了。”

“好，我马上上去。”

我穿上西装外套，拿起记录本，往洽谈室走。

洽谈室里，一位女士端坐着，披着呢子大衣，戴着手套，或许是并不习惯南方湿冷的天气，捂得严严实实的。虽然如此，倒仍能看出其优雅的气质。

她起身，摘下手套向我握手：“久仰丁律师大名。”

“李太太过奖了。”我回答道。

我坐下，“之前李先生的弟弟委托我去会见过了，李先生将事情的原委也说得很明白，当然，他也表达了对您的想念。”李太太默默点了点头。

“目前有几点我可以对您进行说明，其一，李先生目前在看守所拘留已经3天，我会及时开展取保候审的申请工作，以我过往的经验判断，获得取保候审的概率是有的；其二，根据有关法律规定，为作纪念而走私珍贵动物制品进境，数额不满10万元的，可以免予刑事处罚；而情节显著轻微的，不作为犯罪处理。虽然您先生走私珍贵动物制品的数额已经较大，但考虑到其情节和主观恶性，我判断争取到缓刑或者免于刑事处罚的可能都是有的。”

回到办公室，我重新梳理了一下

（2012）穗中法刑二初字第247号的案件情况：2011年：李吉冈在乘坐亚的

1 （2002）粤高法刑二终字第110号。

斯亚贝巴前往广州的航班时，海关查验其行李时发现有象牙制品，净重 5.59 千克，总价值 232,918 元。不过在海关 X 光机安检未采取强制措施前，其已经如实供述其行李箱中夹带象牙制品的情况，并表示象牙是送给亲友，而不是用于牟利的目的。

李吉冈案件的案情比较简单，大体上我心里也已经有了数。不过此时萦绕在我脑海的，却是另外一件棘手的案件：

拱北口岸，梁坤蹲坐在口岸外的广场上，眼睛一刻不离抱在胸前的背包。数十张电脑硬盘和芯片，安逸地躺在这个背包里。与熙熙攘攘的游客不同，梁坤的目标不是关口外的万佳百货，而是不远处的地下街铺小店，那些摇着扇子驱赶蚊虫、卖着干果的老板娘就是这些硬盘和芯片的下一站。

这是今天的第一单，他焦虑地东张西望，等待团队的侦察兵汇报口岸的有关情况，随时准备过关。9 点半，人群渐密，不出所料，手里的爱立信传来了指令。

趁着人多拥挤通关，是这行的惯例。梁坤背上背包深吸一口气，第一趟活开始了，“水客”，这是大家给这行的称呼，每天可以出、入境十数次，将老板安排的货物采用“蚂蚁搬家”的方式运送到对岸，这就是他们的工作（参见图 4-1）。

图 4-1　交易
插图来源：南方周末。

梁坤照旧神情淡定地递上证件，不料，边检人员此时却围了上来……

珠海那边：正抽着烟的陆华听到私货被查的消息，赶忙通知了供货人吴某填。而此刻远在香港特别行政区的高某军听闻风声，也眉头紧锁。

高某军，男，1963 年 8 月 1 日出生于北京市，汉族，辽宁省锦州市人，大专文化，深圳市洪机（音）高科技有限公司法定代表人。

2000 年 3 月 13 日至 6 月 18 日，在香港特别行政区提供电脑配件给珠海的吴某填，吴某填则从香港特别行政区把货发到澳门特别行政区，再通过“水客”将货物自澳门特别行政区走私至珠海，案发后，高某军于 2000 年 7 月 8 日被捕。2002 年 3 月 26 日，珠海市中院作出判决：认定高某军犯走私普通货物罪，判处有期徒刑 11 年，并处罚金 220 万元人民币。高某军不服，提出上诉，委托我担任其二审辩护人。

【辩护之路】

一

接到二审转委托的案件，我在思想上和一审委托自有不同。一来要参考一审辩护人的辩护思路，二来当事人重新委托辩护人，自是对判决结果不甚满意。通过熟人找到自己，势必是有所期待乃至改判，然而有一审判决的压力，又无新证据，无疑是接了个烫手的山芋。

通过家属说明和案卷初查，我得知当事人被羁押在珠海市第一看守所，从广州到珠海，需要 2 个小时的车程。我立即安排了第二天的会见，进入二审，对时间的把握更为关键。

二

第二天下午，我便驱车来到珠海会见当事人，2 年的羁押和诉讼早已磨灭了这个科技公司老板创业时的英气。经会见我了解到，当事人仅受平镜（音）公司委托进口电脑配件，照惯例找到渠道商吴某填进货。在商言商，渠道商的进货渠道是他们发家致富的珍宝，作为上游商拿钱走人，一般对具体货源不加过问。岂料吴某填的货源是由走私而来，连带高某军也背上了走私的罪名。

临走时，他向我表达了对公司的忧虑。不惑之年，仅是大专文化的他，一手操办起的公司，能进入电脑这一高新技术产业已经十分知足，公司自 1994 年成立至今已 6 年有余，也经历过各种风浪。一直也都照着行业惯例走，千禧年正值电子产业的高速发展期，本想顺应形势，哪里想到把自己也搭了进去。

走出看守所，已近傍晚，远处银都酒店的灯光璀璨，是这座城市少有的高楼，矗立在拱北口岸旁。趁着暮色，我驱车回到广州的办公室，再次细细梳理案件。

三

大环境上说，案发时正值千禧年，广东省内“98 湛江走私案”余波尚在，放眼全国，2000 年厦门特大走私案也是风波未平。这个节骨眼上，“走私”二字自然是非常敏感，要想从层层重压下突围，实属不易。

就个案而言，当下案件尚有 4 个辩点，2 个突破口。

首先，应该努力避免定罪走私，绕开严打的枪眼。高某军作为居间人，根据行业拿货不问货的惯例，以及基于对上游供货人的信任，有充分理由证明自己并不知道走私行为的存在，因此缺乏明知自己行为会发生危害社会的结果并追求或放任结果发生的犯罪故意。

其次，高某军作为公司法定代表人，对公司日常经营有管理权，并且电脑配件的交易属于公司的营业范围，营利行为的获利对象应是公司。即使以自己的名义进行相关业务上的操作，行为结果应归属于公司。因此即使定罪，也应以单位犯罪论处。

再次，检方提交的证据中只有《电脑配件统计明细表》及《卓禹公司进货资料明细表》涉及走私货物数量的认定。后者仅能证明公司进货数量，具体能否落实到高某军经手的数额认定，尚且存疑。

最后，凡事都需做最坏的打算。即使定罪，一审量刑也过重。安排走私行为、提出走私计划，都是上游供货商所为，高某军在其中仅起到中转的辅助作用，没有理由以主犯治罪，11 年的量刑不合理。

从社会意义上说，案发时澳门回归仅一年，这个时候严打走私，有敲山震虎之势。但目前国内相关产业尚不发达，电脑配件行业还是依靠进口居多，遵循行业惯例，通过中间人提货的现象较为普遍。如果仅仅因为转委托行为就将中间商定罪，那么无形中给中间商施加了巨大的压力，既要审核上游又要审查下游，中间商人人自危，生意也没办法做，这不利于促进陆澳的贸易发展。

我的预判：判决书审理查明部分认定海关缉私局核税证明书的内容：偷逃关税和增值税合计为218万元。一般情况下，想要推翻核税证明相当的困难，因为税率、税目、品名和数量等，缉私部门一般不会搞错。因此，定性是个人走私还是单位犯罪对量刑就尤其重要，此为第一辩点。同时，我认为完成走私过程的几个环节中，上游供应商和组织偷运进境之人，毫无疑问是起主导作用，不能因为未抓获归案，就将高某军当成主犯，此为辩点二。如两个观点均能采纳，就会改判5年以下，甚至缓刑；如只采纳一点辩护意见，也能减刑到7~8年。最终高院判决定格为7年，虽不圆满却在情理之中。

确定了辩护思路，我顿觉精神抖擞，才发现已是深夜，一鼓作气，起身为自己冲泡一杯普洱茶，开始撰写辩护意见。

四

没过几天，法院通知我，考虑案件事实认定清楚，决定不开庭审理。听到通知，我的心一沉，既然决定不开庭，就意味着定罪方面已经板上钉钉，剩下的唯一悬念便是量刑问题。于是我再次提出对货物数量认定的疑点，以期证明事实存疑，遗憾的是，最终法院坚持了不开庭的决定。

不久后，判决既下，高某军的刑期从11年减至7年。突破不大，且只有关于主从犯的辩护意见得到了采纳。没有为当事人争取到更大的利益，我的内心自然有些失落。尽管如此，当事人依旧通过亲属转达了对我的感谢，4年虽少，但也定能改变一些东西。

刑辩路上，不以成败论英雄，勿以荣辱定是非。

五

本案中，二审法院以高某军“没有以单位的名义实施走私行为，也无为单位谋取利益”为由不予支持二审辩护人的相关抗辩是欠妥的。

如何界定单位犯罪和个人犯罪，一直是学术争论的话题。我国《刑法》第 30 条（公司、企业、事业单位、机关、团体实施的危害社会的行为，法律规定为单位犯罪的，应当负刑事责任。）及第 153 条（走私普通货物、物品罪）中均缺乏对单位走私犯罪的定性。如何界定走私罪中的单位犯罪，可以从以下两个方面考虑：

（一）以单位名义实施走私行为能否定性为单位犯罪

单位犯罪是在单位整体意志支配下实施的，这种意志不是单位内部某个成员的意志，也不是所有成员意志的简单相加，而是单位内部成员在相互联系、相互作用的条件下经一定程序形成的整体意志。从形式上说，这种整体意志是由单位的决策机构按照单位的决策程序形成的；从法律上说，这种整体意志就是单位整体的罪过。

然而，无血无肉的单位不可能亲自实施危害行为，只能依赖于自然人的行为才能实现自己的犯罪意志，因而在二元犯罪主体的架构下，如何对自然人所实施的危害行为的性质作出正确界定就成为理论界和实务界无法回避的新课题。

通说认为，判断一般工作人员的行为性质时，不能仅凭行为人在单位中的地位或身份，而要结合其实际行使的职权以及是否以单位名义、利益是否归属于单位等因素综合判断其意志究竟是否代表单位的意志。

结合本案，高某军作为公司的法定代表人和执行董事，对于日常交易具有控制权，这是公司经过法定程序制定的章程所赋予的权力。其与平镜（音）公司的口头买卖合同，是基于公司的利益考虑而签订的。其交易行为也是遵循了公司之前的交易习惯，公司与吴某填也有过多次合作。这一交易行为是得到公司认可的，代表了公司的意志。

（二）如何评估为单位谋取利益

谋取利益具体来说可以有多种表现方式，最为直接的方式为收入入账，即非法所得计入公司账簿。但是现实生活中，不是所有的交易都有迹可循，企业由于税务筹划、内部管理等原因，入账的时间并不统一固定，普遍有内外多本账目存在，这个时候就应当采用另外的方法进行判断。

本案发生日期为 3~6 月，同年 7 月即案发。被告在短短两个月的时间内，存在无法将款项清算入公司账户的可能性，并且民营企业往往使用个人名字开立账户而“公私混合”使用，年终清算的情况十分普遍，更关键的是，平镜（音）公司的“委托”行为（实质上是购买行为）是基于被告为洪机（音）高科技有限公司法定代表人的身份做出的，交易的内容也属于洪机（音）公司的经营范围，因此可以判定交易行为本质上是与洪机（音）公司发生的。本案提交的证据中均无涉及确定交易对象的内容，也无有关款项流向的询问记录，应该进一步调查取证。二审法院仅仅从收入款项没有进入公司账户而判定被告人不属于“为单位谋取利益”，有失偏颇。

按照当时“两高”和海关总署联合发布的司法解释，个人走私普通货物偷逃税款 50 万元以上的，在没有其他减轻情节时，处 10 年以上有期徒刑；而同样的走私犯罪，单位则要达到 250 万元以上，才对主管人员或直接责任人员处 10 年有期刑期。起刑点同样也是相差 5 倍，个人走私偷逃税款 5 万 ~25 万元处 3 年以下有期徒刑；单位则是 25 万 ~75 万元处 3 年以下有期徒刑，75 万 ~250 万元处 3~10 年有期徒刑。罚金对个人和单位都是偷逃税款的 1~5 倍。2014 年 8 月新的司法解释进行了调整，个人走私偷逃税款 250 万元以上，单位 500 万元以上才能判处 10 年以上有期徒刑。在我后来承办的多起走私案中都由指控的个人走私改变定性为单位犯罪，大部分适用了缓刑，其中江门某皮革厂袁某走私牛、羊皮，偷逃税款 460 多万元也成功取得“判三缓四”的良好效果，这是后话。

枪杆子那些事儿

——走私388支仿真枪，有罪还是无罪？[1]

【引】

“丁律，李吉冈走私珍贵动物制品案的判决下来了。”助理推开门对我说。

“哦？什么结果。”我放下手中的案卷，抬头问道。

“认定了有自首、悔罪情节，并决定适用缓刑，判三缓五。”助理念完便将判决书递交到我面前。

果然都在预料之内，唉，要是八成案子都如此类案件这般好掌控、好预判、好结果就好了，也许是近来案件压力过于繁重，我内心也无奈地笑笑。

虽说是不以成败论英雄，不以荣辱定是非，但在辩护的战场上，这句话却显得苍白而局限，这话是有相对性的。律师的职业生涯往往没有必要，也不会为一次辩护买单，多数有天赋、有责任感的律师往往能够快速地从挫败中走出来，去迎接新的挑战。

“你办的不单是一件案子，而是别人的一段人生。所以律师工作是一种良心活”，我经常用这句话鼓励助理。因为对于当事人来说，一次足矣，一次判决就几乎影响甚至决定了他一生的走向，20多年来，有太多太多“物是人非”的例子。世界对于那些从狱中走出来的人而言，多一天，都不一样。

当然，这里仅仅强调的是刑罚对于罪犯监后生活的重大影响，而不在于鼓吹量刑轻化。对于这点，我想，点到即止，也没有摊于纸上和深究的意义。如果对这部分有兴趣，倒可以去看看被誉为21世纪第一个10年里最重要的英国独立电

1 （2014）穗中法刑二初字第11号；（2014）粤高法刑二终字第223号。

影《Boy A（蛮童之歌）》，这个讲述杰克因小时候杀人入狱而展开的人生故事也许会给予律师们言语之外的更多启示。

走了一会儿神，我再次望向手边的这一摞案卷，又一件极具争议的走私案件接踵而至。

【辩护之路】

一、走私武器？无期徒刑？

美国佛罗里达州的 DAVE EDDY，是何潮斌的前同事。2011 年，何潮斌开始卖玩具给 DAVE EDDY，其中包括遥控飞机、遥控汽车、仿真玩具枪。采购时，DAVE EDDY 将品名、图片告诉何潮斌让其在中国采购。何潮斌在广交会上认识了汕头的蔡某，蔡某发送了数百张图片给客户挑选，DAVE 按图片挑中了 34 款，何潮斌根据客户选中的仿真枪向蔡订货。

2012 年 11 月，广州黄埔老港海关查获何潮斌出口的枪形物 12,691 支，总价款为 26 万元，每支价格为 20.49 元，其中 388 支仿真枪被鉴定为枪支。广州市人民检察院以走私武器罪、走私国家禁止进出口的货物罪起诉至广州市中级人民法院。

何潮斌想想自己做外贸这么多年，对行业颇有了解，这个生意要是能长期做，也算混出点样子了，于是便答应下来。Dave 挑选的玩具很多，其中就包括玩具枪，这种玩具枪很多工厂都生产，市面上一些玩具店也在卖，因此何潮斌没有多想，便和其他的玩具一起进货准备报关出口。负责报关的赵某旭看到货单后告诉他，这种枪型物品比较敏感，费用会比较高，但是他们可以操作。

何潮斌心想，既然赵某旭能解决，那应该问题不大，就加价让赵某旭处理了。但如今，面对走私武器罪的指控，何潮斌和他的家人无异于遭遇灭顶之灾，不曾想，自己做玩具生意居然会涉嫌如此严重的刑事犯罪。

第一次会见时，何潮斌像是抓住了最后一根救命稻草，告诉我从采购到委托出口的过程中，他从未看到过那批货。而他自己也不清楚玩具枪、仿真枪、气枪的区别，对枪支认定的标准也是在归案后看到枪支鉴定书才知道的。

他既懊恼也不解，怎么玩具枪也算枪呢？枪不是能杀人的吗？工厂怎么可能生产枪呢？如果知道是仿真枪要判重刑，他打死也不会做这种业务了。

他说的我都知道，可是我却没法回答他，因为全国查办的走私仿真枪案件每年都有30起左右，基本都作了有罪判决，但绝大部分为业余军迷收藏爱好者，在形象和危害性上，与传统意义上的国际军火走私贩子相距甚远，这也导致几乎每起案件都引起不同程度的质疑。

当然，这一切都因为我国有着全球最严的“枪支标准”，根据《公安机关涉案枪支弹药性能鉴定工作规定》和技术标准《枪支致伤力的法庭科学鉴定判据》的规定，对不能发射制式弹药的非制式枪支，当所发射弹丸的枪口比动能大于等于1.8焦耳/平方厘米时，一律认定为枪支。

而何潮斌涉案走私的1万多支玩具仿真枪中，经过鉴定，按上述标准（只能对皮肤打出红点）居然硬生生地被认定出388支为真“枪”。我之所以无法回答何潮斌的问题，是因为他和大多数人一样，不可能知道这样一个标准，对普通民众，甚至是没有接触过枪支案件的律师来说，枪支武器应当是具有杀伤力的，不是一般的工厂能够生产的。

当何太太从宁波飞到广州见面洽谈后，我给她的预判是打掉一个重罪，即走私武器弹药罪，而另一个走私禁止进出境货物罪只做罪轻辩护。本案最终还是一波三折，直到请示最高人民法院，亦未能成功达到预期目标，留下的遗憾只能有待枪支比动能标准的修改。（据悉，目前浙江省已有修订）

二、从无期到4年

一审时，针对公诉人指控何潮斌涉嫌走私武器、走私禁止进出口货物罪的问题，我和同事周玉忠律师均提出了何潮斌没有走私武器的主观故意，枪支鉴定标准不合理，走私禁止进出口货物的数额问题等一系列观点。

等待结果的时间太漫长，家属和我总是隐隐地担心，数量如此巨大的玩具枪，如果以客观归罪的话，足以判处无期徒刑。

终于，何潮斌不构成走私武器弹药罪的观点得到一审法院采纳，但我心中的石头仍然没有落下，因为法院仍旧认定何潮斌构成走私禁止进出口货物罪，仍旧判处了 4 年有期徒刑，量刑过重。

另外，根据多年的执业经验，从起诉走私武器罪可判无期徒刑，到只判决走私国家禁止进出口货物罪 4 年，中间跨越程度如此大，公诉机关是肯定不会轻易放手的。果然，市检察院获省检察院支持，还是提出了抗诉，他们认为何潮斌和赵某旭具有走私武器罪的概括故意，其行为应当构成走私武器罪，建议量刑在 7 年以上，而且认为对走私禁止进出口货物罪量刑应在 5 年以上。

又是一场硬仗，在征求何潮斌及其家属的意见后，何潮斌委托我继续担任上诉抗诉审的辩护。一个控辩双方同时提起抗诉和上诉的案子就此展开，一审法院判决遭遇两面夹击。这在我近 30 年的执业过程中也只有过三次，一次是 2004 年黄埔法院判决沈某娣被控贪污、为亲友非法牟利和虚开增值税发票案，一审判决只认定贪污数万元，量刑一年三个月（实报实销），检方对虚开增值税发票提出抗诉，而我方则坚持认为作为国企承包经营的负责人沈某，自主分配一些资金不构成贪污，因而也提起了上诉。最终，也许是为了给个面子，对于虚开增值税发票定罪免责，一年三个月刑期尘埃落定［（2004）黄刑初字第 146 号］。另外一次则是前不久广州铁路运输法院审判的孙某松涉嫌受贿（500 万元）和国有公司人员失职罪，一审认定构成受贿 100 万元，判有期徒刑 5 年，遭到我方上诉；检方则对不构成失职罪提起抗诉（最终发回重审）。三件既上诉又抗诉案件，二审结果也是各不相同，既有直接改判也有驳回上诉、抗诉，唯有此例案件直接加重！

三、针锋相对

审判长在开庭准备时，就向被告人说明本案要经过高级人民法院审委会讨论后再报最高人民法院核准，询问对审委会成员是否申请回避。我不禁奇怪，对于何潮斌这种走私玩具仿真枪的商贩，怎么会引起高级人民法院的如此重视呢？

2015 年 5 月 19 日上午 10 点，何潮斌涉嫌走私武器罪、走私禁止进出口货物罪二审案在广东省高级人民法院第八法庭公开开庭审理。二审抗诉意见书认为，何潮斌对于走私武器（枪支）是有概括故意的，《关于办理走私刑事案件适用法律若干问题的意见》第 6 条规定："关于行为人对其走私的具体对象不明确案件的处理问题，走私犯罪嫌疑人主观上具有走私犯罪故意，但对其走私的具体对象不明确的，不影响走私犯罪构成，应当根据实际的走私对象定罪处罚。……"

我本人对于这种客观归罪的司法解释是据理抗争的，且无论该意见第 6 条是否为客观归罪、违背刑法的主客观相一致的原则，就本案而言，何潮斌根本就不适用上述第 6 条的规定，因为何潮斌走私的对象并不是"不明确"的，其对象是确定的，就是玩具仿真枪，而不是所谓的武器枪支，如果意识到是"真枪"他肯定不会委托他人包柜通关，更不会放任不管，因此不应适用上述司法解释。

省检出庭检察员根据旧的司法解释认为何、赵两人走私禁止进出口货物罪属于情节严重，应当判处 5 年以上有期徒刑；我便依据最新的司法解释应对，即 2014 年 9 月 10 日实施的"两高"《关于办理走私刑事案件适用法律若干问题的解释》第 5 条和第 11 条的规定，走私禁止进出口货物罪的情节严重要求涉案数额超过 100 万元，而何潮斌涉案的数额为 26 万元。根据刑法从旧兼从轻的原则，该解释适用本案，则一审判处 4 年，量刑畸重。

四、有罪无罪？将面临天壤之别的待遇！

本案如果构成走私武器罪的话，被鉴定出的 388 支"枪"，则属于情节特别严重，那么何潮斌将可能面临无期徒刑甚至死刑的刑罚！对此，检察员也客观地提出本案枪支毕竟不同于军用用途的制式枪支，社会危害性较小，当庭建议法庭报请最高人民法院核准在法定刑以下量刑，即在 7 年以上有期徒刑量刑，并和走私禁止进出口货物罪实行数罪并罚，这就是一开始合议庭提出要经审委会讨论本案的原因吧。

经过旗帜鲜明的控辩，合议庭宣布本案需经审委会讨论后，择日宣判，这一等又是两个半月。

这么长的等待期让我心里有不好的预感，去会见何潮斌的时候他也表现得十分焦躁，说总是梦见有把刀悬在头上，随时都会掉下来。

作为律师，我也一样感到不安，因为抗诉有可能加重刑罚，现在一切看起来都不大乐观。

2015 年 8 月 10 日，二审终审判决何潮斌犯走私武器罪，判刑 8 年和走私禁止进出口货物罪判刑 4 年，数罪并罚合并执行有期徒刑 10 年，并处罚金 40 万元。赵某旭同样也被加重了处罚。

得知判决后我内心一沉，近年来，“同案不同判”饱受民众诟病，在同一个案件中，不同级别的法院对涉枪部分的认定都存在如此巨大的差异，最终判决的刑期相差 8 年之多。同一个犯罪嫌疑人，同样性质的仿真枪，同样是没有主观恶意，不知道枪支鉴定标准的平民，却面临完全不一样的结果。如此这般，裁判者对法律的适用必然会引起学者与民众的强烈质疑，这对于维护我国刑法的严肃性、法律的权威性和统一性也一定会带来巨大的负面作用。

五、“同案不同判”，谁来“买单”？

买卖玩具枪、仿真枪的小贩、军迷爱好者，怎么就成了买卖、走私枪支的嫌犯了呢？这个罪名立法的初衷难道是为了惩治这些因不明枪支鉴定标准，误买误卖“枪支”的平民百姓吗？我国是实行枪支、弹药等武器严格管制的国家，不允许民间私自拥有枪支武器，刑法也严厉打击生产、制造、买卖、走私和持有枪支武器的行为，这是维护国家公共安全和社会秩序的必然需要，否则就像美国一样，民间枪支泛滥，枪击案不断爆发，民众安全感差，争相购买枪支自保，导致恶性循环。

何潮斌不构成非法买卖枪支罪和走私武器罪，理由在于：

其一，何潮斌没有认识到自己出口的玩具枪是所谓的“仿真枪”型“枪支”，属刑法上的事实认识错误。阻却犯罪故意，不应承担刑事责任。所谓事实认识错误，是指行为人对与自己行为有关的事实情况的认识与实际情况、客观事实不一致，即行为人主观上所认识之构成犯罪的事实与客观发生之构成犯罪的事实不一致。事实认定错误属犯罪构成中的主观故意范畴，影响到行为人主观上是否存有犯罪故意，进而影响到行为人是负故意责任还是过失责任，抑或是不负责任。不同类型的事实认识错误，行为人承担的责任是不同的，如“对象错误”中，预想行为对象和实际行为对象发生错误，其责任承担是不同的。甲欲杀乙，却杀错了丙，预想行为和实际行为都是故意杀人行为，这种情况下不影响甲故意杀人罪的成立；甲捕猎时，错将乙当成猎物开枪打死了，预想行为不构成犯罪，实际行为导致了乙的死亡，甲对乙的死亡主观上是不希望发生的，因疏忽大意没有辨别清楚，承担过失致人死亡的责任；甲经营药店，对经销商提供的假药，鉴别不出来，导致销售了假药，甲的预想行为不构成犯罪，实际行为导致了销售假药，由于甲主观上不存在故意，是过失状态，而销售假药罪是故意犯罪，因此甲不构成犯罪。辩护人坚持认为本案出口玩具枪就是属于此种状态。

事实认识错误对于合理地解决行为人犯罪和刑事责任问题有着重要的意义。实践中的事实认识错误主要有行为性质的认识错误、对象错误、手段错误、打击错误、因果关系错误，不同类型的错误其责任形式也是不同的。

与事实认识错误相对应的是法律认识错误，行为人对自己实施的行为在有关法律性质和法律意义的评价上产生不正确认识，又称为违法性认识错误。例如，《刑法》第259条的破坏军婚罪，行为人可能只认识到与军人配偶同居不道德，但不至于犯罪。又如《刑法修正案（八）》规定了拒不支付劳动报酬罪，某建筑承包商故意拖欠民工的工资，其不知道《刑法修正案（八）》的规定，还以为仅仅是民事纠纷，不能入罪。

由于法律认识错误的本质在于行为人对法律的无知，大多情形下并不影响犯罪构成要件对其进行评价，只可能对其主观恶性的大小评价产生一定作用，因而也就不会对定罪产生太大影响，但在量刑上会有所关联。如甲之子无恶不作，甲于是将其杀死，自以为为民除害，不构成犯罪。实际上甲对法律的错误认识显然不影响其故意杀人罪的成立，但对其在量刑上肯定存在影响。理论上只有对于“不可避免的法律认识错误”，才可以阻却刑事责任，不构成犯罪。所谓不可避免的法律认识错误，是指根据行为时的情况，行为人没有能力认识到自己行为的违法性，也无法预见到违法后果的发生，行为人对法律认识错误没有过错。如身居偏远山村的村民，不知道国家颁布了野生动物保护法，将眼镜蛇纳入珍贵野生动物保护名录，猎捕了眼镜蛇，一般不以非法猎捕珍贵野生动物罪追究刑事责任。

实践中针对违法性认识错误与事实认识错误，一般情况下还是比较容易区分的。张明楷教授认为，只能根据行为人是对事实本身产生认识错误还是对规范的评价产生错误认识来区分。例如，甲男不知乙女患有精神病而与之发生性关系，应属于事实认识错误，阻却故意，不构成犯罪。如果甲男明知乙女患有精神病，但不知道法律规定禁止与无行为能力人发生性关系，以为只要乙女同意或者乙女的父母（或其他监护人）同意，自己的行为就不是犯罪，这就是法律认识错误，甲的行为构成强奸罪。

又如，原告甲女与被告乙男的离婚诉讼，经审理后一审法院作出判决，支持了原告的离婚诉求。原、被告当庭都表示不上诉。判决送达后的第五天，甲女就迫不及待地持一审判决与丙男到区民政局登记结婚。然而，乙男在上诉期届满之前依法提起了上诉，同时向法院提起刑事自诉，要求追究甲女和丙男重婚罪的刑事责任。此案中，甲女对有配偶的情况下不能与他人结婚的法律没有认识错误，只是认为离婚判决后，自己已经属于单身，有权利与他人结婚，并没有认识到判决未生效前自己仍属于法律上“有配偶”的人，这应属于对有无配偶的事实认识错误。这种认识错误一旦确定，应能够成功阻却重婚故意的成立。

再如，甲男在与乙女婚姻存续期间，又与丙女以夫妻名义同居生儿。甲男认为，只有在自己有配偶又与他人登记结婚的情况下，才构成重婚，自己只要不与丙女登记结婚，就不属于重婚。显然，甲男对重婚罪的法律认识错误，不影响定罪。

回看前述何潮斌案中，他认为这些玩具厂生产的“枪形物”属于玩具枪的范畴，没有认识到是“仿真枪”“枪支”，这是典型的事实认识错误。虽然，这些玩具枪后来被鉴定为“仿真枪”属于“枪支”，对于鉴定枪支标准的“比动能 1.8 焦耳/平方厘米”，何潮斌也不知晓，但从何潮斌出口“枪支”的过程来看，其错误发生的原因是在对“枪支”事实的错误认识，而不是对国家规定的枪支鉴定标准的认识错误或者不到位导致的。可见，何潮斌走私武器案中，明显存在对枪支事实的错误认识，其主观上缺少对枪支认识的故意，由于走私武器罪是故意犯罪，不存在过失犯罪，何潮斌对枪支的事实认识错误，缺少主观故意，所以不成立走私武器罪。

其二，何潮斌不知道枪支认定标准是正常的，没有过错，不具可谴性。

对于一些行业或专业上的规定，普通人不了解是正常的。例如，《枪支致伤力的法庭科学鉴定判据》及其规定的："对不能发射制式弹药的非制式枪支，当所发射弹丸的枪口比动能大于等于 1.8 焦耳 / 平方厘米时，一律认定为枪支。"该规定对于普通群众来说意义不大，即便大家都知道这是鉴定枪支的标准，但也无法对现实生活中的玩具枪、仿真枪、真枪进行鉴别，因为对该标准，需要有资质的专业机构、专业人员和专用设备进行测试。假如一位家长为自己孩子买了 2 把玩具枪，一经测试，"动能比大于等于 1.8 焦耳 / 平方厘米"，玩具枪成了真枪，孩子的家长构成非法买卖枪支罪，这不成了人人自危的社会吗？

同样，对于社会各个行业都有的一些专业的行业技术标准，难道都要普通人去了解这些专业技术标准吗？显然不需要。民众要了解的是国家法律法规及其对行为的规范要求，而不是某些专业的、行业的技术标准和技术规范。如同食品中病菌、有害物质的含量比例，众所周知，超出一定范围的比例就属于不符合卫生标准的食品或有毒、有害食品，是否超标必须由专门的卫生机构作出鉴定。普通人是无法得知食品中的细菌、有毒物质含量的，假如某批次的品牌牛奶中大肠杆菌超标，导致食物中毒，是不是所有牛奶经营者都构成销售不符合卫生标准食品罪？显然不是，只有明知是不符合卫生标准而予以销售的才构成，牛奶经营者知道或者不知道法定卫生标准与定罪没有关系。

可见，对于一些十分专业的测试标准或行业标准，普通人不知道是正常的，也没有义务必须了解这些专业规定，只有相关行业及其管理机构才有义务、有责任加强行业管理，严格依照规定执行。由此可见，何潮斌、刘大蔚等不知道枪支认定标准是正常的，不具可谴性，如对其定罪，就会陷入"客观归罪"的误区。

其三，法院对枪支的认定，违反了我国《枪支管理法》第 46 条规定："本法所称枪支，是指以火药或者压缩气体等为动力，利用管状器具发射金属弹丸或者其他物质，足以致人伤亡或者丧失知觉的各种枪支。"其中，"以火药或者压缩气体等为动力，利用管状器具发射金属弹丸或者其他物质"是枪支的物理特征，"足以致人伤亡或者丧失知觉"，是枪支的法定本质特征，这是法律对枪支标准的规定。公安部颁布的《枪支致伤力的法庭科学鉴定判据》，对于枪支的认定，违反了《枪支管理法》，也就说，如果受检测的"枪支"动能比超出了 1.8 焦耳 / 平方厘米的标准，但达不到"足以致人伤亡或者丧失知觉"，我们认为此种情况下，应认定被检测的"枪支"不属枪支。因为《枪支管理法》的效力大于公安部的《枪支致伤力的法庭科学鉴定判据》。

法院在认定枪支标准时，应该严格依照法律，独立审判，不应受制于行政规范和标准。在刑法上，涉枪犯罪大多是重罪，因此对于"枪支"，应严格依照法律对枪支的实质解释，即必须根据"足以致人伤亡或丧失知觉"的规定进行认定。

公安部颁布的《枪支致伤力的法庭科学鉴定判据》，经查阅得知，该标准起草单位是南京市公安局刑事科学技术研究所、南京理工大学、公安部物证鉴定中心。该标准的制定并未广泛征求社会大众的意见，对于枪支认定标准要求过低，脱离了社会现实，致使无辜的人受到刑事追究，以致成了"恶法"。

几年来，通过福建刘大蔚网购仿真枪案、广州王国其贩卖枪支案、天津摆射击摊大妈赵春华涉枪案，我们律师同仁都在不断呼吁个案推动法治：建议公安部提高枪支认定标准，先恢复至2001年的标准，即枪口比动能大于16焦耳/平方厘米；也呼吁最高人民法院的涉枪案件司法解释将仿真枪的定罪量刑区别于真枪。

2018年3月8日，"两高"发布《关于以压缩气体为动力的枪支、气枪铅弹刑事案件定罪量刑问题的批复》，批复规定：对于非法制造、买卖、运输、邮寄、储存、持有、私藏、走私以压缩气体为动力且枪口比动能较低的枪支的行为，在决定是否追究刑事责任以及如何裁量刑罚时，不仅应当考虑涉案枪支的数量，而且应当充分考虑涉案枪支的外观、材质、发射物、购买场所和渠道、价格、用途、致伤力大小、是否易于通过改制提升致伤力，以及行为人的主观认知、动机目的、一贯表现、违法所得、是否规避调查等情节，综合评估社会危害性，坚持主客观相统一，确保罪责刑相适应。

这是一个进步，也是一个个鲜活的个案推动法治的范例，而我，也期望立法部门尽快修改枪支鉴定标准。

第五章　我们曾是青少年

蝴蝶卷起的龙卷风

——网上谩骂引发在校学生聚众斗殴致死两人案

理想今年你几岁？

——小保安跟随巡逻致死小偷案，骨龄鉴定未成年

未成年人犯罪预防与未成年人保护，从来就不是应当分割开来，或予以回避的话题，这是当前，甚至对未来而言，都是至关重要的社会话题，我们应当敞开来谈，谈出个方向，最好谈出个结果。

我认为，对于未成年人最好的犯罪预防是对儿童的福利与保护。儿童的福利与保护，是个亟待解决的问题，这不仅仅是一座福利院的建立，而且是整个儿童福利和保护机制的建立，不仅限于父母抚养能力、家庭暴力、儿童教育、儿童（父母）行为矫正等各项儿童成长权益保护的领域。否则，我们一面惊讶于 12 岁弑母男孩在经过民警询问后说出“我杀的又不是别人，我杀的是我妈”。这样违反常伦的话语，一面为某视频中不断被爸爸、妈妈甚至弟弟摔打、责骂，却全然不作声，默默承受的“姐姐”叫屈；一面又看到新闻报道中，记者笃定地说：“这个世界有些人根本就不应该活着，他们天生就是为了搅乱这个世界的正常秩序，无视人伦，反社会的……法律对这些凶手不应该有过多同情，他们应该立即去死。”

然而就心理学而言，12 岁的男孩、“反社会人”与被虐待的“姐姐”之间本就界限模糊，互为因果。没有人知道这个 12 岁男孩的父母平日里的教育如何；没有人能够确信，这个一直在家庭暴力中长大的女孩长大后是否能成长为“好人”；没人能确定那些丧失人伦，不应同情的“凶手”是否曾经就是这个饱受家庭摧残的小女孩。面对这样的社会现实，我们要做的，不仅仅是为那些犯下罪恶的成年人消化巨大的社会责任，更应当尽早完善儿童福利和保护机制，拯救那些可能或者是正处于畸形、暴力家庭中的儿童。家是儿童的第一所学校，如果家庭教育缺失或畸形，那么社会就应当承担相应的责任，让每一个儿童能够成长在更为正常、舒适的环境中，便是对于未成年人犯罪问题最初的预防。

建立儿童福利局，完善配套机制，这是个关于未成年人保护与犯罪预防的双向解决方式。

这个问题，应当得到重视。

以下两个案例，不只是在为未成年人辩护，更是在履行作为成年人，引导和帮助青少年成长并顺利步入社会的义务和责任。

蝴蝶卷起的龙卷风

——网上谩骂引发在校学生聚众斗殴致死两人案[1]

【引】

凌晨一点的文明路，全然不像白天那样热闹，街道清清冷冷，不远处的中山图书馆显得更加肃穆和宁静。偶尔一辆小车疾驰而过，不做任何停留。

突然一阵嘈杂声打破这静谧，文明路尾窜出五六个年轻人，男男女女，他们看起来不过17、18岁。后面的一名男子加速冲向前面的一名年轻人，双方扭打在一起。另一名逃跑的男子见状，撒腿来帮忙，两个年轻人虽然人数不占优势，但身体壮实又全力反抗，几分钟下来，并未落得下风。眼见争不到有利局面还被连揍了数拳，其中一名追击的男子邱某按捺不住，掏出一把单刃尖刀，朝对手的胸部捅去，男子应声倒地。尾随的邱姓女子崩溃地大声喊叫，无力地跪在地上，双手瘫软。

满手鲜血的邱姓男子意志崩溃，脑袋轰轰作响，混乱中见另一名男子试图逃跑，一个箭步向前，年轻男子也倒在血泊之中……

死者，林辉（化名），在校大学生，殁年21岁。

死者，关宏（化名），在校大学生，殁年20岁。

1　（2009）穗中法少刑初字第17号。

【辩护之路】

一

2008年8月，郭某在互联网上谩骂林某某、黎某某，二人于2008年9月9日晚找到郭某，要求她道歉，双方到广州市越秀区北京路“潮楼商业城”的仙踪林餐厅商谈。

由于郭某拒绝道歉，双方遂起争执，郭某纠合了被告人邱某祺及同案人马某正到场。邱某祺又打电话给男朋友邱某苇来接，不料邱某苇又纠合了同案人邓某杰、林某绿等4名男子一起来到现场。与此同时，黎某某的男朋友林辉此时也来到仙踪林餐厅，随后纠集同案人武某等人。正在仙踪林消费的被害人关宏因认识林某某一方人员而主动参与。直至次日凌晨一时许，双方人员在潮楼商业城楼下发生争斗，林辉与关宏等人准备离开现场，被邱某苇等人追逐至文明路20号，最终发生伤亡事件（参见图5-1）。

经鉴定，被害人林辉系单刃扁平锐器作用造成左锁骨下动脉离段致失血性休克死亡，被害人关宏系单刃扁平锐器刺伤左胸部导致心脏破裂死亡。

被告人邱某祺，被检方指控邱某苇及其所带人员是应邱某祺要求，并参与斗殴，邱某苇所持尖刀是从邱某祺包中取出，指控邱某祺为聚众斗殴的首要分子，以故意杀人罪起诉。

邱某祺时年已满16周岁，未满18周岁，系在校高中生。

被告人邱某苇在逃。

洽谈时预判：客户张老板介绍邱父母和我见面后，我觉得棘手，两条人命严重后果，纠集人员的主犯，可处无罪徒刑；仅有未成年人减轻情节，降一档也是10年以上有期徒刑。因此我想，改变定性和争取自首情节至关重要（公安机关认为邱虽自动投案，但未如实交代且态度恶劣，不构成自首）。

邱某祺虽不是我辩护过的刑事案件当事人中年龄最小的一位。但是花季雨季的年龄，却要体味生命不能承受之重。

我认同“人之初，性本善”，我也始终认为，对于青少年而言，决定他们行为、

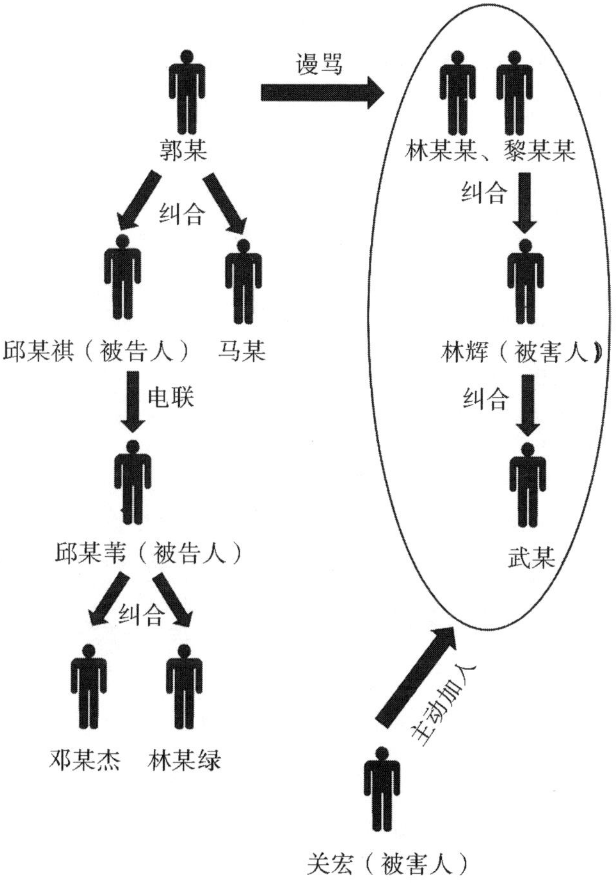

图 5-1 关系

个性、处事态度的从来都不是他们自己，除去父母给予的基因外，那些长久影响着他们的生活环境才是后天决定性因素。即使被控故意杀人，但邱某祺在我的眼里却不过是电影《阳光姐妹淘》里的“小胖妞”，她坏吗？当然不。

二

看守所的滋味看来并不好受，邱某祺如同一个泄了气的气球，瘫软无力地坐在椅子上。哪怕我走进来她也依旧一副无精打采的模样，丝毫没有理睬我的兴趣。

“你好！”我说。

“我要见我爸妈！”干脆利落的回答，清晰地表达了她的意思与桀骜的个性。

“你的父母暂时没有办法见到你，只有公安机关提审时他们作为监护人在场才能见面。但我可以确定地告诉你，此刻我代表的就是你的父母在跟你说话。”我身子微微前倾，“同时给你个建议，你如果想更早地见到你父母，就请你认真地对待你的辩护律师，听从我的建议。”

话音未落，“谈什么？笔录他们给我看了，说我是首要分子，说我故意杀人。好些人口供乱七八糟但都拐着弯儿地针对我，我当时大喊着让他停手……”说到这里，邱某祺突然哽咽了。

“但他就是没有停，两个人……都死了，他现在跑了，所以……就都要我来承担。”

邱某祺再也抑制不住，号啕大哭了起来。

我慢慢翻开会见笔录，抬头望着她：

“案卷材料我已经全部看过了，我可以确认的是，你没有犯故意杀人罪，无论邱某苇有没有逃逸，你都不会是那只替罪羊；至于是不是聚众斗殴的首要分子，我认为你也不是，但根据现有证据不能完全证明这点，而我不代表法官，这一点倚仗于你之后是否积极配合我进而影响法官的最终裁量。”

她抬起了头，似乎回过点神，端坐起来，开始认真听我讲话。

但我并不打算就案情继续谈下去：

“你听说过费斯汀格法则吗？”

她有些诧异，似乎并不理解我为何要扯开话题。

我看着她继续说道：“美国社会心理学家费斯汀格有一个著名的理论：生活中的10%由发生在你身上的事情组成，而另外的90%则由你对所发生的事情如何反应决定。”

“我举个简单的例子，父亲早上洗漱时，将自己的名牌手表放在洗漱台边，母亲怕被水淋湿了，就顺手拿去放在餐桌上。而女儿起床后到餐桌上拿面包的时候，一不小心将手表碰到地上摔坏了。父亲心疼手表，就冲着女儿和妈妈臭骂一通。做妻子的不服气，开始激烈争吵。一气之下，父亲直接开车去了公司，快到公司时记起忘了拿公文包，又马上转回家。可是家中没人，又只好打妻子的电话要钥匙。

妻子慌慌张张地往家赶时，撞翻了路边一个水果摊，她不得不赔了一笔钱才离开。待打开门拿到公文包后，父亲已经迟到了一个钟头，挨了上司一顿严厉的批评。下班前又因一件小事，他跟同事吵了一架。妻子也因迟到被扣了当月的全勤奖。而女儿这天要参加唱歌比赛，却因心情不好发挥不佳早早被淘汰。”

我停顿了一会，“手表摔坏只是其中客观的10%，后面发生的一系列事情则是另外的90%，也都是由于当事人没有很好地掌控那90%，才导致了这一天成为闹心的一天。试想，父亲在那10%发生后，如果换一种反应，比如，安慰女儿：‘不要紧，手表摔坏了没事，我拿去修修就好了。’这样女儿高兴，妻子也高兴，他自己心情也好，那么随后的一切就不会发生了。可见，女儿控制不了前面的10%，但完全可以通过你的心态与行为决定剩余的90%。”

“那么，你呢？”

她错愕的表情完全写在脸上，似乎想说什么却又说不出来。

“如果伙伴鼓动你叫人时你选择了拒绝，如果对方几个女生想离开时你和同伴没有阻止，如果郭某准备在网上谩骂时你作为好朋友试图相劝，这一切都不会发生，可是这个世界没有如果。没有人会认为你应当为整件事负责，但我需要你知道，有时候哪怕只是你一个人改变对周围事情的态度和行为，都有可能改变事情的整个发展进程。”

我停顿了一会，继续说道：“我会尽最大的努力为你辩护，但自首认定也好，量刑问题也罢，都不是我这次来找你的目的，我只希望你能明白，已经有两个生命为你们的成长买单了，没有再比这更大的代价，现在你所处的环境，是为了让你学会自省，学会谨言慎行，学会面对。”

“我后天再来找你，你自己好好想想。”

邱某祺低下了头，随后又默默站了起来，并没有看我，缓缓离开了会见室。

三

“我的问题问完了！”公诉人清了清嗓子，似乎对自己的讯问很有信心，一通慷慨激昂引起附带民事赔偿受害人家属的强烈共鸣。

“邱某祺，邱某苇是你什么人？”我开口问道。

“她是我男朋友。”邱某祺声音很小，由于不公开审理，对未成年人使用的圆桌法庭，还是能清晰地听见。

“刚才公诉人提及是你纠合他人参与斗殴，你能说说当时你为什么要给邱某苇打电话吗？”

“当时我们两边其实火气都挺大，甚至提到要叫人。但实际上我们几个女生谁也没有真正参与过斗殴。我当时壮着胆子，但内心有些害怕、有点怵，对方人多不让我们离开，我当时的第一反应就是叫我男朋友来接我走，因为我想无论待会儿发生什么情况，他能保护我，所以我打了电话。”

“你有没有让他带人来？你有没有让他带上刀具等武器？”

“没有！我完全没有想过他会带人来。”

“当时你打电话给他的时候，在场有没有人听见你的电话内容，有没有人作证？”

“没有，我是到一边儿去打的，我这样窝窝囊囊的话要是被她们听见，肯定得笑话我。”

“好，我明白了，第二个问题：当晚的整个过程中，你有没有参与到斗殴中去，有没有持刀？”

“没有，真的没有！事情完全超出了我的想象，阿苇他们追出去的时候我在后面努力跟着，想着别闹出事儿来，可是我太胖，根本跑不动。等我赶到现场的时候，已经看到一个人倒在地上全身是血……我浑身一点力气也没有了，只能拼命地大喊，可是阿苇好像根本听不见……”

“审判长，我问完了。”

……

四

对我而言，这并不是一场会令人紧张的庭审。在被告人邱某苇归案前，所有指向邱某祺的纠集、指挥之故意，递刀给邱某苇的控诉，都是无法完全印证的。只要邱某祺能够没有较大逻辑出入地陈述整个案情，天平便已经倒向了我方。

最终，法院判定被告人邱某祺为聚众斗殴的积极参与者，其行为构成聚众斗殴罪；公诉机关对被告人邱某祺的指控罪名不当。而现有的证据也不能证实被告人邱某祺要求同案人携带工具到现场参与斗殴，亦无证据证实被告人邱某祺在斗殴过程中有持刀的行为，被告人邱某祺不具有与同案人共同致被害人死亡的主观故意。

被告人邱某祺对同案人邱某苇参与本案起了至关重要的作用，但其没有组织、指挥、策划斗殴的行为，不是聚众斗殴的首要分子。同案人持刀捅刺两名被害人的行为已经超出了聚众斗殴的共同故意，被告人邱某祺不是致两被害人死亡的直接责任人，不应对两名被害人死亡的结果承担刑事责任。公诉机关指控被告人邱某祺犯故意杀人罪的罪名不能成立。

被告人邱某祺聚众斗殴，人数多，规模大，社会影响恶劣，论罪当处 3 年以上 10 年以下有期徒刑，鉴于其犯罪时未满 18 周岁，依法应当从轻处罚，被告人邱某祺犯罪以后投案自首，依法可以从轻处罚。其法定代理人已赔偿被害人关宏亲属的部分损失，并得到被害人关宏家属的谅解，可对被告人邱某祺从轻处罚。同时考虑到被告人邱某祺案发前系在校学生，其家庭具备监管条件，是初犯，依法对其适用缓刑。判决被告人邱某祺犯聚众斗殴罪，判处有期徒刑 3 年，缓刑 4 年。判决书这样写道。

五

案件最终尘埃落定，但我心中的那片乌云却迟迟不肯散去。邱某祺仍旧低头坐着，没有起身，似乎没有迎接父母喜悦泪水的打算。

突然，她抬头，向庭下四处张望，起身，走过去，分别向两位受害人的家属深深地鞠了一躬。

也许有十几秒，也许是一分钟，她才挺起身。

……

经过我的身边时，她没有说话，只是看着我。大约停住了两秒，慢慢地走出法庭。

我望着审判席，视线竟也有些模糊，想不到我这老律师也会为这事儿哽咽，不禁又想起心里那个问号。

邱某祺是个坏女孩儿吗？

当然不是。

当她向受害人家属弯下腰时，当她怯懦又倔强地对我说出那句“谢谢”时，我心里早就有了答案。

【一点思考】

当我们在谈论未成年犯罪的时候我们在谈论什么？

最近看到一份数据，提到近 5 年来广东省判处的未成年人犯罪总数所占比例居全国之首，未成年人犯罪的增幅差不多有 10%。记得近年教育部做过的一次调查显示，未成年人实施犯罪的平均年龄为 15 岁，其中 14~15 岁年龄阶段实施犯罪的未成年犯占 47%，且再次犯罪的未成年犯占全部未成年犯的 56% 左右。

数据直截了当，能给人带来最直观的信息，但我的内心却不愿意臣服于这堆冰冷的数字。

为人父母以后，我也常常会听到一些朋友在外抱怨自己的小孩，读书时如何吊儿郎当，在家时又如何无法无天。未成年人在“自家小孩”“别人家的孩子”的此起彼伏中，“压抑”地成长。

成年人口中那个“孩子”，似乎只有“自我”，似乎忽视了子女从诞生那一刻就已经是独立的个体，“子女”的所想所为，并非成年人所看到和自认为的，更不是那一堆“抱怨”，“孩子”的精神世界远比想象中要丰富得多。

“再次犯罪的未成年犯占全部未成年犯的 56%”，这个数据最能引起我的注意，可以说，除去刑事惩罚所带来的预防性和部分遗传特性以外，未成年人是否会再次犯罪仍取决于家庭环境。

偏执地说，我不认为孩子们犯错的行为最终要归结于他们自己，因为我们从他们有意识那刻起就教给他们判断是非的态度，或激进或中庸的世界观，以及基因赋予他们的那颗大脑。

我们创造了他们，更一并影响着他们以后的生活和世界。

2000 年前阿波罗神庙上的五字箴言就已洞察一切——认识你自己。因此，对于未成年子女的问题，我向来主张从分析自己开始，孩子缘何产生某种思想，在他产生这种思想的过程中我的责任比重是多少？

如果对于思想的判断能够做到先从自身入手，而不是简单地被数据所示的浅层原因主导，很多不应付诸实践的代价与牺牲，也许能够在中前期就戛然而止。

从心理学的角度去解构未成年人犯罪及再犯的问题，显然是最为适宜的手段。

未成年人的认知能力受限，心理学家皮亚杰将未成年人认知发展最快的阶段命名为“形式运算阶段”，12~15 岁的未成年人在该阶段学会进行假设—演绎推理，能够对现实问题提出各种假设，并在可能性中寻求现实性，找到正确答案。因此，一旦此阶段发育受限，或者未成年人学习假设—演绎推理模式接受了错误的讯息和引导，那么未成年人学习到的演进模式有可能将自己带入违法犯罪的境地。

费斯汀格的认知失调理论，能够很好地分析未成年人由初犯到再犯前的心理变化过程。例如，当未成年人初次犯罪被释放后，其不良玩伴又来邀其进行盗窃犯罪活动。此时玩伴的鼓动诱惑就与其释放后悔罪并试图回归正常生活的态度产生了矛盾，引起了认知失调。

此时认知能力受限的未成年人，通常会选择以下认知模式来减少由于悔罪而引起的认知失调：第一，改变态度：改变自己对盗窃等违法犯罪的态度，使之与先前的行为保持一致（暗示：盗窃也没什么大不了的，我本来就不是什么好孩子）；第二，引进新的认知，增加更多的一致性使自我矛盾感减少（暗示：刚出来本来就没有钱花，这样做我最近手头倒是可以松一点了）；第三，改变行为使之与态度不再矛盾（暗示：我就再做一次，以后就算再有人叫我这样做我也不做了）；第四，改变认知的相对重要性（暗示：本来我就没人管，就算违法犯罪，假如不继续下去，我还能做些什么呢）。

一般而言，这种矛盾的失调程度越大，个体想要消除他的动机就会越大，个体的认知态度就越可能改变，而行为则将由认知而产生的心理变化投射到外部。因此，形成的新认知的优劣将直接影响到未成年人是否会再次实施犯罪。而对于新认知的选择，则取决于其长久以来生活环境所赐予的观念。

构建健康的认知模式能力上的优劣，对一个未成年人而言，已经不仅是重新犯罪的问题，而是关系到其在未来社会生活中能否以正常健康的认知态度面对生活，处理挫折、危机的问题。

生活之中的情绪体验无处不在，但良好的情绪管理与不良的情绪支配所产生的效果大相径庭。缺乏良好情绪管理能力的未成年人，往往对各种遭遇反应强烈，内心很不平静，并且具有矛盾、求刺激、被暗示性大等异常心理，人格不成熟以及自制力的缺乏使之容易做出过激的行为而触犯法律。对于那些曾经接受过刑事处罚的未成年人而言更是如此，强烈的自卑心理与外界的人格侮辱对接，易引起更剧烈的情绪起伏。但改善情绪管理能力并非易事，情绪管理能力本身是由多年来人格、个性包括家庭、社会、学校环境背景等多方面因素共同作用下形成的稳定状态，不易转变。因此，只有经过相当长时间的心理训练和行为养成，才能改变这种状况。

未成年犯在接受刑罚期间，如若没有接受有效的心理干预，由专门人员进行疏导，那么在刑满释放后往往会出现一段较长时期的情感表达困难，这也是未成年人难以避免的自卑心理在作祟，造成的后果常常是不与人沟通、不善言行，甚至是自闭。

2014 年我曾接到一起未成年人涉嫌强奸的案件，犯罪嫌疑人是 17 岁的大一学生陈某，他通过微信的方式认识了 15 岁的高一女生冯某小。其间，冯某小和陈某多次用微信交谈，称其与男友发生性关系时感觉不舒服。某天，陈某约冯某小出来见面，冯某小同意后，陈某便带冯某小到本市天河区五山路一家旅店开房，过程中，冯某小要离开旅店，陈某用手拦着不让其离开，并称开房只是跟她聊聊关于她男朋友的事情。后陈某与冯某小来到 320 房间，陈某意图与冯某小发生性关系，但是冯某小一直挣脱，而陈某仍然压在冯某小身体上，带上安全套并插入冯某小的阴道时，冯某小喊痛，陈某便停止进行。之后，陈某与冯某小便各自回家。

事后，陈某曾在微信上向冯某小道歉，冯某小的男友发现后便报了警。而后陈某以涉嫌强奸罪被起诉并判刑 3 年 3 个月。

14~18 周岁是未成年人成长的敏感期，这个时期的未成年人在处理事情时往往凭身强体壮，易冲动，自制能力差。现在的未成年人大多是独生子女，受家长的过度宠爱，在性格和心理上也易染上狭隘、自私、任性、以自我为中心的毛病，一旦遇到冲突和挫折就会把这种不良心理表现出来，最终酿成暴力。究其本质，是性格塑造的不完整所致。因此，性格教育无疑才是青少年成长时期最为值得关注的教育核心。

理想今年你几岁？

——小保安跟随巡逻致死小偷案[1]，骨龄鉴定未成年

一

这个男孩子不过 18、19 岁，皮肤黑黑的，瞳仁也很黑。似乎没有人教过他剃须，一圈绒毛与胡碴混乱地挂在嘴唇两边，安静地低着头。史某峰没读过什么书，初中毕业便从小镇出来，做了好多个零工，案发前在广州铁路上做保安，几乎能想象他瘦削的身体穿上不合身的制服时滑稽的模样，他甚至都没有身份证。

他的样子会唤起我的一些记忆，我们的城市里有太多这样的小孩。十几年前我老家隔壁就住着一户：老太太带着孙女、孙子挤在一个破旧幽暗的小屋里，女孩子稍大些，约莫 11、12 岁，开朗爱笑。我见过她在我的小侄子面前跳舞，逗得他害羞偷笑的可爱画面。小孙子 6 岁的模样，老太太宠孙子，做的肉、零花钱都匀给小孙子，因此也常常听见隔壁女孩与老太太争吵、哭泣。两个小孩的爸妈吸毒，妈妈早就跑了，爸爸因为欠债被人拿枪打折了腿，天天在外，游手好闲。再后来，那个开朗的小女孩也不见了，听说是去大城市里“坐台”，就再也没有回来。孙子慢慢长大，也读不进书，混迹网吧，后来去深圳，做了保安。只留下一个八十几岁的老太太，和那间破旧的小屋。而我也只是偶尔在回到老家时，遇见那个驼背踱步的老太太，她依然会微笑着和我打招呼，也会让我想起：某年被阳光裹着的午后，那个跟我大女儿一般大的小女孩，兴奋地对着我侄子跳舞的可爱模样。

这是一个时代的缩影，它发生在我们每一个人身边。如前文所说，我们创造

1　（2007）穗中法少刑终字第 57 号。

了他们，也创造了他们以后的生活和世界。

二

史某峰被指控故意伤害致人死亡。

由于史某峰在派出所档案中记录的出生日期存在误差，若依身份证算，案发时他已满 18 周岁。因此，我们向法院提出骨龄鉴定申请，最终法院批准了我们的申请。根据骨龄鉴定，得以证实案发时，当事人史某峰年仅 17 岁。

2004 年 10 月 15 日晨 4 时，被告人史某峰与同案人王某（另案处理）作为广州铁路公安处下辖派出所保安队的保安员在白云区江高镇江村火车北站内巡逻时，见涂某祥等人正在盗窃列车上的铁块，便立即向派出所民警报告，他们与民警黎某华一起到现场后，对涂进行拘捕，因遭反抗便对其进行了殴打捆绑，致其重度颅脑损伤死亡。

被害人涂某祥被殴打致死是不争的事实，但史某峰的口供始终如一，其表明在抓捕被害人的过程中，自己只是按住被害人的胸部和手，其他辅警等得以同时使用棍子、拳脚踢打被害人。因此，在一审中我曾试图以史某峰与他人并没有共同伤害的故意，至少，对于造成被害人死亡的脑部致命一击已经超出共同故意，且史某峰动手按压小偷，实施的是保安范围内的职务行为为由进行辩护。

史某锋跟随警察执行公务，拘捕小偷遭反抗时使用武力共同制服导致小偷的死亡，可免责。退而求其次，属从犯有自首情节且未成年，最差结果是被处缓刑。然而，判决结果还是令人大跌眼镜。

但无论是一审还是之后的二审，两审合议庭均认为史某峰与同案人互相配合完成了这一持续性共同伤害的行为，各参与者均应对被害人最终的死亡后果承担共同的责任。

案卷材料中，虽然有辅警王某指证史某峰使用木棍对被害人进行殴打的供词，但作为同案人且无其他人证的情况下该情节是无法认定的。与此同时，史某峰的供词十分稳定，其表示过程当中只是一直用手按压小偷，并在民警黎某华的要求下对其进行捆绑。因此，两审也充分考虑了史某峰在整个行为过程当中的从属作用，采纳了我的辩护意见，认定史某峰为从犯。唯一的区别，上诉后，二审陈法官对于我提出自首情节予以重视，实地调查核实史某峰在公安人员来到大亚湾时，是其叔叔主动在工地上带他到保卫室交给办案人员的，属于“送子归案”自动投案情形。于是认定了史某峰的自首情节，最终使得史某峰的故意伤害（致人死亡）的刑期定格在 4 年，较一审判决减轻了 6 个月（参见图 5-2）。

> **唯对 2005 年 11 月 21 日上午，上诉人史[redacted]锋由其大伯史[redacted]平接触后交给公安人员带走这一事实原判遗漏认定，应予增加。为认定上述送首情节，本院采信公诉机关及辩护人在二审开庭时质证、认证的证实上诉人史[redacted]锋被送首情况的相关证据：1.惠州市大亚湾经济技术开发区公安局刑事警察大队四中队出具的情况说明，证实自称上诉人史[redacted]锋大伯的工地负责人将上诉人史[redacted]锋带出工地交给公安人员的情况。2.亲属关系证明，证实工地负责人史[redacted]平是上诉人史[redacted]锋的大伯。3.证人史[redacted]平书写的证言，证实其作为工地负责人从工地将上诉人史[redacted]锋带出交给公安人员的情况。4.证人张[redacted]权书写的证言，证实工地负责人史[redacted]平到工地将上诉人史[redacted]锋带出去派出所的情况。**

图 5-2　判决

然而，这些都不是我想说的。

三

我有两点想说。

其一，这个案件，让我对“另案处理”4 个字有了全新的认识，本案中同为在场保安的王某便是“另案处理”，一般而言，被“另案处理”的犯罪嫌疑人不少都涉嫌“窝案”，只是由于某种原因，而被列入“另案处理”的范畴。这些原因可能是有的犯罪嫌疑人在逃未归案而无法并案处理；抑或在本地、异地均有共同犯罪事实发生，若在异地处理更为合适的，可以列入“另案处理”；在某些刑事案件中，部分犯罪嫌疑人由于年龄、刑事责任能力等方面的原因，不负刑事责任，也需要“另案处理”；又或者是侦查机关的“线人”。因此本案中我的当事人是自然有可能因为年龄问题而被单独审理的。

然而本案中的王某，并未被“另案处理”，而是未处理，同样涉案的办案民警黎某华，也未被处理。也就是说，涉案三人中，仅且只有未成年被告史某峰被羁押、被起诉、被宣判。

此案在被害人死亡后当天，公安机关对三人均做过调查笔录，但当时并没立案，之后无奈迫于被害人亲属不断上访施压，便象征性地挑了一只“软柿子”捏，黎某华与王某均未被起诉，只有史某峰站在了被审判的刀架上，成为“替罪的羔羊”。

一句“另案处理”能意味着这样的“司法后果”？我不敢想，简单的 4 个字，让辩护人面对不公平的对待时，有些无能为力，辩护人始终无法扮演公诉人，更不是公安机关，在刑事司法面前，辩护人的力量在此刻显得如此渺小。

该案事发于 2005 年，虽然，如今诸如广州此类城市再发生这种情况的概率已经大大减少，然而在惠州、东莞、茂名等其他周边城市，尤其是偏远地区，依然会遇到或这样或那般的选择性执法，部分事件的严重性更甚于此，却都如此一般，最终消匿于无形。在有些城市的办案过程中，我不仅会遇到主犯明目张胆地在当地活跃，村委却能出具“查无此人”的证明，公安机关也同样因“查无此人”而不予立案，甚至在毒品、走私等大案要案中假立功或同案不同判的情形也不少见。

现实中有太多这样的事情在发生着，我们鄙夷、厌弃它，有时却又无法幸免。

其二，在关注到社会中的不公正的同时，我们一定不能忽略一个事实，那就是有一个生命在这其间逝去。然而他的逝去，却又注定因为其他枝节而被人忽略——“转移焦点”，这是如今各行各业危机公关的手段之一。“东方之星”沉船，最终经各方全力搜救，船上 454 人中有 12 人生还，442 具遇难者遗体全部找到，表彰大会如约而至，然而似乎人们对于“世越号”沉没是朴槿惠的邪教祭祀行为更为感冒，甚至对“东方之星”沉船事件没有留下深刻的印象。我们在新闻报道中，经常能够看到：塌方事故死伤 30 人、交通肇事致 13 人死亡，一串串冰冷的数字仿佛是对生命的漠视。殊不知，这背后每个生命的逝去，都意味着他失去了一整个世界。

那么，事实就是，史某峰案，被害人被殴打重伤致死，是确确实实的死亡。

今天恰巧在微博上看见一个视频，巴西一名少年在偷窃自行车时，被一名文身师当场抓住。这个文身师抓住他的头，把他按在椅子上，并在他的额头文上“我是个小偷，是个失败者”的文身。视频中可以听到，文身师 Wesley 问少年是否喜欢自己的新文身。事后，少年失踪，文身师被捕。我们还会看到马路上被群众打的满身是血、跪地求饶的小偷，视频里全身赤裸、被打得鼻青脸肿的“小三”，以及，很多像被害人这样的一群人。他们在做错事，在被司法机关予以判罚前，先遭受“社会群众”的“判罚”，而像史某峰案中的被害人，甚至连获得公正判罚的机会都没有。

一个文明的社会，是有完善机制、合理容错率的，允许跌倒、允许重来，可以得到社会的救助，使弱者有机会再站起来，而很多人在丛林社会中生活太久，便把野蛮看作理所当然。

纵览前述案件，我们会发现，这类恶性暴力事件所发生的人群都有一个共通点，就是施害方往往站在道德制高点上，史某峰一行人如是，文身师如是，抓“小三”如是，优势地位使他们做出了更为出格的行为。我常常在想，这种泾渭分明的“好人”“坏人”的民族性是不是要归结在京剧脸谱身上，国人太擅长给他人贴标签，且只添加，不撕毁。

史某峰是个小保安，似乎抓贼是他的职责，因此，便在符合既定身份，在一定情境的优越下，作出了超出控制范围的行为。这样的例子还如那年“反日情结”高涨的群体“打砸抢”事件，许多在平时不出头的平凡人，在那一刻走上了街头，烧毁路上的所有“日系产品”，拿斧头砸向了开着日产车的车主，哪怕那一刻，车主一家已经跪地求饶。而事实上，在我看到的深度采访中，直至后来，这名杀人犯也没有意识到其问题所在，他并不认为自己做错了，他认为大家都一样，大家都在那样做。这让我想起心理学史上最著名、具有争议性的实验——1971 年斯坦福大学的监狱实验，它从微观上展现出社会环境会怎样影响人的行为。由心理学家 Philip Zimbardo 领导的研究者们，在斯坦福的心理大楼的地下室设立了一个模拟监狱，并且挑选了 24 名大学生（没有犯罪记录以及被视为心理健康）去扮演囚犯和监狱的警卫。然后研究人员通过使用隐蔽摄像头观察囚犯（必须每天 24 小时留在监狱里）和狱警（每 8 小时轮班）。实验原本打算持续两周，但因为狱警的虐待行为，实验在第六天就被迫中止——有时候他们甚至让囚犯遭受心理折磨——从囚犯展现出极度的情绪紧张和焦虑中可以看出。

“狱警对囚犯的攻击升级，让他们脱得赤裸裸的，把袋子套在他们头上，最后强迫他们做一些让人羞辱的关于性的行为”，Zimbardo 这样说。“6 天之后我不得不结束实验因为这个实验实在是失控了——因为担心警卫会怎么对待囚犯，我晚上都睡不着觉。”

读到这里，我们不要小看人性，优势心态下的潜在暴力性几乎是人性的隐性遗传密码，每一个血淋淋的事件背后，我们最终看到的，都是人性。

史某峰将因此吸取教训，必须因此吸取教训，否则即使 4 年光影如梭，走出监狱大门，他依然无法改变自己，常言道：书，是人进步的阶梯，而思考，才是人进步的本质所在。否则他只能自己对自己撒谎，去让这个世界看起来更符合逻辑、更和谐，这是一种自我补偿机制，也是所谓的的“阿 Q 精神”。

四

前些天，回到家恰逢湖南卫视正在播放《我是歌手》，一个小年轻背着吉他缓缓地唱着民谣。民谣是我最喜欢的音乐形式，年轻的时候我曾一度痴迷于听张明敏、刘文正、齐秦的歌，从《兰花草》《外婆的澎湖湾》《爸爸的草鞋》《外面的世界》一直听下来……

许久许久没听民谣了，听到节目中这个叫赵雷的小年轻一声一声地唱着，我竟被歌词深深打动，它会让我想起那个只能用蒲扇的夏日，只能骑脚踏车的秋街，只能烤炭火的冬季，那个一直在思考、渴望前进又不知生活在何方的少年。4 年的牢狱生活早已结束，诚实善良的史某峰也该娶媳妇生子吧。

最后便把这歌词送给读者吧：

一个人住在这城市

为了填饱肚子就已精疲力尽

还谈什么理想

那是我们的美梦

梦醒后 还是依然奔波在风雨的街头

有时候想哭就把泪 咽进一腔热血的胸口

公车上我睡过了车站

一路上我望着霓虹的都市

我的理想把我丢在这个拥挤的人潮

车窗外已经是一片白雪茫茫

又一个四季在轮回

而我一无所获地坐在街头

只有理想在支撑着那些麻木的血肉

理想今年你几岁

你总是诱惑着年轻的朋友

你总是谢了又开 给我惊喜

又让我沉入失望的生活里

又一个年代在变换

我已不是无悔的那个青年

青春被时光抛弃

早已是当父亲的年纪

理想永远都年轻

你让我倔强地反抗着命运

你让我变得苍白

却依然天真地相信花儿会再次的盛开

阳光之中 到处可见奔忙的人们

被拥挤着 被一晃而飞的光阴忽略过

奔跑吧，路在脚下

第六章　罂　粟

辩护，是每个人都拥有的权利

——罗勐成窝藏毒品案

积极调查取证，该出手时请出手

——非法持有 4230 克海洛因，无期徒刑改 10 年

无罪辩护难，难于上青天

——运输毒品安眠酮 2.5 吨无罪案

辩护，是每个人都拥有的权利

——罗魁成窝藏毒品案[1]

【引】

1996 年 10 月 5 日午时，花园酒店咖啡厅内，2 名男子坐于厅内尽头的一圆桌旁，桌上两包崭新的万宝路，一红一白，两人时而四顾时而相望，平头男用中指一直敲打着桌面，仿佛焦急地等待着什么。这时一名青年进入厅内，面色严肃，环顾一周后径直走向了最远处的圆桌，他拿起那包白色万宝路，掏出一根烟，并未言语便转身走出了大厅。

“买单！”只听见后面的平头男子打了个响指，两人便尾随那青年走出咖啡厅，一同坐上了出租车……

罗魁成，男，时年 31 岁，广东陆丰人，居于香港新界，1996 年 10 月 5 日，受不法分子指使，在广州市花园酒店与被告人颜某迪、甄某焕接头，随后一齐乘坐出租车到五羊新城春风路，将二人带到三街某号某房。颜、甄二人对房内的“冰毒”（甲基苯丙胺）进行清点后，携带“冰毒”与罗魁成准备离开时被公安机关抓获。公安机关当场缴获 4 大包冰毒，共 78.5 公斤，经检验，甲基苯丙胺含量分别为 70%、65.4%、79.5% 和 66.5%。

1 （1997）穗中法刑经初字第 115 号。

【辩护之路】

一、人在何处?

接到这个案子的时候已是1996年的11月，此时我已随同彭心实、胡国材律师一同转到广东商务金融律师事务所（现为启源律师事务所）执业，一位姓余的香港大律师找到我们，表示由于地域限制（彼时香港尚未回归），他无法参与该案，需要转委托给内地律师。实际上之前余律师已经委托过一位广州律师，但整整三周下来，案件几乎毫无进展，甚至连罗骵成的人关在何处也未查询到，因此这位香港余大律师能给我们提供的信息十分有限。

两三个星期都没找着人，着实匪夷所思，20世纪90年代末，虽说不比现在登录APP、打个电话便能将自己当事人的案件信息查得一清二楚，但与交通闭塞、通信工具落后，“独行万里，只为曾允你一诺”的旧时终究不同。缘何查无此人?

当务之急，便是先把人关于何处查到!

根据我的判断，作为在内地涉嫌犯罪的香港人，一般由市级以上的公安机关经手，但当时的市级看守所仅广州城区内就有三个，一一去确认既耗时又费力，于是我决定直接“驱车”前往市公安局。（当然，所谓“驱车”，实际上是一辆名为“幸福125”的二手摩托车，那个年代，我刚刚落脚广州两年，将踩着背上的流汗单车换成肉包铁的摩托，可算是小米加步枪。而鸟枪换炮升级开上“捷达”车已是三年以后。不过头盔一戴，大腿一迈，发动摩托车的姿势还是有些许周润发拍广告的气势，自觉很是帅气。当然，也就会有迎风开车吃馒头、瓢泼雨天披雨衣的“怂样”。）

但很可惜，我并未在市公安局刑侦支队查到罗骵成这号人。

思忖片刻，脑海中闪过第二个念头，难道是省公安厅管辖?

好在省公安厅的看守所就一个，我决定去碰碰运气。不容犹疑，我发动摩托便腾腾赶往位于天河区龙洞的省公安厅看守所。不巧，这一路过去突然下起滂沱大雨，没带雨具，逆着风雨、骑着摩托七拐八拐，好不容易找到了位置偏僻的看守所。但屋漏偏逢连夜雨，打开档案袋时才发现罗骵成的身份材料全被浸透，字都模糊了，根本无法用。

心里的火气正瞅没地方发泄，打算悻悻而归，转头看见旁边有个家属顾送处，灵机一动，走了进去。

“你好，你好，”我擦了擦脸上的雨水，十分自然地说道：“我是律师，是来替家属给当事人交生活费的。”

工作人员抬头瞄了一眼，“什么名字？”

“罗鞑成，香港人！”

“什么时候关进来的？”

“大概上个月中旬。”我紧了紧领带。

“你等等，”工作人员翻动着登记册，大约过了两分钟，她抬头望向我，“贩卖毒品？”

“是的是的！”我心里一个乐呵，果然，罗鞑成就被羁押在此。

事实上，仅仅一天多的时间，我们就找到了罗鞑成的关押地点。随后我便将此信息告诉了香港的余律师，高效的工作令他十分满意，他立刻支付了 1000 元港元作为报酬。相比之前委托将近一个月律师没有提供任何信息的情况，这进展已算是“突飞猛进”。

第二天余律带着家属从香港赶来广州，办理了变更委托律师手续，随后我便拿着委托材料前往省公安厅预审处申请会见。

二、难得一见

大约过了一周，省公安厅预审处批准了会见。不知是出于直觉还是来自潜意识的判断，我向省公安厅提出了一个让自己都感到诧异的要求——当事人罗鞑成的家属能否一同过来与罗鞑成见一面？可喜的是公安机关竟然并未迟疑，同意了我的请求。

第二天下午，我和彭律与罗鞑成的父母在黄华路的公安厅门口碰头，两名亲属的激动之情溢于言表，罗父紧紧攥住我和彭律的手，像是抓住了最后一根救命稻草，喜忧参半的复杂情绪使他的手止不住地颤抖。这时，预审处两名科级干部开着一辆三菱吉普车在旁边停下，将我们4人带上，一行6人，前往广东省看守所。

20世纪90年代，由于录音录像设备尚不齐备，侦查阶段会见时需经批准，且须有办案机关人员在场。不过让我诧异的地方并不在此，而是省看守所的工作人员人性化地将我们双方的会面安排在看守所内的餐厅。我和彭律师与罗魗成详谈了近两小时后，家属才过来看望了当事人罗魗成。

通过一个下午的会见，我和彭律基本将情况了解清楚了，在整个案件当中，罗魗成并非主要角色，只是因为赌马欠了香港某毒枭一笔账，于是在该毒枭要挟和利用下来到内地，并按其指示行事，用以抵债。不过，即便罗魗成仅仅是个马仔角色，但案件涉及高达78.5公斤的冰毒量，且主犯未归案。这在90年代中期，完全是个骇人听闻的数字，如此一来，检察院对于犯罪行为的定性，即指控罪名尤为关键，不同罪名之间，可能意味着巨大的量刑差异。

会见完毕，家属再次对我们的工作表示万分的谢意，他们对这一整天的经历，甚至有些喜出望外。罗魗成是独生子，其父母也早已经退休，在香港住的是廉租屋，如今的家里经济来源稳定，仅仅是父亲给某工厂社区打更。罗魗成，是父母俩生活中唯一的精神支柱。

现在回头想想，仍旧记忆深刻，作为第一次也是唯一一次与家属共同会见的“奇遇”，虽说十分人性化，但也注定是“仅此一见”，究其原因，想是：其一，罗魗成只是一个从犯，一个“马仔”，让家属和律师先后会见时，办案人员在场边监听，基本不会有意外发生，甚至能从父子的对话中获取一点主犯的信息也未可知；其二，罗魗成从小移居香港，时逢1997年香港回归之际，其作为香港人在内地犯罪，在这个节骨眼上，很难说不存在对港胞的政策优待；其三，也算是天时之利，彼时我国《刑法》和《刑事诉讼法》刚经过1996年的大修，刑事案件律师在侦查阶段就可以提前介入，公安机关也要严格按照规定，把刑事拘留的通知手续送达家属，要不是我们亲自找上门，办案单位正因为罗魗成不肯透露地址等信息而苦于没有渠道递送材料给家属。两地封闭的冰面刚打破，内地对香港还不甚了解，根本不知往哪里寄，这些都使其家人与罗魗成的会面水到渠成。

三、窝藏，还是持有?

没过多久，案件便移送检察院审查起诉，起先侦查机关以贩卖毒品立案侦查，但后来由于证据不足，检察院最终以非法持有毒品起诉罗鞑成、颜某迪、甄某焕三人，其中罗鞑成作为第一被告。根据《刑法》的规定，非法持有毒品罪的最高刑为无期徒刑，不过罗某父母最初的要求即是保命，从目前的情形来看，已经比当初的情形要好得多。

他们似乎是松了口气，然而眼神中的闪烁还是透露出他们期待更好的结局。

此时我的预判是：可以争取进一步将案件定性改变为更轻的罪名，刑期由无期徒刑变有期徒刑 10 年。理据如下：

查阅卷宗时，我已经发现，根据现有证据，罗鞑成非法持有毒品罪名的定性是存在一定的无罪辩护空间的。从案情来看，香港毒枭指派罗鞑成先到广州五羊新城春风路某房，将大包毒品分装后，再与颜、甄二人接头，一同前往春风路该出租屋，将袋子交与二人，一同走出房间时，被公安机关当场抓获。

我们认为的辩护空间，通俗来说有两点：首先，该毒品的所有人显然不是罗鞑成；其次，就当时的司法惯例而言，非法持有毒品罪，往往是针对毒品所有人或者共有人，但同时又无充分证据证明究竟是贩卖还是窝藏等性质而定的口袋罪。本案是根据香港国际刑警发来的线报，广东公安机关早早就定点盯梢和电话监听，否则也无法刚出房门就人赃并获。而罗鞑成在房间内帮助香港毒枭保管分装，既不是运输行为，也构不成贩卖，有属于为犯罪分子窝藏、转移、隐瞒毒品的定性可能。于是在法院庭审过程中，我们将此观点提出，即罗鞑成的行为不构成非法持有毒品犯罪，而是窝藏、转移毒品罪，顺利的是，这个观点最终被广州中院所采纳。但另外两位被告人及其辩护律师采取无罪辩护策略，显然，最终未能成立。

来年春天，广州中院宣判，作为第一被告的罗鞑成与颜某迪、甄某焕三人均被判处有期徒刑 7 年。得知这个结果时，罗鞑成的父母几乎难以置信，原本仅仅期望“保命”的他们自然可以面对一个如此积极的结果。当然，这个结果甚至也已超出我的预期：定性能够得到更改已是十分理想，而窝藏毒品最高刑为 10 年，对于高达 78.5 公斤的高纯度冰毒数量而言，7 年，已是再理想不过了。

有个有趣的细节：在为罗鞑成辩护的过程中，罗某父母一直期望能够给我们增加一笔律师费，我们礼貌地向其表明，费用问题已与余律师协调好，让他们不用担心，便予以婉拒。但在得到这样好的结果后，罗父罗母则是如何也不肯，执意要增加我与彭律的费用以表示感谢，于是，律师费由最初的 1 万港元增加至后来的 3 万港元，这对于初入广州的我来说，无疑极大地增强了自信心和成就感。要知道，对很多律师来说，别说增加律师费了，在委托过程中只要不出现半路退费、解除合同的情况就已经是成功了。甚至有些当事人家属“画饼”能力极强，洽谈时你给他们增强信心，他们上来也给你打鸡血，各种事后褒奖张口就来，等到工作结束后，便渺无音讯。又或者半路听说哪儿哪儿的律师超低价格、全程接单，说解除便解除，一有便宜事儿，完全不怕遇上“坑队友”。

当然，在我 30 年的职业生涯里，除了增加律师费作为酬谢以外，还收到过锦旗、茶叶、酒水、蜂蜜、盆栽以及红薯、走地鸡、雪里蕻等各类土特产……满满的都是心意。

其实律师，尤其是刑辩律师，无须以金钱至上，一个刑事案件对于当事人及其家属而言，往往是受之体肤、关心则乱的事情。作为刑辩律师，如若不能真正体味积极辩护的真谛，又如何能无惧无悔于一个或好或坏的结果。

只有将金钱处于理想之后，思想才会发光吧。

当然，倒是还有一句——永远不要在金钱面前考验人性，所以对于当事人亲属“态度强硬”的“聊表心意”，倒也不必拒之门外。

【一点思考】

我为你辩护

刑辩律师为罪犯辩护，常常会受到群众的非议，而在这其中，为毒贩辩护几乎是最受排斥的，大众对于毒贩用毒品榨取暴利，而一批批缉毒警察却要为此献身的惨痛对比感到难以接受，人们不禁愤慨，我们为何要为这些人辩护，为这些十恶不赦的“坏人”辩护。

我想，如果你坚持“坏人”没有获得辩护的权利，是因为逻辑在于“你”反正又不是“坏人”，所以剥夺“坏人”权利跟“你”没什么关系，那么，你一定从没想过哪天自己可能就是那个“坏人”。奇怪的是，有人通过推理就能明白这个道理，而有的人却只有亲历过后才会恍然大悟。

法律不能与道德画等号，哪怕你在道德上被千夫所指，但在法律层面上，人人享有相同的权利。如艾伦·德肖维茨所说，一个公正的司法制度，不仅应该对好人有利，也应该对最坏的人有利。

律师的职责，体现的是每个人都应该获得辩护的整个辩护制度，如果天然地认为“坏人”不应该得到辩护，那么，请问由谁来区分好人与坏人呢？是你自己吗？你能否承担起公平的审判者这样的职责？

我们不仅需要结果正义，还需要程序正义，这是控辩审三角结构的制度平衡。任何人，无论他之前的权力有多大，面对代表国家公权力的控方公诉人，他总是弱小得不堪一击。如果没有辩护人，控辩平衡的格局就会被打破，公权力便失去了限制。而对程序正义最好的脚注，莫过于美国的世纪大案——“辛普森杀妻案”，哪怕全世界都认为他杀了人，但当辩护律师以警察制造假证程序违法为由否定对被告人的指控时，法院最终敢于判决辛普森无罪。辛普森或许真的杀了他的妻子，将辛普森无罪释放或许确实纵容了他的罪行，但是案件的意义在于培根曾说到的，“一次不公的裁判比多次不平的举动为祸尤烈。因为这些不平的举动不过弄脏了水流，而不公的裁判则把水源败坏了”。

也正因如此，我们不希望看到，被告人的口供是刑讯逼供得来的，哪怕他的口供是真的，哪怕他真的杀了人，哪怕通过刑讯逼供成功侦破了案子，但只要取证不合法，“毒树之果”就不能采用。这样的教训不用我谈，也有太多深刻的例子摆在众人面前。

律师不是裁判者，律师的作用在于如何运用自己的经验和专业能力说服法官采纳自己的意见，如何在审判中避免因法官个人的好恶及对于法律的不同理解片面决定被告人的罪与罚。最好的办法，是“兼听则明”。于是，律师基于自身的职责，在庭审之上为被告人说话。即便如此，我仍不敢保证每一个当事人都是无罪的，但对于无罪的，我将尽力为其做无罪辩护、“沉冤昭雪”；对于有罪的，我要依法阐明其法定从轻、减轻、免除处罚的情节和酌定从轻情节，提出自己的辩护意见，为他尽可能地得到法律框架内最轻的处罚，这便是一名辩护律师可以为“坏人”做的事，这也是保证每个公民的辩护权的意义所在。

积极调查取证，该出手时请出手

——非法持有4230克海洛因，无期徒刑改10年[1]

【引】

罗鼨成窝藏毒品案是我早期经办的毒品案件，由此我开始不断接触毒品犯罪领域的刑事辩护，广东本就属于毒品犯罪重灾区，一段时间内，毒品案甚至成为我的第一主攻领域。

梁贵生窝藏毒品案发生在世纪末，当时其病急乱投医，遭人忽悠，前前后后花了几十万找所谓的“人脉”，却都是一场空。耽误了很长时间之后，才开始认真找刑事辩护律师。

对于重大刑事案件，时机即生机，错过律师的审前辩护阶段，辩护工作的难度便呈几何倍数增长。

【辩护之路】

一、无期徒刑？

1999年的最后一天，梁贵生在越秀区某街3楼租了间房，早晨8时左右，上家将毒品拿了过来，还未到中午，公安人员便破门而入，于主卧“席梦思”底下发现高纯度海洛因4230克，同时，在次卧保险箱里查获50多万港元，10余万元人民币现金。按梁贵生的供述，毒品将于当晚被一名外号为“丧狗”的男子拿走（事

1　（2001）粤高法刑经终字第89号。

发当晚，的确有可疑人员到街道楼下，但被公安机关抓捕后由于证据不足，并未起诉），而梁贵生坚称，其只是暂时保管。

随着梁贵生的被抓获，该案在广州迅速引起了不小的风波，由于毒品数量特别巨大，省内谣言四起，甚至传言梁贵生的实际身份是“缅甸大毒枭”，他一被抓，整个华南区的毒品价格都要上涨。

虽然舆论压力巨大，但由于贩卖关键性证据的缺失，一审中，公诉方只能以非法持有毒品罪起诉。鉴于梁贵生在审讯期间，一直稳定供述“丧狗”将于当晚来取毒品，我再次尝试以窝藏毒品犯罪为其辩护。对于“丧狗”是否真实存在，一审判决书匪夷所思地认定为——“有其事，不一定有其人”。世纪交汇，刑事诉讼制度尚在完善之中，对于有利于被告人的事实，“疑罪从无”的套路在当时并不适用，由于公安机关始终无法查到梁贵生所称在发廊认识的“丧狗”，因此广州市中院没有采纳我的辩护意见。

事实上，在多数毒品犯罪的活动中，犯罪人员往往以化名活动。我始终认为，以现有证据，根本不能排除对“丧狗”这个人存在的合理怀疑，但一审判决，终究还是对梁贵生判处了非法持有毒品罪的最高刑期——无期徒刑。

即使在这样严峻的情况下，梁贵生还是选择我为他上诉，言谈中能感受到他对律师辩护工作的尊敬。不过，在上诉过程中，如果仅仅以原来的理由与事实证据，想要达到改判的结果，难度不言而喻。

如何才能获得与一审不同的结果？

我的预判：上诉要有新证据或立功表现才能有机会改判，既然当事人信任就继续坚持，就放弃了劝他服判息诉打算。但并无胜算，只好围绕替人保管去寻找辩点，努力了即使维持原判也问心无愧。

二、箭在弦上

看守所内，整整两个小时，我与梁贵生相视而坐，他不时挠头不时摇头，皱着眉头露出些许绝望的表情。

“不要着急……”我说道。

梁还是一脸沮丧的模样，但此时已抬起头看着我。

我再次尝试打开他的思路，“你说袋子是早上八点左右别人交给你的，在哪里交的，当时的天气情况怎样”？

“就在一楼出门的街口拐角，上家亲手交给我的黑袋子，没有别人了”，他疑惑地摇了摇头……

“有没有人看到？”

“当时是早上，那条街区没什么……”，他迟钝了一会儿。

“没有什么？”我追问，一段短时间的沉默后，突然他眼眸闪过一丝光亮，兴奋地开口说道：“有，有人！！那天早上我在楼下门口接袋子时，我听见路口正对的士多店里有电视或收音机的播放声，好像隐约有人，也许里面的老板看到了……不，也许没有。”他又失落地摇了摇头。

“沉住气！”我向他投去安慰的眼神。

听罢，我随即离开看守所，即使只有一线生机，也要探个究竟，我与助理一同开着“捷达”小汽车赶往案发地……

“欢迎光临。”电子语音响起，却不带有任何感情色彩。

此时已是饭后时间，士多店有些冷清，一个小男孩呆呆地坐在收银台前，默默地摆弄着手中的咸蛋超人。

“你地要滴咩？”一个广州本地妇人从侧门走出，示意小孩从收银台挪开，小男孩便蹭地从凳子上下来，跑角落玩去了。

“你好，我是律师，这位是我的助理。”我开门见山。

老板娘紧了紧喉咙，操着不标准的普通话问道：“你们……有什么事吗？”

“我们来，是想向您核实一件事情的，1999年的农历大年三十，也就是去年最后一天的早晨，8点左右，您有没有在店里？”我示意助理已经可以开始录音了。

“我一般7点多就起来开门了，在店里。”老板娘显得异常谨慎，“怎么了？”

“那天早晨，您有没有注意到街对面的拐角有没有什么陌生的人和事？”我继续问道，心跟着提了上来。

“不记得了，这里每天人来人往，什么奇怪的事都有，记不得。”

“您再仔细想想，那天天特别闷热，街上没什么人的，您再仔细想想？在那个方位。”我指了指不远处对街的十字拐角。“就在那里，十二月三十日过大年的早晨。”

老板娘满脸愁疑，似是在努力回想，却又什么也想不起来。

就在我几近失望的时候，她突然回过神来，“啊，那天，对，对，有个中年人，拿了袋东西给个青年人。”

听到这句，大气未出的我算是回过了神来，朝助理笑了笑，这事儿有戏了。

“是的，我有看见！”粤海集团大厦12楼，广东环球经纬律师事务所的会客室里，我攥着手里的钢笔，内心依然涌动着最初听到这个信息时的激动，助理律师记录着这位士多店老板娘说的每一句，老板娘再次确认，“是的，当时我店刚刚开门，正打扫呢，我听见街上有交谈声，就抬头往街口一望，就看见一中年男人递给另一个青年男子一个袋子，好像是屈臣氏的购物袋，不过袋子里什么东西我没看到。说什么话我也没听太清楚。”

“您确定您所说的都属实吗？”我再次向老板娘确认道，“是的，虽然是冬天，但是那天早上出奇的闷热，路上也没人，我看见那两个男子的时候，本来没啥，但感觉他俩神色特别紧张，我还多留意了一会儿……”

听完这句，我终于松了口气。接着我又将梁贵生照片给她辨认，确定当天早晨所见到就是他，且平时租住在她士多店上面三楼。

二审期间，我将此份调查笔录作为证据提交，虽然合议庭采取书面审理，但法院仍然慎重地对该证据进行了核实，通知士多店老板娘来到高院，并对其再次做了份询问笔录，以求真实意思。最终，高院采信了这份新证据，这才结合一审过程中无法排除“丧狗”存在的合理怀疑的相关证据，本着有利于被告人的原则，确认为“有其人，也有其事”。

最终，省高院撤销一审判决，认定梁贵生犯窝藏毒品罪，改判有期徒刑10年。

三、尘埃落定

一审无期，二审10年，对梁贵生的辩护之旅，算是圆满结束。不过此时市公安局倒是有些意见，警方盯了半年才查获的大案，现在不仅改了定性，还由于最终判罚为窝藏毒品罪，这意味着无须执行罚金，公安机关需将所扣押的60余万元悉数返还。虽然隔得久远，倒也记得后来去找公安机关退还暂扣钱款时，没少费一番周折。

另一边，市检察院公诉处也再次找到老板娘调查，确认辩护律师是否存在收买老板娘作伪证，或者使用其他非法调查取证的手段。但显然，这是一次合理、合法、符合程序的调查取证！

其实案件本身并不复杂，但对我的影响却很深，其一，梁贵生案让我感受到践行律师调查取证权利的力量。律师，该调查取证的，一定要积极调查取证。既然要调查取证，就不能患得患失，但必须严格把握一点——不作假，这是一切调查取证和有效辩护的底线。

其二，建议律师同仁应尽量调查公安机关没有调查到的新证据，对于已经查实的事实，一般情况下并不适宜再次进行调查，否则可能会涉及翻供及作伪证的风险。可以说，积极有效的辩护，需要真正有效的证据支持，而不是简单的法理分析。对于这一点，陈瑞华教授在其新书《刑事辩护的艺术》中，也对我发表在《一元说法》公众号上的文章进行了引用与肯定。[1]

四、所谓积极辩护

梁案不仅使当时的我名声大噪，同时也在之后的日子让我对毒品类案件了解更多。事实上，作为毒品重灾区的广东，这些从事毒品交易和吸毒人员一般都有固定的联系圈，以十数人至数十人不等为一个群体，最终成百上千的小群体簇拥成一个庞大的毒品犯罪网络。

在为梁贵生做过一次有效的积极辩护后，他先后请求我为他的妻子以及弟弟辩护。而梁贵生呢？虽然其判处的10年有期徒刑在狱中减为7年，但好景不长，2007年出狱后又重操旧业，在白云区非法持有1000多克海洛因，我再次为其辩护，其被判处9年有期徒刑。听说前年在无锡又犯案，已是“三进宫”。

“三进宫”后，梁贵生仍寄期望于我，但我没有选择再为他辩护，所谓事不过三，

1 参见陈瑞华：《刑事辩护的艺术》，北京大学出版社2018年版，第34~37页。

对于梁贵生之类，“朽木而不可雕也”，多帮助一次也是对自己良心的拷问。

现在回头看看当时的案件，也许当真是个贩卖毒品案件也未可知，这4000多克的高纯度海洛因，按当时150元/克的市场批发价，大约市值60多万元。如果采取谨慎的钱货分离方式进行交易，的确更让人难以发现。不过由于公安机关的一时心急，中午提前抓捕，没有将取货下家同时抓获，致使证据不确凿，无法认定贩卖，最终成了窝藏。

善恶有报，作为一个刑辩律师，要明白一场辩护，无须沉沦于“客观事实”与“法律事实”所存在的差异，而将这份“罪恶感”独揽而过分介怀、惴惴不安。要知道，程序正义与实体正义始终是并重的，而这里的决定权，并不在自己的手中。而法庭需要的是法律事实方面证据。

我曾做过一个比喻：刑事辩护好比一场足球赛，法官有如裁判，控辩双方则好比两队队员，而法律，就是双方都要遵守的比赛规则。比赛中虽然双方水平力量各有差异，但弱队战胜强队的情况也时有发生。刑事辩护中，虽然辩方的力量看似不如控方，但只要敢于积极进取，而不是一味地防守，那么攻破控方的证据体系的大门，达到改变定性或者无罪的目的也并非不可能。很多辩护律师接手案件后也会做无罪或者改变定性的辩护，却往往不去调查取证，而是等着阅卷开庭，在法庭上挑拣公诉人的毛病，拿着“事实不清、证据不足”等此类场面话般的辩护观点博弈。

很显然，没有有利的书证、物证，辩护就是苍白无力的，当然，诸多的“调查取证危险论”使得很多年轻律师们望而却步，哪怕是我，也曾这样退缩过：记得曾在清远某县级市（英德）会见一个毒品犯罪主犯，看见他被打得双脚肿胀、出血，脚趾头包着纱布，当时也曾犹豫是否应该拍照取证，为将来排除非法证据做依据。但由于担心带手机进会见室使用会被行政处罚，最终放弃这一念头，现在想来，心里仍有愧疚。

“即使证据来源不合法，但也是有效的。”田文昌大律师和陈瑞华教授曾表达过此观点：“控方取证必须是合法的，且真实有效的；而辩方取证即使来源有瑕疵甚至是不合法，但只要证据是真实有效的，都应该被采纳。”虽然我国刑事辩护律师调查取证的风险远远高于其他国家，但律师进行调查取证和积极辩护始终是职责所在，我认为，只要做到两点就不必顾虑：第一，内容真实；第二，调查形式合法有效。调查取证时，要有两名以上的律师一起调查，同时最好有证人单位的其他人员在场见证，做好录音录像，打印好笔录，证人写好承诺书，不能让当事人家属在场或者接触到证人，如果调查多个证人，要分开进行。此外，接触证人、调取言辞证据时语言表达要慎重，一定要避免在询问时出现诱供的可能。以上是我每次调查取证时的做法，算是全面，所以也没有遇到“306”条执业风险，在此与同仁共享。

【一点思考】

非法持有与窝藏毒品罪的界限，究竟在哪里?

罗鞑成案与梁贵生案，皆以非法持有毒品罪起诉，而最终又定性为窝藏毒品罪。两者之间，似乎“剪不断，理还乱”。

窝藏毒品罪，本身即具有持有性特征，即行为人窝藏毒品时，必然要持有毒品。也因此导致二者在司法实践和学界中常常“擦枪走火”。许多律师对于毒品犯罪中所设罪名的阈限都会感到困惑和实务操作上的困难。

针对非法持有毒品罪与窝藏毒品罪，首先，两者在主观上都明知行为对象是毒品，客观上都表现为持有。但关键性区别在于，前者行为人是为自己或共有人持有毒品，而不是为其他犯罪分子持有毒品，而后者行为人明知他人走私、贩卖、运输、制造毒品而为其窝藏毒品；可以理解为，非法持有毒品罪的行为人对毒品有处分权，而窝藏毒品罪的行为人，由于是为他人窝藏毒品，因而对毒品不具有处分权。本案中的罗某，即典型的对涉案毒品不具有处分权。

这里还有一个值得思忖的问题，非法持有毒品者窝藏毒品行为如何定性？究竟应定性为窝藏毒品罪还是窝藏赃物罪，抑或以非法持有毒品罪的共犯论处。本人拙见，该情形只能定为非法持有毒品罪。定性为窝藏毒品或赃物罪的分歧主要在于：如果《刑法》第 349 条窝藏毒品罪中所规定的毒品仅限于《刑法》第 347 条走私、贩卖、运输、制造毒品罪，那么显然为非法持有毒品者窝藏毒品无法适用于窝藏毒品罪，那么应当如何理解法条？可以看到，《刑法》第 349 条第 1 款规定了包庇毒品犯罪分子罪和窝藏、转移、隐瞒毒品、毒赃罪两个罪名，而包庇毒品犯罪分子罪中的“犯罪分子”已明确规定为“走私、贩卖、运输、制造毒品的犯罪分子”，窝藏毒品罪随后应当是省略式表述。另外，从《刑法》第349条第3款所规定的“犯前两款罪，事先通谋的，以走私、贩卖、运输、制造毒品罪的共犯论处”中也可以推理出，窝藏毒品罪中的“毒品”仅指走私、贩卖、运输、制造毒品罪的“毒品”。现行《刑法》中的毒品罪名大都是在1990年全国人大常委会《关于禁毒的决定》规定的罪名基础上修改补充而来的，由该决定第1条、第4条第1、2款的规定可以看出，现行《刑法》第349条窝藏毒品罪中的毒品范围，应仅限于第347条规定的“走私、贩卖、运输、制造毒品罪”中的毒品。

到此，为走私、贩卖、运输、制造毒品的犯罪分子窝藏毒品的行为，只能构成窝藏毒品罪，而不是属于“非法持有毒品罪与窝藏毒品罪的想象竞合，择一重罪处罚”。那么，能否适用《刑法》第312条，定为掩饰、隐瞒犯罪所得及其收益罪？也不能，毒品在毒品犯罪中并不是犯罪所得及其产生的收益。虽然“明知他人非法持有毒品又为其窝藏毒品，就表明具有共同故意与共同行为，可以共同犯罪论处”。但是，“明知”并不等同于共同的犯罪故意，只是共同故意中的认识因素。至于该情形是否构成共同犯罪，应视具体情形而论。事前通谋或事中互相“明知”的，应以非法持有毒品罪的共犯论处；事中单方“明知”而帮助他人窝藏毒品，但对方并不知道，属“片面共犯”，应各自单独构成非法持有毒品罪；事后为他人窝藏毒品的，属事后帮助犯，不构成共同犯罪，各自单独构成非法持有毒品罪。

无罪辩护难，难于上青天

——运输毒品安眠酮2.5吨无罪案[1]

【引】

2003年11月11日，冬日、凌晨、清冷，天仍然黑得彻底，广州大道南的华立德机械设备有限公司此时正在进行最后的赶工，这是一笔12万元的生意，公司老板熊绍华亲自上阵，没有叫员工，只是叫了三两个信赖的亲人，连续二天一晚，将80多袋500个大旅行箱的白色粉末。一一解开，再用货用胶带将每包粉末一一封入，最后，将大旅行箱封入新的纸皮箱。

库门打开，黎某荣走进包装车间，“搞定了？”

熊绍华擦擦额头不断冒出的汗珠，做了个OK的手势。

随后，689个“纸箱”被黎运往番禺某仓库，黎某荣拨通了老板廖某强的电话，告知其万事俱备。他现在所要做的，便是等待时机，准备运货出境。

……

傍晚，出境关口，黎某荣自觉已打点好一切，两辆满载“纸箱”的货车缓缓驶入关口。

海关人员扫过车辆，似乎没有发现任何异常。

此时，一个纸箱从车厢中滑落，车座上的黎某荣，心顿时提到了嗓子眼。一位海关人员走上前，提起纸箱，掂了掂。黎某荣目不转睛地盯着后视镜，见海关人员准备拆开纸箱包装，他慌忙下车，摸了摸鼻子，尴尬地笑道：“就是一旅行箱。”海关人员瞅了他一眼，便自顾自地继续拆解，黎某荣凝神盯着眼前正在被拆开的

1 （2003）穗中法刑一初字第245号。

纸箱，他在心里祈祷，这是那189个正常纸箱中的一个。

行李箱终于被打开，黎某荣几乎已经看见行李箱里露出封装白色粉末的银白塑料袋一角，几乎不需任何反应，黎某荣拔腿就跑，海关人员立刻上前围捕，黎某荣被当场抓获。

经查，500个行李箱中发现的毒品均为安眠酮，学名为甲苯喹唑酮。临床上适用于各种类型的失眠症，20世纪80年代在我国临床上已停止使用。此次抓捕共缴获毒品安眠酮2500千克（2.5吨），犯罪嫌疑人廖某强、熊绍华等人被抓捕归案。

【辩护之路】

一、焦点

归案后，廖某强与其兄弟廖某光二人作为幕后老板，被控方以制造、运输、贩卖毒品罪羁押，部分涉案人员另案处理，而熊绍华及黎某荣，则均以运输毒品罪被起诉。

我对于被告人熊绍华的辩护，主要集中于两个焦点：其一，何为“运输”，严格来说，控方起诉罪名之“运输”，即将熊绍华的“包装行为”也纳入了运输的范畴；其二，“化工原料中间体”，在熊绍华以及廖某强的有关供词中，两人均明确指出，廖某强当时告诉熊绍华需要为其包装的是“化工原料中间体”，这是我方与公诉人在庭上的争辩焦点，此为焦点之二，后文将详细论述。

二、有罪还是无罪？

熊绍华和我年纪相仿，之前一直在广州打拼，这两年开了家食品机械包装公司，也算是稳扎稳打，之前从未染指过毒品犯罪等违法活动。由于涉案毒品数量巨大，加之同仓仓友“帮助”他进行各种分析，导致他开始出现了精神衰弱。第一次会见时，他在我面前显示出对于整个事件的极大恐慌，“无期”“死刑”在他的脑中始终挥之不去，他无法接受这样的现实。

“丁律师，打死我也不会想到那是毒品！”

“那么一大包一大包，每包都有个4、5公斤，”熊绍华几乎是在喃喃自语，“老廖告诉我就是化工原料中间体，我估摸这事儿也不合法，但至多也就是打擦边球嘛？我还叫上了我老婆和我弟一起赶工，给我10个胆，我也不会拉上他们一起干毒品这渣滓事儿啊。”说着说着熊绍华便涨红了眼眶，已经收押20余天的他胡子拉碴。

基督教徒熊绍华的真情流露，也几乎让我湿了眼眶。我也明白，此案定性对于他会意味着什么。

“这个案件，我的建议是，做无罪辩护！”

熊绍华瞬间把鼻涕抹了抹，瞪大了通红的双眼看着我。

选择做无罪辩护，并不是因为熊绍华眼泪的催促，也不是我一时的头脑发热，案中无论从主观分析还是从客观分析，熊绍华都有不构成运输毒品罪的立足点，只不过，这个立足点能否应对控方的强势火力，就要看接下来的辩护工作了。

回归到两个焦点问题，其一，“运输”，作为行为手段，其字面意思是使用交通工具把物资或人从一个地方运到另一地方，这是常识逻辑，运输凸显的是一种位移关系，而熊绍华在这个案件中的行为仅且只为“包装”。“包装”是否能够扩张到被“运输”所包含有待商榷，当然，毒品犯罪中的“运输”不应背离于生活常识和逻辑。其二，从法理逻辑来说，“运输”行为独立于走私、制造、买卖、持有，不属于前述这些行为，同时又在性质上程度相当。那么从意志力来看，行为人给予独立的“运输”的意志实施的载运、转移、输送行为，都可以认定为“运输”。“包装”，是“运输”的前置行为，并不能否认其与“运输”在罪的性质上有本质差别，因此工具、距离等因素并不影响“运输”的认定。

总的来说，“运输”不是简单地物理的位移，其含义应以刑法的目的和价值为指导具体确定，进行体系性的分析，从行为人的犯罪意图、行为的社会危害性来综合确定。而且，简单的从“包装”不属于“运输”，并不能说服我当庭论证熊绍华的无罪。

从焦点二入手，围绕“化工原料中间体”，这一关键词，主张行为人在主观意图上“无罪”，这几乎成为唯一得以立足的路径。对于这一点，我方有一个明显的优势，一般案件中对于主观故意往往难以取证，在没有明确证据认定其被蒙蔽的情况下，往往会被认定为“明知”，尤其是毒品案这类性质严重的犯罪。但本案中，廖某光与熊绍华的口供中均准确地供述熊绍华认为这批违法货物为“化工原料中间体”，可以说，廖某光的供述对于证明熊绍华是否具有“运输”毒品的主观故意，起到了关键而积极的作用。

三、庭上相争

如我所料，庭审中，我们与控方并没有在“运输”与“包装”的问题上做过多争夺，“运输”为辅，是否具有明知是毒品而故意“包装”才是本案定性之前提。

公诉方：“被告人廖某强供述曾明确告知被告人熊绍华被包装物是违禁的‘药物中间体’，被告人熊绍华本人供述：这包装生意不正常、曾怀疑被包装物品是违禁品，但为了赚钱即按照同案人的吩咐去做。两被告人的供述，已经直接证实被告人熊绍华主观上明知被包装物是违禁的‘药物中间体’，其主观上对这些药品可能是毒品采取一种放任的态度，被告人熊绍华的间接故意毋庸置疑。”

我站起身：“首先，控方请注意，被告人廖某强告知熊绍华需要包装的是‘化工原料中间体’，并不是控方所描述的‘药物中间体’，这两者之间具有本质上的差别，对于‘化工原料中间体’的描述，均能从双方的供述中加以证实；其次，我希望控方不要混淆概念，被告人熊绍华并非对这些药品可能是毒品采取放任态度，而是其明确、始终认为所包装的是非法化工原料，既不是‘可能是毒品’，也不是‘可能是药物违禁品’，对于其所包装的物品性质，其主观上是明知且明确的。”

公诉方回击：“被告人熊绍华采用的‘包装’手法，是在明知是违禁的‘化工原料中间体’的情况下，采取粘贴、捆绑等方法把安眠酮藏在旅行箱内，外包装上只标注‘旅行箱’的品名，使外观与内容不符等不同于一般的包装方法，而且其在包装时间上也是昼夜开工并挑选晚上运送出市区，其高度的隐蔽性和迷惑性反映出其主观应当明知是毒品；从其劳动报酬上来看，被告人熊绍华在‘包装’业务中只是付出了人民币约3000元的费用，单凭3天的简单包装劳动，就赚取了

12 万元，是明显的超高额报酬，结合其对被包装物可能是毒品所采取的放任态度，进一步证实熊绍华应当是明知被包装物是毒品。”

我：“再次提醒控方不要混淆概念，被告人熊绍华对于其包装的是‘非法化工原料’，是‘明知且明确’的。包装的异常，是在于其知晓运输‘化工原料中间体’的非法性，而不是在于其知晓运输‘毒品’的非法性，同理于 12 万元的报酬，更何况这 12 万元的报酬当中还包括购买包装机的款项。”

“审判长，”我继续补充，“被告人熊绍华虽然在行李箱内夹藏毒品安眠酮，并在外包装的纸箱上粘贴了‘行李箱’的封签，隐瞒了事实真相，并从廖某强手中获得包装费 12 万元。但是，没有证据能够证明被告人熊绍华在实施夹藏毒品这一行为时，其主观上是‘明知’或应当‘明知’的。从各被告人的供述来看，均能证实没有告诉过被告人熊绍华所包装的货物是毒品或毒品安眠酮；从被告人熊绍华的主观状态来看，尽管被告人熊绍华应意识到廖某强交给其包装的这批‘化工原料中间体’不是正常的、合法的货物出口，但不能据此进一步推出其所包装的‘化工原料中间体’，一定是毒品这个明确、唯一的故意内容，因此，恳请审判长认定被告人熊绍华主观上具有‘明知’的故意证据不足，不能认定构成运输毒品罪。”

四、辩护中的窘境

一切似乎进行得很顺利，然而由于做的是无罪辩护，作为小概率事件，我心中仍然抱持着谨慎、不乐观的态度。在另一被告人的辩护律师为其当事人辩护时，我依然全神贯注。

“退一步讲，即使被告廖某光构成本罪，也应构成自首……”

“辩护人，你到底做的是有罪辩护还是无罪辩护？”

辩护人正酣畅淋漓地发挥着自己的观点，被法官这突如其来的质问所打断，一时竟无语凝噎。

“我是做无罪辩护。”辩护人愣了一会儿回答道。

“无罪辩护你谈什么自首，无罪哪来的自首？”

“法官，我只是想就其量刑情节做……”

“我就问你到底是做无罪辩护还是罪轻辩护？”

“无罪。”

“那行了，那你后面的那些话就不用再说了。”法官脸上露出不满。

看到眼前这位尴尬的陈律师，我心中燃起一股无名火，此情此景我又何尝不曾经历过。曾几何时，我也因为定性与量刑的矛盾说辞被法官“无情嘲弄”过，但陈律师发言中透露出的矛盾，是我们所有刑辩律师都会面临的窘境。

此刻，为了我当事人的利益考虑，我最终克制了自己，不向这位法官发难。

在我国的法庭审判中，定罪和量刑从来都是基于一个整体程序，法官在庭审过程中，既要解决被告人有罪无罪的问题，又要解决量刑问题，而二者之间并没有明显的界限，最为直接的后果就是无罪辩护和量刑辩护无法相互独立。客观而言，无罪辩护与量刑辩护似乎是无法同时存在的。

所以，执拗的律师往往会在开庭前便对进行无罪辩护还是量刑辩护做出艰难而无奈的抉择，否则就会出现前述情况，但扪心自问，一场无奈之举，法官此时若踩着这条尾巴不放，甚至怡然自得，到底是踩了自己的“尾巴”。

对于定性辩护和量刑辩护的问题，陈瑞华、田文昌两位先生在《刑事辩护的中国经验——田文昌、陈瑞华对话录》一书中也有所提及，其二人也尝试提出了一些解决的建议。大约是在一个案件的审理中给两种辩护各自的展开空间，让律师先作无罪辩护、随后再设置一个程序让他们进行充分的量刑辩护，两个程序先后进行使得定性问题与量刑问题均能够获得完全的讨论。但田文昌先生的担忧更有道理，即使做出了这样的设置，由于我国刑事审判多数不会进行当庭宣判，于是乎，分阶段进行便可能会出现陈瑞华先生所概括的“有罪假定模式”，即“有罪假定对于无罪辩护很可能造成一种削弱和冲击，使无罪辩护获得其应有的结果变得更为困难”。

可以说，以目前的司法现状来看，几乎没有完满的解决方案，任何方案都有它的两面性，但棘手问题摆在那里，态度更为关键。没有哪位律师不知道无罪辩护的难度，其难度并不在于对于证据的调取、论证抑或推翻，而是难在律师本就知道无罪判决是一个小概率事件，将自己的当事人置于此境地本身就是在悬崖上走钢丝。既然已是如此，又何苦不怀好意地嗤笑？

无罪辩护难，是在于不“退一步讲”，当事人便没了退路。

所幸，司法的进步，当下辩护律师先做无罪辩护，然后又可以就量刑发表意见，法官再不会粗暴打断，而是庭审的规定了。

五、一线之间

收到这份无罪判决时，我的内心，说实话，很诧异。诧异并不来自我对熊绍华是否构罪的案情本身，如若只论此，它本应是意料之中的。诧异来源于我知道无罪判决的意义，在这之前的执业生涯中，无罪判决有，也仅仅两件。但本案却好像来得那么轻易，简单的两次开庭，将案件本有的事实叙述清晰，于是，便来了（参见图 6-1）。

一、被告人廖　强犯制造、运输、贩卖毒品罪，判处无期徒刑，剥夺政治权利终身，并处没有个人全部财产。

二、被告人廖　光犯制造、运输毒品罪，判处有期徒刑十五年，剥夺政治权利五年，并处罚金三万元.（刑期从判决执行之日起计算．判决执行以前先行羁押的，羁押一日折抵刑期一日，即自 2002 年 11 月 12 日起至 2017 年 11 月 11 日止.）

三、被告人彭　雄犯制造、运输、贩卖毒品罪，判处有期徒刑十五年，剥夺政治权利五年，并处罚金三万元.（刑期从判决执行之日起计算．判决执行以前先行羁押的，羁押一日折抵刑期一日，即自 2002 年 11 月 11 日起至 2017 年 11 月 10 日止.）

四、宣告被告人熊　华无罪.

五、缴获的毒品安眠酮共重 4143 千克，予以没收.

如不服本判决，可在接到判决书的第二日起十日内，通过本院或者直接向广东省高级人民法院提出上诉．书面上诉的，应当

蒙查查运毒2.5吨被判无罪

广州中院昨宣判一起特大制贩毒品案 毒品运输途中露马脚4名被告人中3名被判重刑

疑罪从无原则 体现司法进步

图 6-1　判决和报道

无罪判决确实有偶然性，或许是来源于案件本身，或许仅仅只是来源于自己与承办法官的“心意相通”，因为我深切地明白，本案也许交给另外一位“中规中矩”的法官审理，一定会是另外一种结果，却也最终能成为“情理之中”和在“自由裁量权”的范围内。

然而事实上，检察院也是“情理之中”地抗诉了，也是，怎么能不抗诉呢？

最终，在发回的一审重审中，我的当事人熊绍华还是被定了走私毒品罪从犯，也判了刑，只不过刑罚几乎轻得相较于同种程度的毒品犯罪而言“不值一提”。但那又如何，至少，“The one who is right， will never ‘lose’”。

【一点思考】

你之蜜糖，众生砒霜

我想先谈谈毒贩的形象，这里提供一个故事的缩影：

2003 年 3 月一天的凌晨，两辆车在广州与深圳交汇处的东莞高速公路段展开追逐，一辆奔驰在距离警车约 50 米的前方疾驰，车里正在潜逃的是毒枭叶某梁，距离前方收费站约 2 公里时，叶某梁的车速已达 180 公里 / 小时。数辆警车于收费站入口处一字排开，远光灯晃得刺眼，将整个收费站的道路照得通明，警笛声刺耳地叫嚣着，似乎要生生把这深夜抽剥开来。每一个持枪戒备的武警都是蓄势待发，一切预示着这里将发生一场大战。这个由公安部督办、广州市公安局毒品犯罪侦查支队破获的特大制贩毒案件，办案人员在番禺别墅窝点内查获 100 多箱高纯度的冰毒，共计 4000 公斤，总市值达到十亿元人民币，是广东警方 30 多年来破获的案值最大的案件之一。

近乎疯狂地超速后戛然而止，如叶某梁的人生写照。他在距收费站几十米处将车缓缓停下，没有人知道里面正在发生什么，只有车灯与警车的光亮相互辉映，他那边安静、诡异。

当缉毒队长试图用高音喇叭让他招降时，一声枪响从车内传出，随后是持久而刺耳的喇叭声。

刑警举枪踱步前行，破开车门，只见叶某梁的头沉沉地压在方向盘上，右侧耳处一个血窟窿疯狂地冒着鲜血。叶某梁自杀身亡，没人知道他开枪的那一刻在想些什么，人们定义他为“亡命之徒”。

叶某梁的死，对警方而言绝对不会是个好消息，从他这边牵出的重要线索被这一枪彻底斩断。他的自杀使团伙的另一个毒枭李某欢无法被指证，警方不得不将其释放。

此后李某欢像人间蒸发了般消失得无影无踪。直到多年后他再次浮出水面，而我，成了他的辩护人。

算下来，毒品从两百年前泛滥于清代起，就再未从中华大地上消失，膨胀、压抑之后又再次爆发，周而复始。很多人始终觉得毒品离自己很遥远，似乎就毒品而言，无外乎 100 多年前那场浩荡的“虎门销烟”，无外乎黑白色的“珍惜生命，远离毒品”8 个大字。

其实，它一直离我们很近。

2017 年，2000 万人的吸毒人群，不仅意味着 100 个路上的行人中就有两个是吸毒者，与此所牵涉的一整条制毒、运毒、贩毒乃至戒毒、缉毒人群的链条，这是一个更为庞大的数字，而每一个数字的背后，才是我们所付出的代价。

人们对于“贩毒”所掌握的信息量，远远不及“吸毒”，在他们无法直接知悉毒品贩卖人群的状况下，这一百年来几乎最为耻辱的行为，便只能从“吸毒者”的身上寻求批判的意义。于是诸如网络曝出某某明星吸毒的丑闻时，网评几乎会一致的惊人，所谓“吸毒一生黑”，不断爆出吸毒丑闻中的明星无一不落得被封杀的境地，从此一蹶不振。人们似乎离“亡命之徒”甚远，而贴着“东亚病夫”标签的人理所当然地成为众矢之的。

而事实上，他们对自己小区里的某个瘾君子会躲得远远的，最好一次都不要遇见，网络中则不需要这些成本，因此，这也是人言的力量之一。实际上，“吸毒者”本身是具有受害者属性的，吸毒成因的多元性毋庸置疑，引诱、意志力、抑郁、享乐，任何一个都本不应作为人言宣判的事由。

2016年大热的电影《湄公河行动》赚取了一波又一波的热泪，人们感慨所谓现世安好，只不过是因为有人在替我们负重前行，缉毒警便是那样的一群人。于是，更容易、更频繁地出现在大众视野的“吸毒者”成为大家攻击的对象，而躲在后面的贩卖者，还是在继续肆无忌惮地从这些吸毒者的身上和家庭中搜刮，制造着一起又一起的大案，整个事情没有缓解，没有结果，没有尽头。

说回李某欢，2006年7月，在珠江三角洲一带突然冒出了一个规模庞大的制贩毒品团伙，他就是三年前叶某梁贩毒案中漏网的大毒枭李某欢。蛰伏三年，李某欢更像一个合法的商人。但实际上5个月内，李某欢建立了4个冰毒加工厂，同时还从事洗黑钱活动。

2006年11月底，李某欢投资的一部《江南霸主》电视连续剧要在浙江省的横店影视城开拍，从不喜欢抛头露面的李某欢亲赴浙江参加开拍仪式。当地警方查明，李某欢在浙江省东阳市又秘密建立起了一个冰毒加工厂，这已经是李某欢建立的第五个冰毒加工厂。而李某欢筹划电视剧项目的目的有三个：其一，是利用拍电视剧作掩护秘密制造冰毒；其二，电视剧发行盈利之后可以积蓄更多的财力；其三，利用拍电视剧洗黑钱。

2007年1月6日凌晨，公安机关在东阳市横店镇某出租房内摧毁了一个制毒加工厂，先后抓获李某欢等10名犯罪嫌疑人，缴获成品冰毒约10千克、液态冰毒约105千克、反应液214千克、制毒原料麻黄素386千克、汽车2辆及制毒工具一批，这是公安部2007年第一禁毒大案。

李某欢最终的下场同叶某梁一样，最高人民法院翌年核准了对李某欢的死刑立即执行。我在为李某欢辩护的过程中，他并没有表现出异于常人的凶狠，或者说“亡命感”，似乎他一直在进行的只是一项普通的投资，或是电视剧投资而已。

会见过程中，我们的沟通很顺畅，即使他知道最终的结果而无力回天时，他依然尊重地称呼我，既没有崩溃，也没有歇斯底里。

人世间本就是因果自负的，对此我们谁也无能为力。

“亡命之徒”从来就离我们不远，也并不是只有制毒头目才是“亡命之徒”。“吸毒者”为了筹集毒资坑蒙拐骗、入室盗窃、抢劫的案件比比皆是，区别仅在于是否有人因此受到伤害，甚至失去性命（参见图6-2）。

A04 重点

2007年6月25日 星期一

漏网毒枭帽峰山秘制冰毒

公安部督办2007年第一缉毒大案告破，缴获冰毒成品60多公斤、手枪3支

昨日，记者从广州市公安局禁毒品犯罪侦查支队获悉，今年1月6日凌晨，我省警方在浙江省东阳市、广州市等地同时出击，彻底摧毁了以犯罪嫌疑人李×欢等人为首的庞大制毒、贩毒网络，一举捣毁制毒工场3个，查获毒品加工窝点两个，藏毒窝点6个，缴获冰毒成品60多千克，冰毒半成品300多千克，其它各类毒品300多千克、制毒原料麻黄素及制毒工具一大批，收缴手枪3支、汽车8辆，查扣大批涉案资产。这是公安部督办的2007年第一缉毒大案。

制贩毒“大佬”原是漏网之鱼

去年6月，广州市公安局禁毒品犯罪侦查支队接到情报线索，称有一个以“大佬”为首的特大制贩毒团伙已在珠江三角洲一带形成规模，该团伙人员众多，组织严密，结构复杂，并已形成了从运输原料、制造冰毒、贩卖冰毒直至转移赃钱一条龙的庞大制贩毒网络。

广州市公安局随即成立联合专案组展开侦查。经排查，一个以李×欢、丁×明为首要分子、涉案人员达30余人的制贩毒团伙逐渐浮出水面。团伙中的“大佬”（即李×欢），竟然就是2003年我省破获的一起特大冰毒案的漏网之鱼。2003年，我省警方破获了一起特大制贩冰毒案，当时在犯罪嫌疑人别墅里发现的冰毒毒品竟达4吨，市值高达几十亿元。因为该团伙一名重要成员死亡，导致抓捕李×欢的线索中断。

去浙江拍电视剧带上制毒师傅

多年的制毒贩毒，使犯罪嫌疑人李×欢积累了一整套反侦查伎俩。他不仅招募了社会上的一批不法之徒共同从事犯罪活动，还在居住的高档小区内购买、租用了多套住房，通过收买小区保安员、招募私人护卫等方式，李×欢在小区内安排了层层警戒，一旦有外来可疑人员即可实时掌握。同时，为了将制毒贩毒的非法所得合法化，李×欢等人还专门投资了一间影视公司和电镀厂，以公司和工厂的名义作掩护进行洗钱。

经专案组调查，初步判断该团伙可能设有秘密工场制造冰毒。果然，警方发现李×欢在从化的深山峻岭中秘密设有一个冰毒制造工场，有多名人员帮助他制造冰毒。就在警方准备收网时，李×欢把冰毒工场转移到了广州郊区的帽峰山。警方决定继续计划，继续观察。警方进一步发现，李×欢又在东莞秘密建立冰毒制造工场。去年底，李×欢投资的电视剧要在浙江横店开拍，他要到横店参加开拍仪式，但是这一次他却带上了制毒师傅。警方根据这一线索马上查找到李×欢在浙江省东阳市新建的一处冰毒制造工场。短短5个月，李×欢竟然建立了3个冰毒制造工场、两个加工窝点。

查获的原料可制1000公斤冰毒

今年元旦前，犯罪团伙的多名成员秘密赶上开往浙江的列车。专案组到达浙江后，很快将犯罪团伙的行踪全部纳入眼底，短短几天就摸清了该团伙毒品制造工场所在地点情况。

1月6日凌晨，警方发现李×欢等人驾车外出，去往上海方向。指挥部决定立即实施抓捕。浙江省特警火速赶到高速公路收费站设卡堵截，将李×欢等3名犯罪嫌疑人全部抓获，并当场从犯罪嫌疑人黄×生驾驶的汽车上缴获冰毒10公斤。随后，我省分布在各地的行动小组也迅速行动起来。一夜之间，专案组在两省6地共计捣毁了3个冰毒制造工场、毒品加工窝点两个、藏毒窝点6处，抓获了33名制贩毒嫌疑人。

此后，警方又在李×欢的“马仔”家中查获制毒原料1.7吨，现场查获的制毒原料可制冰毒1000公斤。至此，一个庞大的制贩毒网络被彻底瓦解。

南方日报记者 戚明昌 实习生 马蕾瑶 通讯员 李磊 韩胜强

（相关新闻详见A11版）

毒枭其人

四年前就该伏法

李×欢早在4年前就该伏法，但他逃过了警方的抓捕。据广州市公安局禁毒二处某侦查支队负责人介绍，在李×欢消失的这4年中，无论是租房还是住酒店，用的都是他不同女友的名字，他的汽车都放在女友名下，以此掩护身份，不给警方留下破案线索。

而多年的制贩毒经验也使他具备了高超的反侦查能力，以他为首的特大制贩毒团伙有两个分支，这两个分支各有各的体系，从不互相交叉，两个分支由李×欢一人把持。在制毒团伙把制毒工场转移至帽峰山时，他们选择了一条夜深人静很少有车经过的山路，并且随行配备了带路车、断后车，随时监视是否有人跟踪。

图6-2 相关报道

20年来，影响力大的毒品案件我接触不少，网上流传甚广的“广东十大毒枭”我就代理了李某欢、刘某伟两位，其他性质、程度均不相同的毒品案件更是不计其数。作为刑事律师，我比大多数人更真实地了解和感受到这个世界，无数困顿在这个“黑镜”里的普通人丢失了他们的至亲，丢失了自己，丢失了唯一的生命。“珍爱生命，远离毒品”从来就不是一句口号，它几乎是一份希冀，每一个为此而牺牲、殉道的好人、为此而沦陷的坏人都成了毒蛇的祭祀品。开枪自尽、杀人灭口、运货途中的枪战、吸食过量的暴毙、染上艾滋的母婴，就发生在每一个与我们交错的可能的时空里，繁复笃行的，只是想向每一个阅读到此的人明白，“远离毒品、珍爱生命”的分量究竟有多重——你之蜜糖，众生的砒霜。

2018年6月26日“世界禁毒日”那一天，广东省律协刑委会请我们几个律师分享近期的毒品案件心得，我便速写了两个父与子的故事，供他们刊载，在这里我也分享给读者，从中应能知我意一二了。

第一个父亲，是2018年3月从江门上广州找的我，与我长聊近两个小时。其间，中年得子的他一直努力克制自己的焦虑，但自责却又在某一刻喷涌而出，令他痛哭流涕。不清楚、为什么……所有的不解困扰着他。

“丁主任，我想请您为我孩子辩护，但我家庭困难，费用上……”

面对这个父亲的情真意切，我最终接受了委托，因为我知道，那个17岁的孩子是可以救，而且还有得救。

次日，我在江门的会见中了解到：杨某为了帮朋友甩掉毒品，帮忙联系以300元的价格卖出，在其交付毒品的途中被抓获。

会见后，我便有了可以取保的预判。不日我和王敏律师便赶往检察院，与侦监科的经办人员见了面并进行了交流，提交了《建议不批捕意见》以及《取保申请》。遗憾的是，7天后，杨某仍被批捕。批捕后，我再次提交《羁押必要性审查申请》，并与监所科（现称刑事执行局）的经办人多次沟通。在不懈的坚持之下，经过4次会见、3份文书、2次上门检察院，杨某终于在第50天收获释放证明。

会见时，我曾为这孩子带去一封信，信的题目为“爸爸的话”：

“儿子……我们心里难受至极，希望你这次能够吸取教训，远离黑社会，远离毒品，千万别沾边。我们在家里等你回来，好吗？”

杨某用缭乱的字迹在之下写道：

“爸，儿子对不起你们，在外面乱搞事情，对不起，儿子出去后跟着你们哪儿也不去了，听你们的话，不惹你和妈生气了，对不起！爸，妈。”

第二个父亲，儿子一审被判处死刑立即执行。

一审判决认定刘某光两次制造氯胺酮，第三次出资制造氯胺酮，共约800公斤……并且多次纠集制毒人员，以此认定其主观恶性极深，社会危害性极大，与第一被告一并处死刑立即执行。

判决一出，刘某光及其家属犹如晴天霹雳。其父亲匆匆从惠东县赶来，极尽所能，只为我能在二审中保住他儿一命，可我深知，这只能是“尽人事，听天命”。

刘某光侥幸地以为氯胺酮没有“冰毒”严重。但根据法律规定，1克海洛因＝

20 克氯胺酮，800 公斤的氯胺酮相当于 40 公斤海洛因和“冰毒”换算比例 1 ∶ 10。在广东，制造 2 公斤海洛因即可判处死刑。若着眼于毒品数量和含量，本案根本无力回天。

临危受命，我立刻开展工作，发现一审判决却也是问题多多。开庭中，我们就行为作用、主从犯、关键人在逃、量刑、证据 5 个方面逐一与控方激辩。我还试图使用图表进行概括，以证一审判决的认定与案件事实不符。

2016 年 9 月 21 日，广东省高院二审宣判，撤销刘某光死刑立即执行的一审判决，改判死缓！[1]

针对此类案件，被告人找到我们，是要让无罪之人无罪处理，有罪的人罪刑相适应，罪重的人得到公正判决。

两对父子，一位父亲要 20 年才能等到他的儿子，天际月常明，红尘中的父亲却会独自老去；另一位父亲，则要思考如何指引儿子接下来的路；而我，也是一名父亲。

这是我专注刑事领域，在“刑辩之路”上的第 8 个年头，漫漫长路，其尤修远，吾仍上下而求索。

1 （2015）粤高法少刑终字第 53 号。

第七章 罪与罚

撬动地球的是一只蚂蚁

——改罪名，降金额，受贿案 10 年变缓刑

幸运如我

——玩忽职守、受贿案，发回重审，减刑 8 年

看不见的手

——交通肇事、贪污、受贿案，3 年 5 审马拉松

记一桩，无罪

——股东涉嫌职务侵占 190 万元，罪与非罪?

撬动地球的是一只蚂蚁

——改罪名，降金额，受贿案10年变缓刑

【引】

我自认并不算一个有天赋的律师，但生性固执，且吹毛求疵，以前常常会为了一些案件的细节而花费大量的时间，尽管对结果毫无作用，但不甘心放过任何可能的线索，现在回想起来，发现正是昨日的执拗才成就了今日的自己。有人说最可怕的事情是，比你聪明的人居然还比你努力，对此我倒很坦然，既然敌不过那些比我聪明还比我努力的人，那么就要努力超越那些懒惰的聪明人吧。

早起是我一直就有的习惯，事业稳定后，就形成了每天6小时左右的睡眠时间(中午小憩)。早上6点，生物钟会自然地敲醒我的大脑——新闻、跑步、早餐——我需要这样一段惬意的时间，过滤掉昨日的烦思，重新启动大脑，使它不荒废在无尽的睡眠中。诗人托马斯·摩尔说："The best of all ways to lengthen our days to steal some hours from the night"（延长我们白天的一切办法中最好的办法，是从夜晚偷几点钟），偏执如我，企图将自己与时间放在同一条跑道——纵使输掉的总会是人类，但在清晨，那个还不够清醒，甚至"空空如也"的大脑，会让我多了些顿悟的机会，很多灵感都来自这样一个个不起眼的早晨……

【辩护之路】

一

“丁律，你到所里了吗？”祝律在电话中问道，他的声音压得很低，应当是在接见客户，语气听起来十分着急。

刚刚晨跑完，我用毛巾擦了擦，满脸仍在不停地流汗。“什么事？”我问道。祝律是刑事部新来的律师，年纪轻、做事情既有活力又有干劲，只是经验上差了些，在大事急事上还差点儿火候。不像我们这种“老油条”，“煎炸蒸煮”样样都经历过，早已是波澜不起、见多不怪。

“一个女客户，那阵势我搞不定，丁主任，您赶紧过来帮帮我。”祝律的声音听起来像是有满腹的委屈。

“好好，我知道了，马上过来！”我回复。

QQ 上多了，什么企鹅没见过，先看看！

还没走到洽谈室，在门外就已经听到一片闹腾，祝律见我到了便急忙跑出来，转过身说道：“里面这人是我以前在纪委的同事介绍来的，是个富婆，她老公前段时间因为受贿罪被抓进去了，今天是我第一次接待，我 hold 不住，靠你了。”话一说完，他给我使了个眼色，示意我进去。

“你们这么大个事务所，我提的这么点要求都满足不了？”正在嚷嚷的这位刘女士，就是祝律眼中的“麻烦”，“你是丁律师是吧，我跟祝律师谈不拢，花这么多钱，我问他多大把握，让他做个保证都支支吾吾，我老公都进去好些天了，一点消息都没有。行就行，不行就撂句话，我没时间在这里磨蹭”。刘女士一边说着，一直摆弄着手腕儿上的那串玉镯子，等我接话。

刘女士这一张嘴我便明白了，原来她是想我们给她开空头支票。执业这么多年，这一类客户我见得并不少，不少当事人家属在与律师接洽的过程中，往往出于对被羁押亲人的担忧，希望律师能够对她们做出保证，吃颗“定心丸”。但显然，这种“空头支票”万万不能乱开。我曾亲眼目睹一些年轻律师，为了保住案源而大胆允诺，结果一旦案件出现不一致、不理想的结果，年轻律师办公室的门都要被当事人家属踏烂了，更有甚者几乎迫使律师不得不转行另谋出路。有时即使是有效辩护，仅因与最理想的结果有偏差，仍会遭到委托人的口诛笔伐。面对一些法盲法痴时，律师不仅要为当事人辩护，还得不停地为当事人的家属普法，提供各类“专项法律顾问服务”，否则纵使达到最佳辩护效果，在他们的眼中，依然会是“这事儿怎么可能坐牢呢？你这个律师怎么做的？这事也要判三年？”——最终被他们的唾沫星子淹死。当然，从某种角度来说，极度渴望律师开“空头支票”的当事人家属，本身也是对当事人是否有犯罪事实本身没有把握。所以，我经常对助理说：“律师是在委托人和办案机关的夹缝中求生存，两边都得罪不起；做名好律师一半靠水平，一半靠沟通。”

回头看看这刘女士，全身上下手腕儿戴的、耳朵别的、脖子上系的一样不少，镶钻镀金边的墨镜挂在胸前，一副不好对付的模样。祝律师年纪较轻，又是刚来广州不久，哪里敌得过这种江湖老辣，说不定她也只是想试探一下祝律，没想到经验不足，真给唬住了。

“刘女士，您千万别小看了祝律，祝律有过好几年在省纪委办案的经验，现在是专业打职务犯罪官司的好手，只不过您的气场太强，让年轻人有点儿吃不消啊！”我笑着拍了拍祝律，刘女士脸色稍有缓和。

“我不过就是让他保我老公出来，不然这么多律师费不就打水漂了？我老公根本不是受贿，我们家靠我那几处屋子这辈子也够了，他哪儿会去贪那10万8万的。”她强硬道，但已经露出一丝担忧的表情。

“您应该相信我们祝律，他虽然年轻，但不是那些随口就乱开空头支票的律师，虚假承诺不仅是对道德良心的背叛，实际上也违反了律师行业管理制度。祝律刚接触您的案子，就已经拿出这份初步意见给你，相信您心里对这份意见也是认同的，他会在阅卷后给出进一步的建议。比起那些虚无缥缈的空话，我觉得您更应该相信他的行动力。”

我看着刘女士，待她回话，望了望祝律，他也不作声。刘女士皱着眉头，作迟疑状。

“丁律师，您是资深大律，要不然您就和祝律一起做我丈夫的辩护律师吧，只要能救我丈夫出来，多请一个不是问题！”

这个刘女士，话风变得实在太快，我都有些措手不及。

“当然可以！不过丁大律的价格可不便宜。”我还没回话祝律便兴奋地抢着说。

“价格没问题！”刘女士挥挥手。

“好吧！”我犹疑了一会儿便答应道。面对这突如其来的一单业务，我朝着祝律无奈地笑了笑。

其实后来想想，刘女士应该不是真的难对付，只是以她的阅历，一眼就看出祝律道行还浅，以诈他的方式请他搬救兵而已。有些当事人，比我们还聪明。要说从业这么多年，奇葩的当事人不胜枚举：洽谈室里跪地哀求的、问八字星座和不和的、把你当知心大哥心理专家、万能药水救世主的比比皆是。做律师，尤其是刑辩律师，专业、经验、气场样样不可缺少，但这些也是要看尽这千奇百怪、人生百态才能获得。

二

这是我和祝律师的第二次合作，由于此时所里刚成立专门的刑事部，还没有系统化的团队合作和精细化的分工，接到案子还是临时性个案合办。当然，律师建立团队合作是趋势使然，也是经济发展的必然结果。以现在案件的类罪分布复杂程度而言，单打独斗必定难以成势，复合型人才本就难寻，更何况谁也做不到全才，懂计算机犯罪的不懂关税，熟悉关税的不懂医学，懂医学的不熟悉审计。只有将各自的力量整合起来，愿意承载作为一颗螺丝钉的力量，才能转得动新时代的齿轮。对我而言，我渴望能够早日建立起自己的专业团队，希望能够拥有一支领跑于国内刑事业务的队伍。这条路无论要走多久，我都要走下去。

回归正题，当事人周某强的案情并不复杂，但有时候，一个案件的成败，往往在一念之间，在一个细节。

广州市天河区检指控：被告人周某强利用担任国营企业广州马 × 巴士有限公司经理的职务便利，在深圳汽车工业进出口公司向其公司销售汽车空调及售后服务的过程中，为其提供帮助，收受深圳公司业务经理黄某芳贿送的人民币 10 万元，并将该款用于为其亲友购房消费。同时，2009 年 9~10 月，被告人周某强利用自己负责采购深圳市五周龙汽车有限公司85台公交车（合同金额3729万元）的便利，为其营销部副经理张某彬提供帮助，先后收受34万元人民币。

检察院根据以上两点指控周某强构成受贿罪。

由于此时尚未出台《关于办理贪污贿赂刑事案件适用法律若干问题的解释》，且贪污、受贿罪的相关量刑数额也未作调整，被告人周某强如果被认定受贿44万元，就意味着会受到10年以上有期徒刑的处罚。

接洽后初步思路：首先和家属表明不考虑无罪辩护，只能做罪轻辩护；想要追求缓刑结果，必须得降金额、改定性。因为按照当时广东省高院内部的规定，非国家工作人员受贿在40万元以下的（《刑法修正案（九）》改为100万元），处5年以下有期徒刑。这样才有判处缓刑的可能。

但是对于两笔款数，却并不好办，以目前的证据，尤其是从证人证言来看，想要推翻的可能性很小，对于营销部副经理的34万元人民币，周某强本人在讯问笔录中也承认收到过这笔款项，对于这点已然难以推翻。

不过另一笔10万元人民币的受贿款倒是存在争议。检方提供的证据显示，被告人周某强有着前后不一供述，对我却一直坚称，对于该笔款项，是其向证人黄某芳诉苦，因买房子手头紧向其借的。而黄某芳的证词则显示，其是为了与周某强保持良好的业务和朋友关系，才私下借给他的钱。如若只是私下的借款，自然不属于贿款的范畴。但蹊跷的是，该笔款项先转入周某强手下一名员工的账户，再转入他自己的账户，转款手段十分迂回，所谓私下借款也并无借据，而款项直至受审期间也未归还。

可以说，这笔款项的定性的确存在疑问，但如若没有新的证据证实其确实属于借款，我想数额被认定的可能性非常大。这里无须再重申调查取证的种种，况且我也曾谈到过，律师的调查取证是比较忌讳对侦查机关已经调查过的证人再次进行调查的。但黄某芳之前证词的不确定性，让我们迫切需要找到答案，我和祝律准备对黄某芳进行一次调查取证。因为这对当事人而言，几乎是唯一的机会。

三

然而，找黄某芳做调查取证却并不是一件容易的事情。

受限于普遍民众法治发展水平和社会责任意识，无论是证人的出庭率，还是做调查笔录，人们愿意配合的比例很低。若是大街上遇上事儿了，一群人吵吵嚷嚷、评头论足，将事发地点围得里三层外三层，可是真正要站到法庭上去作证、要捺上手印、盖个章的时候，就谁也不肯干了。几十年过去了，鲁迅先生笔下中国人“看客”的劣根性依旧顽固。当然，在心理学上，这叫“旁观者效应”，即当旁观者的数量增加时，任何一个旁观者提供帮助的可能性便减小了。不过即便如此，民众素养的提高仍旧是重要的社会议题。

此时虽然是广州最为闷热的8月，但由于台风吹来的一股冷气流，我出人意料地患上了重感冒。“这几个月业务有些繁重！”祝律师打趣我鼻子红成了麦当劳叔叔，我拿纸巾捂着鼻子说道。这两天几乎每天都要带上4包以上的餐巾纸。虽然已经鼻塞到别人都快听不清我在说什么，但由于下午要对黄某芳进行调查取证，我还是坚持打起了精神。

我和祝律带着另一名实习生作为记录人，一行三人来到和黄某芳先生提前约好的地点——深圳Westin酒店。黄先生比我们到得早，看见我们来，脸色却不怎么好看。在他看来，这件事似乎早就过去了，该做的笔录也都做了，怎么还没完没了？

没办法，我和祝律师硬着头皮也要上。

“黄先生，电话里我们已经说明了我们的身份和来意。由于对之前您做的那份证词存在一些疑问，我们希望您能配合我们的工作，做一份调查笔录。”我带着重重的鼻音，尽量把语速放慢把事情说清楚。

“该说的我在检察院就已经全部说了，哪里还有什么不清楚的。”黄某芳撇了撇嘴，神色对我们有些芥蒂。

“黄先生，我知道您不想惹麻烦，我也在这里承诺，我们的调查取证不会损害您任何权益，我们只需要您如实回答。”我清了清嗓子，“您在侦查阶段的口供，我们着实发现了一些矛盾的地方，如果不能向您求证，我们无法对周某强负责，希望您能完整跟我们陈述一下这笔钱的来龙去脉，以免混淆视听，让周某强得到一个公正的结果。”我补充道。

“我认识周某强，”黄某芳有点儿坐不住，终于开口。助理也开启了录音笔，并开始做笔录，“其实我和他已经是好几年的朋友了，也不只是生意上有往来，案发前那段时间，老周跟我提，说想要买套房子，问我手头宽裕不宽裕，想借点儿钱，但他不想惊动他老婆，他老婆是个麻烦事儿，看钱比看命重，他担心老婆意见很多，所以想先斩后奏。”

黄某芳描述得很到位，刘女士那鲜活饱满的形象也立刻在我脑海里浮现。“您继续说，”我示意他，黄某芳喝了口茶继续说道：“周某强担心被他的妻子发现，便让我打款到他们公司出纳个人的账户里，第二天我就打了人民币 10 万元过去，因为在电话里就说的是借，又是朋友，所以没打借条。我也知道他是暂时手头紧，我们又有业务合作，所以我也没好意思要求周某强何时归还款项和算利息。”

“反正周某强说一把房子搞好了，就和他老婆说，然后就还钱给我，虽然到目前也还没还，但他现在不也是抓进去了吗。我其实一直认为这笔钱就是借款，但是反贪局的人跟我说没有借据就不算是借款，不过借不借的，现在也不重要了。”

一听到这里，我和祝律不约而同地互看了一眼，知道这次调查可能有戏。

“黄先生，确认一下，您有没有在电话中提过这 10 万元是送给周某强的，或者周某强有没有使用明示、暗示或者强迫手段向您要求贿送的意思。”

“没有！”黄先生摇了摇头。

“为什么你第二份笔录说是给了周经理 10 万元呢？”我又追问了一个更为敏感的问题。

“哦，第二次做笔录时，我也是说借给了他 10 万元，当我签笔录时发现没有了借字，便提出了异议。办案人员说借给也是给，并说有银行流水印证，会以第一份笔录为准。加上我要急着去小学接儿子回家给他过生日，便没有坚持修改。”我们一字不漏地记录了黄某芳的上述回答。

四

回所的路上，案件依然在我脑中徘徊，虽说这10万元的金额有可能被打掉，可大头怎么办，量刑仍然是10年以上的基准线，这让我心中的石头始终不能落下。

迈着并不轻松的步子走进了办公室，助理提醒我，有一位当事人在洽谈室等着。本想休息会儿，但还是问道：“今天下午有客户吗？怎么没有提前通知我。”

“不清楚，是跟林老板一起进来的，说是林老板的亲戚，我就让他直接在这里等了。”助理见我有些不悦，小声地说道。

我摸了摸裤兜，从中掏出手机，只见上面一条林律师发来的短信——老弟，我老婆家亲戚的案子，拜托。

“唉。”我无奈地叹了口气，林律师是我们所的最大股东，除了我们所以外还有好几家公司在经营，做起事儿来豪气得很。虽说他把我当兄弟，有事没事就丢两个案子过来让我接着，但这种大佬就是这样，常常不顾人感受，脾气也急得很。当然，他也确实不太需要顾及别人的脾气，我这样安慰自己。

其实此时我已经在广州刑辩界做出了点名气，经济能力也早已经迈入中高阶律师的水平，平常是不愁案源的。在很多人眼里，我似乎已经是一名成功律师了，也无须看人脸色、被人差遣，但我深知自己距离一流名律还差个段位，即使在这个阶段，依然会有许多不能遵循自我的时候。江湖这么大，身不由己的时候不会少。有时候即使再累，也得顺着薅上一级的羊毛。中年律师尚且如此，何况我面前这个小助理呢。我抬起头，发现这小助理还怯怯地站在我面前，估计是看见我这又累又不爽的表情有些紧张吧。“没事，”我笑着说，“只是有些头疼，你去忙吧。”小助理默默地回到了自己的座位上。

五

“老丁！”我一听原来是小区一起踢足球的兄弟胡阿培。曾去过他开的汽车用品店买配件“想请你帮帮我，刚刚海珠经侦大队把我老婆带走，关看守所了。”

阿培开门见山地说。

“你把事情来龙去脉说来听听”，我问。

“好的好的，经过是这样子的：

我老婆叫翟某芬，在 2003 年 7 月至 2006 年 1 月，担任广州珠江广场房地产开发有限公司租赁部经理助理期间，和同案人陈某燕、欧某然（均另案处理），利用其负责的租赁合同以及租赁收入管理的职务便利，在出租珠江广场楼房时，采取不签《租赁合同》或签订《租赁合同》不上报公司的方式，直接将向短租户收取的租金总额共计人民币 24 万多元进行私分，我老婆从中分得人民币 80,173 元。后来公司检查发现有些空置楼房没有租金收入，却产生了不少水电费，于是报案。我老婆在 2009 年 8 月 26 日被抓。”

“是隔了三年这件事情才被发现吗？”我抬头问。

“不是的，丁哥，”我的同事和社会上的朋友不是叫我老丁就是叫丁哥，也有的喊丁总，反倒叫丁律师的只是客户，“这事儿 2006 年就被捅出来了，我老婆向公司确定侵占数额以后，就签了《还款计划书》，公司允诺不再追究。其他人也签了《还款计划书》，承诺 2006 年 4 月 15 日前分三次退清全部赃款，事实上她早已经按约定还清了 8 万多元的钱款，但因为其他两个人到现在还没有还清，有一个还跑了，所以现在公司控告到公安局去了。我老婆是在回南京娘家刚下飞机时被抓的，因为海珠公安把三人都挂网追逃，就在南京的机场，那么多人看着……”说着说着阿培便显得有些激动。

“根据您目前叙述的情况，阿芬（广东习惯简称）之前已经将协议款项退回，案件可以争取的余地还是蛮大，适用缓刑或者免于刑事处罚都有一定可能。不过具体的案件细节我想还是需要会见她本人后才能做判断。”

“那就谢谢丁哥了。”阿培握手与我告别。回到办公室，我长舒一口气，连日来的疲累似乎终于在此刻得到了释放，倚着靠背，不到两分钟我便沉沉睡去。

六

第二天的清晨，似乎老天也可怜闷坏了的广州群众，空气清爽得不得了，我照旧在楼下的公园里晨跑，满眼的绿色，实在是令人神清气爽。

翟某芬这个案子并不复杂，定性上无疑是职务侵占，而从量刑情节方面考虑，几乎有八成的把握能拿到缓刑的结果。

“唉，要是周某强也和翟某芬一样，只是个普通的员工，那案子就好办了。”我一边跑一边不禁在心里叹息，混沌的我突然被脑中的这个念头惊醒。

我从口袋里拿出手机，拨通了助理的电话：“你赶紧帮我查一下广州赛马娱乐总公司的构成情况，这10年的基本资料我都要。”

办公室里，刚刚同周某强家属通过电话，不过时间久远，他们对于周某强所在公司的企业性质变化并不清楚，我一点一点地翻阅着助理整理的材料，此刻的我极为耐心，因为我知道，这一点小小的信息量，对于周某强而言，也许就是天壤之别。

在一叠厚厚的材料中，一份并不起眼的股权变更协议书吸引了我的注意。

这份2000年11月的股权变更协议书便是我要找的东西，协议中清晰地显示广州赛马娱乐总公司为联营企业，其股东之一的广州天河兴发实业公司于2000年11月更名为广州市瑞至实业有限公司，并改制为内部员工持股的有限责任公司。

上述资料表明，广州赛马娱乐总公司自2000年11月后，已不属国有企业，而是多种成分的股份有限公司。也就是说，案发时周某强可能不具备国家工作人员身份，其涉嫌的罪名应当是非国家工作人员受贿罪而不是受贿罪，两个罪名由于主体的不同，在量刑上差异巨大。我再次确认了该份协议中显示的内容，如果周某强的身份是非国家工作人员，这无疑是个巨大的好消息，如若不是翟某芬的案件提醒了我，差点忽略这一点。

七

2011年10月8日，国庆节后，案件开庭，由于黄某芳所做证词前后存在矛盾和有待厘清的情况，法院对其进行了传讯，以证实黄某芳所言非虚，然而当天黄某芳并未出庭。

对于黄某芳的调查笔录，法院事后如此认定：“鉴于控辩双方出示的证人黄某芳对于该笔款项性质的证言相互矛盾，法庭依法传唤证人黄某芳出庭作证，但证人黄某芳未到庭，法庭对其证言的真实性无法核实，证据存疑，不足以证实公诉机关的该项指控事实。辩护人关于该笔款项不应认定为贿款的意见，本院予以采纳。”对于被告人周某强的非国家工作人员身份，庭前我提交了一份详细的说明，并附相关材料，公诉方当庭进行了核实与确认。

刑事辩护工作的确会因为实践的积累而越发纯熟，但经验丰富的律师也要防止掉入新的陷阱，对于多年从事刑事辩护工作的律师而言，趋于纯熟也可能意味着其在面对新的案件时可以迅速挖掘案件核心，但却很可能落入只追求案件核心而忽略基础事实的陷阱。就如此案，不仅周某强自己对自己的身份糊里糊涂，连公诉机关也未谨慎查实再进行指控，如若未被发现，量刑上的差异无疑会造成律师工作的巨大失误。

八

2011 年 11 月，周某强和翟某芬两份判决先后下达。前者犯非国家工作人员受贿罪，判处有期徒刑 3 年，缓刑 4 年；后者判处职务侵占罪，判处有期徒刑 2 年，缓刑 2 年，家属向我和祝律师敬送锦旗，表达了谢意。

而这两份缓刑判决，也让 11 月仍旧闷热的天空，突然有了清风。

幸运如我

——玩忽职守、受贿案，发回重审，减刑8年

【引】

转眼又是初春，算一算，已是我来盈科的第四个年头。

敲门的巧婷是年后来的新助理，即使一身正装，架着一副成熟的金边眼镜，也挡不住镜片后她初来乍到的青涩样子。

她的到来提醒了我，又是一年物是人非。

除了新来的巧婷、泳彬和雅馨外，宇飞跟着我已经好多年了。律师行业的流动性一直很大，门外忙碌的同事中每天都能涌现新的面孔，又会常常听说，没来多久的某某、某某某离开了。人员的流动，也主要集中于这一批尚未拿到执业证的毕业生，和刚刚拿到执业证的小律师。想要真正进入律师行业，就意味着要经历长达一年以上甚至数年的助理生涯，一个好的助理的日常工作一定是高压的，会很辛苦，但整个行业对于律助薪酬的压制，常常使他们苦不堪言，许多如今的成功律师在交谈时都会感慨当年那些艰难挺过来的苦日子。

那天闲聊时，听见金律师对我的一个小助理说：“来做律师助理，想要朝九晚五，按时作息是不可能的，还不如早些退出不干律师这一行。做律师助理，自己首先就不能把自己当人看。”唬得我那新来的小助理一愣一愣的。我上前打趣道：“做律助辛苦一点是正常的，我们金律现在年薪过百万，还不是一样不把自己当人看。”

金律笑笑看着我，露出些当年腼腆的模样。

金律师比我晚一些进入盈科，北大毕业的法律硕士高才生，在年轻一辈的律师中一直是出类拔萃的，他刚加入我刑事部时，我也与其不间断地合作了好几个

案子。时至今日，他早已从这一批年轻律师中脱颖而出升为高伙，但他那股刚入行时的闯劲却丝毫未减，依旧每天工作十几个小时，甚至周六日也都来所里加班。

如此坚持，又怎会等不到花开之日？

望着窗外往来的人潮，想着想着，时光就撵成了一瞬间，忽然自己就成了年过半百有些秃顶的准老头，不过好在这肚子，由于坚持跑步、踢球、游泳多样运动倒是没隆起来，我暗自庆幸。

坚持，就这横竖两个字难倒了多少前行路上的律师人，甚至有些已经拿到执业证却脸庞稚嫩的年轻律师们，也因为没有案源而败下阵来，另谋生路，等不到鲤鱼跃龙门的那一天。

有时候，只对于一个案件，坚持的意义，也大于一切。

【辩护之路】

一

从一审到二审，从 2014 年到 2016 年，对于我的当事人刘均而言，如同在地狱与天堂之间折返跑，从成功取保候审，到 10 年有期徒刑的判决，再到最终两年有期徒刑——“实报实销”（判决刑期和羁押时间相当）。

他似乎是时代的受难者，最终却又成为时代的第一批幸运儿。

时间：2014 年 8 月 27 日，地点：广州市花都区人民法院刑庭。

第一次开庭便不寻常，彼时我的当事人已于 2014 年 3 月 28 日顺利取保候审，但这次开庭，法官敲响法槌宣布休庭时，当着所有人的面刘均被当庭戴上手铐带走收监，近 5 个月的取保候审宣告终结，在我 20 多年的执业生涯中，这种情况实属少见。

时间：2014 年 12 月 9 日，地点：广州市花都区人民法院刑庭。

法官当庭宣判：“依照《中华人民共和国刑法》第三百八十五条第一款、第三百八十六条、三百八十三条第一款……的规定，判决如下：

一、被告人刘均犯受贿罪，判处有期徒刑十年……并处没收个人财产五万元，上缴国库……”

此刻的刘均完全僵住，我摘下眼镜，低头不语。刘均怎样也没想到，这样的“错误”，竟然要承受长达10年的牢狱之苦，在场的刘均妻子和姐姐近乎崩溃，哭泣着挣脱亲友的手，试图越过栅栏阻止法警的举动。

时间：2016年7月15日，地点：广州市花都区看守所。

刘均慢慢走出看守所的大门，刘太太拿出早就准备好的火盆，满脸欣喜，示意刘均跨过。刘均抬起脚，一阵大风吹得呼呼作响，火星子时明时灭地往裤腿上蹿。驱除晦气的仪式结束后，刘均妻子便凑过身来，拍拍刘均肩上的灰。

此时是7月的正午，燥热的太阳炙烤着没有遮挡的刘均，他的影子几乎都要看不见了。他看起来并没有太大的情绪起伏，脸上也有点脏痕，紧皱着眉头直直地看着我，刘均的妻子对我说，他希望一出来就能见到我，想了想我便一同前来接人，这也算是少有的一次。

刘均咳嗽了两声，两年的刑期让他的身体状况更加糟糕。他慢步走向前，顿了顿，给了我一个意味深长的拥抱。这也算是少有的一次。

二

此刻我正乘机飞往波士顿，计划到哈佛法学院访学两周，太太此次与我一同前去。近16个小时的航行时间让我“兴奋不已”。这种被动安静的环境可以“迫使”人高效办事，每天积极主动、“上下求索”实在是累人，而此刻不得不办事，“不办事还能干吗呢”的心情倒让我颇有些神清气爽，我暗暗嘲笑自己的“阿Q精神”，人啊终究是懒惰的动物，被推着走、牵着走真是“再舒服不过了”。

机上我只带上了一份卷宗，便是刘均的案子，此时案件一审结束已经过去了近一个月，我们已经向中级人民法院递交了上诉材料，刘均和家属基于对我工作的信任，决定继续委托我为其二审代理。

检方在一审中指控：2013年3~12月，被告人刘均利用其担任广州市花都城市管理综合执法局分局狮岭镇城管中队科员，主管花都区狮岭镇振兴村辖区内工地、两违查处工作的职务便利，在查处辖区内违章建筑的过程中，收受他人贿送的人民币共计16.7万元，对钟某辉等人违章建房的行为不予制止，起诉被告人刘均构成玩忽职守罪、受贿罪，应数罪并罚。

该案无论是在程度上还是在情节上，较之于其他职务类犯罪都不算复杂，虽有两项控告罪名，但我认为玩忽职守罪的指控过于牵强：对于公职人员是否构成玩忽职守，一直都有较为明确的法律条文予以固定，“两高”《关于办理渎职刑事案件适用法律若干问题的解释（一）》第1条已经列明，国家机关工作人员滥用职权或者玩忽职守，“致使公共财产、国家和人民利益遭受重大损失”包括：造成死亡1人以上，或者重伤3人以上，或者轻伤9人以上，或者重伤2人、轻伤3人以上，或者重伤1人、轻伤6人以上的；或造成经济损失30万元以上的；或造成恶劣社会影响的；其他致使公共财产、国家和人民利益遭受重大损失的情形。就表象来看，刘均的失职行为未造成人员伤亡，也未直接造成30万元以上的经济损失，从公诉方提交的证据材料来看，并未直指控刘均因玩忽职守导致公共财产、国家和人民利益遭受重大损失的具体犯罪事实或数据。

对于这一项，一审法院支持了我们的无罪辩护观点，认定被告人刘均不构成玩忽职守罪。

而案件的主要争议来自受贿数额的认定，也是我从一审至今一直在坚持的。虽然对当事人受贿罪的定性没有异议，但对于受贿数额，刘均的说法与指控并不一致。根据刘均对我做的陈述，其受贿数额应当是9.7万元，而非16.7万元。如若以检方指控的事实认定，自然意味着10年以上的有期徒刑，虽然一审法院采纳了我们的部分意见，将争议金额减少了3.7万元，但13万元人民币的受贿款，在2015年，仍意味着在10年以上起刑。

太太发现我紧皱眉头，向我投来关心的眼神。虽然没有认定玩忽职守，但检察院会否抗诉、是否会有补充证据尚不知晓，最为棘手的仍旧是受贿罪，10万元以上的受贿金额，将处10年以上的刑事处罚，如何将受贿金额减少至9.7万元？难度实在是不小，而且，即使降至9.7万元，实刑仍然可能逼近10年有期徒刑。

我不禁再次陷入苦想……

三

波士顿此刻已是凌晨 3 点，我走出酒店，走在波士顿公园的夜色之中，波士顿眼前的这条“自由之路”也似乎和我一样困顿。暗谧、幽深的街道，只有路边伫立的路灯上零星扑腾的蛾子显示出一些生机，我在马路上漫步了两三个小时，天已经微亮，而案件却似乎仍没有回旋的余地。

此时已是 2015 年的国庆节，虽然远在美国，但我开通了国际漫游，不会耽误接听客户电话。和北京的专家教授打了几通电话，无意间让我得知一个重要信息——《刑法修正案（九）》实施细则将出台，贪污受贿的数额标准要改，而且改动会非常大！

听到这个消息，我不由一振，2015 年是司法改革的大年之一，2014 年的《刑法修正案（九）（草案）》公开征询意见时，我正好在中国人民大学律师学院刑法高级研修班上课，和老师同学们一起探讨和修改，形成了一份报告整理提交。如若没有意外，年内是定要发布的。但当时细览过草案，发现虽然略有改动，却仅仅是贪污罪量刑不再依据《刑法》规定的具体数额，而是区分为贪污数额较大、巨大以及特别巨大三个维度及情节来量刑。如今看来，不仅《刑法修正案（九）》即将出台，而且相应的司法解释必然对贪污受贿量刑三个维度作出具体的量刑解释。虽然草案中没有明确受贿罪的量刑维度是否也将有所更改，但贪污受贿本就是对位罪名，是“兄弟罪”，量刑也自然是采取一致的标准，至于改动（增幅）会到多大程度……想到这里，我恍然大悟，朋友的消息绝非空穴来风。我立刻向高院的一位老友打电话询问，得到的答案也是肯定的，看样子，标准的确要改，至于改动大不大，对当事人刘均是否会产生绝地反击的效果，那就要看刘均的“造化”了。

四

受贿罪量刑数额上调，对我的当事人刘均而言，必然是有利无害。但目前《刑法修正案（九）》尚未出台，究竟要等到何时呢？一个二审案件又如何能撑到那一刻。

没有条件，创造条件也要上。

在未确定开庭日期前，我先向法官交出一份《二审庭前辩护意见书》，将数个观点一一表明，要求合议庭向检察机关核实，尽量延长审理时间。其一，先是对刘均的受贿金额继续进行详细的拆解与论述，说明受贿金额认定上存在的诸多疑问。其二，重点要求法院向侦查机关核实刘均的自首情节，被告人于2014年3月27日在办案机关所做的是询问笔录，且当时尚未直接立案，说明此时办案机关尚未掌握被告人刘均的犯罪事实，还在调查过程中，而从检察机关拿到的起诉意见书中也提及自首笔录字眼，刘均如实交代事实，认罪态度良好，应符合自首规定。其三，请求法院核实刘均具备的立功情节。刘均在2014年6月22日向侦查机关举报了4处违法建筑、狮岭镇城管中队对拆违经费以少报多、一事多报的情况，应当进行核实。其四，晓之以理、动之以情，说明如今国家对于贪污贿赂犯罪的惩治风向与趋势，同时对于立法机关将对数额进行大幅调整的信息阐明，说明以刘均认罪之事实与态度，因10万元上下的受贿金额而承受10年有期徒刑，实在过于严苛。

从2015年的春节，到2016年春节后，一年时间，本案先后开庭三次。终于，2016年4月18日起，随着《刑法修正案（九）》的出台，《关于办理贪污贿赂刑事案件适用法律若干问题的解释》开始实施。该司法解释对贪污、受贿罪的相关量刑数额作出了进一步的规定：第一，受贿罪数额较大的标准为3万至20万元；第二，受贿罪数额巨大的标准为20万~300万元；第三，受贿罪数额特别巨大的标准为300万元以上。也就是说，依司法解释的相关规定，受贿数额20万元以下量刑在3年以下，即使以13万元全部认定为刘均的受贿数额，其定罪也将由10年降至3年以下。

五

虽然二审法院认为检察机关的询问笔录、到案经过、破案经过及随案移送的立案决定书等证据，证实被告人刘均受贿一案，是由检察机关侦办部门根据有关证人的检举揭发，在掌握被告人受贿犯罪基本事实之后，再将其带回、接受调查，被告人不属于自动投案，在办案机关调查期间交代办案机关掌握的线索所针对的事实，依法不成立自首。但中院的边法官认真核查了公诉机关移交附卷起诉意见书，和我手中拿到的不一致，缺少“自首笔录”。便以事实不清为由，将案件发回重审。在当时类似案件，很多法官也是将案件先挂起来，等待《刑法修正案（九）》实施意见的“靴子”落实再判，否则刑期会相差太大。

另外，侦查机关出具的情况说明证实，刘均并不具备揭发他人犯罪行为并经查证属实的情节，且其举报的行为，检察机关在2014年3月已掌握相关线索并立案侦查，最终认为刘均不具有立功情节。

重审依据最新受贿量刑标准，最终对刘均处以两年有期徒刑的判罚，等同于“实报实销”。

刘均的案件是幸运吗？是的，他很幸运，但这种幸运可能稍纵即逝。如若不能及时把握信息，掌控节奏，或者没有认真负责的二审法官把关，带着温度办案，恐怕他的判决早在2015年便尘埃落定。也许案件本身空间有限，但有效、合规地延长庭审时间，以便为当事人争取最好的辩护结果，又何尝不是有效的辩护？

《刑法修正案（九）》也好，司法解释也罢，并不是它们使刘均成为侥幸者，而是司法发展进程下的必然结果，不清楚有多少职务犯罪嫌疑人会得益于此，但刑事处罚并不会因此而失去其应有的效用。如若说一个可以预期的时间界限，会意味着10年和2年的差别，那么这种有待进步和改良的司法体制对刘均而言本身可能意味着不公。此时称量人心的，便是司法裁判人员的自由裁量权，是人性。而此之后，新的规定将依然以新时代的标准惩罚试图触犯国家、社会、集体利益的公职人员。

看不见的手

——交通肇事、贪污、受贿案，3年5审马拉松

【引】

法律是工具，它在历史行进中走过千年而发展到新世纪，裹上了科学、有序的外衣。这种秩序，如同亚当·斯密口中那只“看不见的手”，引导人们趋于工具本身，却忘记工具也仅仅是工具。或者如哈耶克口中“自发的秩序”，是没有存心而产生的结果的总和，是在适合的环境下，人心所能理解的明智产物。然而，在某个特定环境下的明智，也可能衍为一出人间悲喜剧。

为了更为直接的观感，我将此案的5次判决结果制成了表（参见表7-1），从一审审监程序判决后，我开始介入此案的辩护工作，一直为我的当事人辩护至第五审。别看这表格中只有短短5步，却足足走了一个十八弯、九连环，莫道不消魂，竟让人比黄花瘦……

表7-1　判决结果

程序	案号	宣判日期	定罪量刑
一审 （广州市南沙区人民法院）	（2014）穗南法刑初字第220号刑事判决	2015年2月3日	交通肇事：9个月； 受贿罪：1年9个月； （总刑期2年6个月，决定执行刑期2年）
一审审监程序（再审） （广州市南沙区人民法院）	（2015）穗南法审监刑再字第1号刑事判决	2015年7月17日	交通肇事、受贿罪同上； 贪污罪：有期徒刑10年； 总和刑期12年，决定执行有期徒刑11年

续表

程序	案号	宣判日期	定罪量刑
二审（上诉）（广州市中级人民法院）	（2015）穗中法刑二终字第613号刑事裁定	2015年8月27日	发回重审
重审（广州市南沙区人民法院）	（2015）穗南法审监刑重字第1号刑事裁定	2016年4月25日	交通肇事、受贿罪同上；不构成贪污罪
二次二审（抗诉）（广州市中级人民法院）	（2016）粤01刑终1284号	2017年8月14日	交通肇事、受贿罪同上 贪污罪：2年 总刑期共4年6个月，决定执行3年6个月

【辩护之路】

一

我自2013年秋入读厦门大学EMBA后，这些年来除坚持每周一次踢球或游泳外，从2014年年底开始我还开始了跑马拉松，首个广马（半马）用了2小时20分完赛，不到半年便以4：28的成绩完成全马首秀。我运动健身至今几乎未曾中断过，身材也30年依旧，没有走样，体重也在65千克左右徘徊，每年体检相差不会超过一磅。

为了备战横渡长江，我坚持了半年晨泳。这天游完泳我回了办公室，由于才8点，所里无人，灯还未开，歇下没一会，便接到了何简太太的电话，电话的那头泣不成声，而我自己，也十分不是滋味，没想到还是“失算”了。

“老何被带走了，判决下来了，还得进去蹲一年半牢房。”

这样的结果让我像是吃了个涩苦瓜，生苦生苦的，还泛着点儿恶心。已经被取保近3年的何简，竟然又要重新被抓回去服刑，我无奈地发出叹息。原本确有预判，既然已经折腾了4、5年，也走到了第五审，想要再拿回最初“贪污无罪”的结果似乎是不大可能了。不指望无罪，但何简已被羁押了近两年，而后中院发回重审时批准了取保候审。以法官的聪明才智，得出一个“贪污有罪，免予刑事处罚”各方都能接受的结果并不难。因此当检院提起抗诉，开庭时亦未有新的证据提交时，我也掉以轻心了，没有发表太多的辩护意见，基本上是重复之前重审的辩护观点。

现在这种局面，确实是在意料之外了。

我的预判：重审时控辩双方激烈对抗，我的预感不妙。检方想要坐实贪污罪，当收到抗诉书后，我心中又充满自信，因为经历了4次审理，三次未定贪污罪，公诉机关亦未提出新证据。但经验告诉我，抗诉是要挽回“面子”，法院折中方案往往是给面子而不增加实际刑期。

5个审理阶段，数十次的开庭次数，从2年的刑期到11年的刑期，从我方上诉到检方抗诉，从一审、审监、二审、重审，到再审，最终3年6个月的有期徒刑，这个结果理想吗？也许理想，满意吗？当然不满意，更开心不起来。挂了电话，我陷入了沉思，三年多来关于本案的所有记忆都像碎片般朝我涌来。

二

2010年8月，何简时任番禺区某镇国土建设办公室副主任，同时兼任镇属企业一家公司的法定代表人。何简在驾车执行公务途中发生交通事故，该事故导致一名受害人死亡，何简当即用自己的电话报了警，警方随后到场。道路交通事故责任认定书指出，何简因为超速和不规范操作，对这次事故负有主要责任，施工公司负次要责任，死者袁某某不承担责任。

其后，何简与受害人家属达成调解协议，公司领导同意先由公司借钱给何简向受害人家属支付赔偿款，待后结算。事后扣除保险公司赔付的18万余元，公司垫付约21万元。

2010年年底，何简就涉案交通事故赔偿款的责任分配问题向上级领导提交了《请示》，领导陈某、袁某、陈某某多次讨论未达成一致意见。2012年年底，何简向公司归还部分借款。同年年底，公司领导也是副镇长的袁某在何简提交的《请示》上签名，同意涉案交通事故的赔偿款按照《请示》上的分配方案执行，即按照执行公务造成交通事故处理。随后，公司财务按照领导批准同意的分配方案向何简办理退款手续和平账手续。

此外，何简自动投案，如实供述其曾收受共计 8.1 万元的 3 笔行贿款，并予以退赃，有自首情节。对于其可能构成交通肇事罪的犯罪行为亦供认不讳。以上两项罪名在 5 次审理中，并无争议。除去由于罪数而造成量刑上的略微差距以外，控辩审三方的主要争议焦点均集中于报销交通肇事赔偿金 17 万元是否构成贪污的认定，长达两年半的 5 次审理也均围绕于此。

这里先简略谈谈一审及审监程序，一审决定执行两年的有期徒刑，对于何简而言是可以接受的，其与家人并未提起上诉，检察院也没有提起抗诉。但仅仅在一审判决宣告 3 个月后，原审法院却提起审判监督程序，使案件最终走向了一条漫长而充满非议的道路。

审判监督程序，简称“审监程序”，是对判决、裁定或调解协议已经发生效力的案件提起再行审理，由人民法院依法对这些案件进行再次审理的程序。其作为司法补救程序，是一种特别的审判程序，是由检察机关、上级法院或本院院长依职权提起，目的在于对已生效而确实有错误的判决和裁定，通过再次审理并作出裁判予以纠正。本案即为原审法院院长对本院已生效裁判，认为确有错误，提交审判委员会处理，并另行组成合议庭审理的情形。就该程序所达到的效果而言，确实是“确有错误，予以纠正”，贪污罪的有罪认定，直接增加了何简一项长达 10 年的有期徒刑。

何简与其家人虽然知道情况不会太乐观，但如此悬殊的量刑让他们完全无法接受，当庭提起上诉。

2015 年 7 月，初见何简。

第一次见何简，我便注意到他身上浓浓的书卷气，说话的声音清净、柔和，交流时能感受到他对人十足的尊敬，他平静地向我叙述着案件发生的整个过程。

此时距离审监程序的判决已一周有余，一会见完，我便驱车回所，泡在了满满当当的卷宗材料里，并在最快的时间内向中院递交了一份辩护意见，在辩护词中对于其是否构成贪污罪，我进行无罪辩护。

紧扣着判决书中不合理的事实认定和带偏见的法律评价，我一一进行反驳。事实上，对于何简所报销的赔偿款，经过了上级领导袁某、陈某、陈某某的最终批准及数个部门的配合，任何一个部门的阻却，都不可能使何简领取到该份赔偿款。这笔赔偿款，既有合理缘由，亦有一系列的核准过程，与一般的贪污罪存在本质不同。何简主观上并不存在恶意侵吞公司资金的故意，其作为挂名法人，既无公司财务支配、核准的权力，也没有公章盖发的权力，单位不批准，他便无法拿到赔偿款是最基本的事理。作为国家工作单位，其客观上并未利用自己的职务便利侵吞公司资金，并不符合贪污罪的构成要件。

何简在整个过程中，既未虚构事实，也未隐瞒真相，相反，他先请示汇报，公章使用亦有登记备案，然后按指示办理，先借支后还款，审批后再由财务按规定返还自己款项，严格履行相关手续程序，何罪之有？

短短 30 天后，广州市中级人民法院作出（2015）穗中法刑二终字第 613 号刑事裁定，撤销广州市南沙区人民法院（2015）穗南法审监刑再字第 1 号刑事判决，发回该院重新审判。

一拿到发回重审的刑事裁定，我便立即附上相关的取保候审申请材料，递交给办案机关。既然已经撤销再审判决，按照一审判决，两年的有期徒刑将截至 2015 年 9 月 1 日，应当于刑期届满后对其采取取保候审措施。

9 月一到，何简便回到了家中，家人自然是兴高采烈，两年的时光，除了开庭时简短的几次照面，家人与何简几乎没有任何对话的机会。虽然案件尚未尘埃落定，但人身自由不再受到束缚自然是再好不过的情形，而我也省去了看守所会见的时间。每一次和何简沟通案件进展时，都能发现他的精神状态非常好，这便是自由带来的巨大力量。

然而在这其间发生的两件关联事件不得不提：其一，是牵涉本案涉案函件批准过程中的某陈姓领导，因涉嫌职务犯罪被采取强制措施；其二，曾负责何简交通肇事一案的某副局长落马。两件事情看似不能直接影响何简是否构成贪污罪，却也确实可能会对合议庭的裁判产生影响，而检察院也还在不断地补充证据。

面对越来越复杂和棘手的案情，我决定邀请刑事部的麦静怡律师协同我一起办理此案。年轻有为的麦律和我探讨起案情来毫不含糊，字字珠玑，我们达成了一致的辩护意见：作为镇属企业，该公司是由镇政府直接领导、规范管理的。我们最终确定由单位为何简的肇事行为“买单”的两项关键因素，分别为加盖公章而形成的有效性“函件”——《关于处理粤A ×× 车交通事故善后事宜的请示》，及公司财务向何简办理退款手续和平账手续。这两项关键环节背后反映的是两项权力，首先，核准《请示》并使之有效的权力。而《请示》最终能够发挥其效用源于两个因素。第一，该《请示》是由袁姓领导（副镇长）本人签署，无任何证据证明其是受胁迫之下签署的；袁姓领导的签名，使该份《请示》生效；第二，核准、核实手续、程序，进行退款、平账的职能。其次，对公司资金流转的管理、核准的权力。以上两项权力既不属于何简的职权范围，也不属于其管理范围，在贪污犯罪的构成中，利用职务便利是必要条件，而该笔赔偿款的程序即使存在瑕疵，也不由何简本人左右，何简与袁姓领导处于下属与上属的关系，与何简的职能范围无关。他是在各级主管单位均确认其是在执行公务时发生交通事故的前提下，希望公司承担部分交通事故赔偿责任，并提出了相关的申请，这是其主观态度，而对该申请是否批准及批准承担责任的比例，何简没有任何权力左右，完全取决于单位。无论是陈姓（镇书记）领导，还是某公安局副局长，落马也好，落水也罢，其他人是否对此事存在失职或其他意思可能，需要的是充分的证据予以证实，而不是妄加揣测和互相推诿。

2016年4月，（2015）穗南法审监刑重字第1号刑事裁定：

原审被告人何简身为国家工作人员，利用职务上的便利，非法收受他人财物，为他人谋取利益，其行为已触犯刑律，构成受贿罪；何简违反道路交通安全法，发生交通事故，致一人死亡且负事故主要责任，其行为已触犯刑律，构成交通肇事罪。何简犯数罪，依法应对其数罪并罚。何简对受贿行为自动投案，如实供述自己的罪行，依法对其减轻处罚；何简能退出受贿所得的赃款，对其酌情从轻处罚。何简在交通事故发生后赔偿被害人经济损失，对其酌情从轻处罚。此外，现有证据不足以证实何简的行为构成贪污罪。因此裁定：维持广州市南沙区人民法院（2014）穗南法刑初字第220号刑事判决。

三

一份对我方有利的判决落定，无须多想，区检随后便针对何简不构成贪污罪提出抗诉，市检支持抗诉。而此时，当地大量的新闻报道也开始涌现，这些报道看似客观，实则语气、言辞，都将舆论引向何简的不利面。这些报道的口径出奇得一致，暗指何简“逍遥法外”的“罪行”，很多新闻至今都能查询到。对于纸媒、网媒的这类报道方式我是早已司空见惯，但我却依然不能按捺心中的不满，只待到第五次庭审那天，说个痛快！

“审判长，”我站起来，郑重地说，“原审被告人何简系驾驶公务用车发生交通事故。其一，肇事车辆粤A ×× 号小客车，车辆所有人登记为 ××× 经济发展总公司，是镇政府配给镇建设办的工作用车，何简作为镇建设办工作人员，驾驶上述小客车发生交通事故。其二，《关于何简交通事故处理的函》，虽由何简草拟并加盖镇人民政府公章，根据检方的补充证据材料，即党政办工作人员幸某出具的情况说明，他是接到时任镇党委书记陈某的电话要求，为何简盖章并做了使用登记。也因此，上述函件对外发生效力。其三，对于何简到底是否是在执行公务期间发生交通事故的问题，镇政府的《机关车辆管理办法（试行）》彼时只是通过，没有发布，尚未实际执行，该证据不足以证实何简当时系公车私用。”

“第二个问题，”我清了清嗓子，“关于何简是否利用职务便利。其一，案卷中有镇政府文件及袁某等人证言，证实该公司由副镇长袁某分管，且财务工作由镇财务结算中心负责管理，公司收支按镇财政审批制度执行，公司的财政支出由袁某审批，何简没有审批支出的权限。其二，《请示》是袁某在知情的情况下签署的，不存在隐瞒、强迫或者胁迫的情形。何简草拟《请示》后交给袁某审批，袁某签署‘原则同意’，何简据此向出纳要求退回已经支付的17万余元，符合公司财务规定，没有私自转走财物，没有证据证实何简自行或通过财务人员私下办理平账手续。因此，何简没有采取、利用职务上的便利，也没有使用欺骗手段骗取领导签署同意意见。综上，何简没有采取、利用职务上的便利，也没有使用欺骗手段，骗取领导签署同意意见、侵吞单位财产，没有证据证实何简在旺阁公司财务人员在平账过程中使用了违法手段，现有证据不足以证实何简的行为构成贪污罪。”

我望向法官，“审判长、合议庭，在我阅读补充卷的时候，一份份的补充证据材料摆在我面前，这些证据，大同小异，无疑不是镇政府、镇企业为了甩开‘包袱’而做的‘盖有公章’的各类说明。这些单位、公职人员推诿责任所做的各类‘情况说明’，比之于本案中的那份‘请示函’，又客观、真实多少呢？当我们已经无法完全还原最为真实、最接近真实的案发过程时，作为司法裁量，应当守住的，是最基本的程序公正、搜集证据过程当中的公正，是罪行法定、证据充分原则，而不是为了促成一个案件的‘落定’，而被动地形成众多证据，指向它、靠近它、最终得出它。”

法官认真看向我，这让我得到了一丝鼓励的力量：“如若本案只在贪污罪的认定上存在争议，那么两年以来，由有到无，从无再到有，这样的争议到底是在定性上，还是在事实上？如若是事实、证据上存在如此大程度的争议，无罪推定必然会成为最为正确的倾向结果。倘若仅仅是定性上的争议，如此反复审判得出的结果，又会是正确、公允的吗？这些片面的法律评价，这一份份再审‘新证据’，根本不可采信，本案的全案证明标准根本达不到充分、完整、客观，我的当事人何简，不应构成贪污罪！”

四

在本文开头我说过，我原本以为本案最终会是一个“双赢”的结果，这也是自由心证、自由裁量权的真正效用所在。

一个刑事案件，检院抗过诉，法院提过审监，辩护人提过上诉，该走的程序几乎都走遍了。就判决书而言，仅一基层法院便对该案作出了不尽相同的三份判决，这在司法逐步完善的今天，的确需要警醒的。

作为刑辩律师，既为在个案中见证法院公平公正的裁定深感欣慰，也为这其中的种种遗憾和不完美耿耿于怀。执业 30 年，我始终没有变成麻木的人，我还庆幸自己一直能够用心感受生活的真情冷暖、悲欢离合，庆幸能够与当事人和其家属一起愤懑、欣喜、起落，庆幸自己依旧保有初下南粤时的正义感，这些感受都让我在历经和接受不那么完美的结果时，依然拥有自省的能力并获得成长。

记一桩，无罪

——股东涉嫌职务侵占190万元，罪与非罪？

【引】

因为盈科的平台，这几年我接触到了许多要案大案，既有社会舆论影响巨大的，也有涉案金额令人咂舌的。不过摸摸口袋，总觉得少了点儿什么。

无罪，最为挑逗刑辩律师神经末梢的两个字，一个需要天时、地利、人和所有要素具备才有可能达成的“幸运”，是真难。我至今都记得当年第一份无罪判决展现在我面前时曾带给过我多么大的惊喜与能量，欣喜之下，我用自媒体“一元说法”公众号写了标题为《无罪辩护难、难于上青天，成功辩护又一单》一文，不可否认，无罪判决，就是刑事律师诉讼生涯的强心剂。

【辩护之路】

一

“有人要整我！”

我第一次在看守所见肖鸣时，这是他跟我说的第一句话……

2013年9月，深圳必艾歌公司向深圳市公安局宝安分局报案称，公司的副总经理肖鸣利用职务侵占公司货款约190万元人民币。肖鸣于2013年12月30日以涉嫌职务侵占罪被刑事拘留，涉案嫌疑人共三人，其余两人此前是肖鸣的直接下属。

二

从检察案院阅卷回来的路上，我脑海中开始有些东西挥之不去，数据、证词、口供以及肖鸣的眼神，来回切换。

虽然暂时还不能完全明晰一切，但总有一些“小九九”在我脑海中翻腾——公安机关所指控的涉案金额认定依据是肖鸣电脑储存的文件材料，材料较多，好像没有持有人、见证人、办案人员签名，是由必艾歌公司单方面提供的电子数据材料，销售数据与指控金额好像无法一一印证——对，还有鉴定书……太多的细节来回串梭，越想越精神，此时再想起肖鸣第一次见我时说的那句话，我隐隐闻到一丝令人兴奋的硝烟味。

三

第一次开庭——

“审判长，被告人肖鸣既没有利用职务上便利，也没有侵占必艾歌公司财物。肖鸣在加入必艾歌公司之前，已兼任多家公司的股东，并且与被害人付某创办了成都和弦公司。公诉机关根本没有把必艾歌公司开发的客户与肖鸣加入必艾歌前开发的客户作区分，而是一概地当成了必艾歌开发的客户。”

“根据我们的调查，诸如锐意德、麦创、上因等客户在肖鸣尚未入职必艾歌前已和他们有生意往来，他们委托肖鸣代为采购产品，对此，辩方已于5日前向法庭申请证人——锐意德公司的郑某鹏以及麦创科技公司的罗某强——出庭作证，以印证老客户是否签单与必艾歌公司的存在没有必然关系，此其一。”

说到此处，我向公诉席瞥去，公诉人也正看着我。

“其二，被害人付某在庭审时谎称销售人员没有提成，但从必艾歌公司提供的工资单可看出，工资中含有提成部分，肖鸣的薪资主要依靠提成，肖鸣主动介绍自己的老客户到必艾歌公司购买产品，是为公司牟利，不可能是损害公司利益。”

“但更为突出的，”我拎出一份单据复印件，“是必艾歌公司管理模式之混乱。

其监事付某遇到老客户的订单，会把该订单介绍给成都和弦公司，同样的行为肖鸣却受到追责，付某却不受刑责，这是为何？”

坐在台下的付某抖了抖西装，瞥了瞥四周。

“……审判长，本案显然只是一起股东之间的民事纠纷，根本未上升到刑事处罚的高度，不应按照犯罪处理，我说完了。”

四

6个月后。

“师父，过了这么久才开庭，您说今天会不会出什么状况啊？”坐在副驾驶的巧婷转过身子，一脸担忧地问道。

“不知道……”我撇撇嘴，“会的吧，你还记得上次开庭时公诉方的眼神，这个案子……难说！”

“静观其变吧。”我看着前面无云的天空，深叹一口气。

整整过去了半年，这个案子才通知我们第二次开庭，第一次开庭时公诉方落于下风，似乎一切都向着有利的方向发展。但半年来，案件没有丝毫音信，这让一直押在看守所的肖鸣如何沉得住气，对其而言，似乎这种等待比直接宣判结果还要让他难熬。

“肖鸣，如果认了，你就败了。已是置身最低处，接下来的每一次出击，都会是我们还之以颜色。越拖，就说明越有戏。”

第二次开庭——

“审判长，控方针对被告人肖鸣涉嫌职务侵占一案，对于《司法会计鉴定意见书》这份证据，申请鉴定人出庭作证。”公诉人站了起来，胸挺得笔直。

巧婷面露愤意，“师父，他们不做提前申请，只提前这么点时间通知我们……”

公诉人将眼神投射向我。

“辩护律师，”法官低下头沉思了两秒，开口问道：“你们什么意见？”

“没有意见，我们当庭质证。”我拂了拂手，示意助理不要做争辩。

眼见这公诉方和鉴定人员，你一言我一语，默契十足，大有把肖鸣侵占金额

200 万元坐实的意思。

“审判长，我讯问完毕。”检察官正襟危坐。

我正了正身，说道：

“你好，我有三个问题想问你。”我望着鉴定人。

“第一，对于鉴定书中有关被告肖鸣的涉案金额数据的材料来源，你清楚吗？”

“清楚。”

“哪里来的？”

“是公安机关递来的侦查材料。”鉴定人员答道。

“请问，这部分材料上有没有持有人、见证人以及办案人员的签名？”

他一愣，“这是公安机关的侦查材料，是客观，尊重事实的……”

“你只需要回答我，有还是没有。”

“没有。”他回答。

“何为客观，尊重事实？交到你手上的材料，你尚未核准程序是否合规，没有要求他们补正手续，就开始鉴定所谓的事实吗？”不待他回答我便接着，“你所得出的鉴定书的数据依据来源于一份没有持有人、见证人以及办案人员签名的材料，这是我的第一个问题。”

“第二个问题，请你看鉴定书中第三页第二行，‘毛利与利润数据等值，认定其费用为零’，请问你是如何从前面的材料中得出毛利与利润数据等值的，又如何认定费用为零？”

“因为……”鉴定人对我的问题如此具体深入有些措手不及，“毛利与利润数据等值是因为电子表格没有记载费用，我们将其费用约等于零”。

“那我是否可以理解为，你们核算涉案金额时，存在没有将部分隐性成本进行扣减的可能？”

鉴定人不置可否，此时公诉人的脸色开始有些许变化。

“好，第三个问题，我在鉴定材料中看到几份《内外合同对比差价表》，请你打开第二份、第三份、第……”我指着其中几个数据，“这几块的数据，整个案卷材料中都没有相应的银行流水佐证，你是怎么得出来的？”我提高了音量。

“我这里是利用了数据的关联性……”鉴定人有些忐忑。

“我就问你，这部分数据是真实数据吗？你只需回答，是或者不是。”

“不算。”

我几乎有些怒不可遏地瞪着眼前这个“专业”鉴定人。专业鉴定技术在司法前进的当下，总有一些老鼠屎披着专业的外壳钻往大锅粥里跳，丝毫无视其职业操守、公德良心，不顾刑事罪责对于一个人乃至一个家庭的巨大影响。

沉静半刻，我定了定身子，“审判长，庭前我们已提供相关专家证人材料，我们申请其出庭！”

公诉人猛地几乎要站起来，但法官咳嗽了两声，他似乎也明白了什么，憋了口气坐下，没再喧哗。

庭门打开，专家辅助证人缓缓进入了法庭……

五

“师父，您下午那招‘以其人之道还治其人之身’实在是燃爆了！”巧婷一边手比画一边用我听不懂的语言兴奋地称赞着，果然还只是个“90后”的孩子。

“非常案件，非常问题，非常之道。”我笑笑，“开庭前就让你多看看那份鉴定材料，要出问题也一定是那份材料出问题，要提前把准备工作都做好”。

“知道了，丁律。”

原本以为经过第二次开庭，这个案件很快会有结果，但是没想到一等又是4个多月，说实话，我已经闻到了一丝不同的气息，一种“燃爆了”的胜利硫黄味。

六

2015年2月10日，第三次开庭——

“对于被告人的行为定性，我已在之前的庭审进行说明，这里不再赘述，我这里只再强调以下三点：

其一，《鉴定书》中，公安机关所提供的电子材料在本身具有易改性的情况下还缺乏相关人员的签名认证，而鉴定人自行认定的相关数据，只有部分能找到相应的银行流水记录，其余的均无法查实。因此，该证据的真实性与合法性我方有异议。鉴定人在未有证据确认的情况下，用假定事实做对比不具有任何意义。

另外，鉴定人未对异议进行当庭答疑，合理排除疑点，而是事后出具一份所谓的《自我纠正说明》，完全违背《刑事诉讼法》的立法精神，其本身的职业操守也令人鄙夷。

其二，证据显示，案发后必艾歌公司才决定固价销售，其追究肖鸣过往的销售账单明显违背法不溯既往原则。我手上的这份《深圳必艾歌公司2012年音频电子报价》的最后一栏中‘……建议价格不能低于……’也印证了我方的论述，可反映必艾歌公司之前根本不存在固价销售的模式，控方所谓的被告从中赚取差价显然缺乏立论依据。

其三，控方指控肖鸣以个人身份签订超出必艾歌经营范围的安装工程合同，但必艾歌公司根本无权追认超经营范围合同的收益。三次庭审中控诉机关一直回避必艾歌公司基于何种权利追认安装工程收益。必艾歌的经营范围中不包括安装工程业务，亦不具备履行安装能力，不符合民法上表见代理的情况，必艾歌公司对此不享有追认权。

也就是说，对于三笔涉案金额，存在本质上的定性错误。第一笔，指控肖鸣与刘某共同侵占606,267元，这部分来自4个工程项目——丽江正龙KTV、丽江正鑫KTV、绵竹张文明项目、射洪县城23间KTV项目工程所获的利益，所获利益不属于公司财产；第二笔，指控肖鸣与肖勇洲共同侵占281,545元，在《司法会计鉴定意见书》中，“肖勇洲客户流水记录”共记录61份合同，但可以找到相关记录的只有21份合同，根本无法确认合同数额，更不要说计算利润。肖勇洲请求肖鸣帮助其达到业绩要求，才产生有合作账，同事间的互助行为不属于刑法的规制范围；第三笔，指控肖鸣侵占1,020,971元，该笔金额是老客户自主选择合同交易对象的结果，我们也有证人出庭证明，这部分交易行为非由必艾歌公司作用而达到的结果，不应计入侵占金额。”

“以上意见请采纳，谢谢审判长！”

七

2015 年 2 月 10 日下午 4 点，历经两次退侦，三次开庭审理，被羁押长达 400 天的肖鸣，由深圳宝安区法院宣告无罪，并当庭释放。同时其他两人作为从犯的均宣布无罪。

我一个人坐在车里，贴着靠座，仰仰头，感觉肚子有些饿，不时发出些咕咕的声音。我打开收音机，电台播放着最近的大热歌曲《匆匆那年》，放下车窗，一阵清冷的风吹了来，似乎想让我那颗炽热的心降降温。我移了移后视镜，看见自己，竟莫名其妙地笑了出来，这种如释重负的兴奋感，久违了！

摁响喇叭，唤巧婷上车，沿途烈阳烧灼了整个天空。

【一点思考】

“吾辈无罪”

这里不再扯年龄做笑谈，对于无罪判决，恕我再多说几句。

律师的执业风气是流动的，尤其是干我们刑辩这行，犹如“蝴蝶效应”，被“放大”的风气有不少，难闻的“屁”也多。太多太多的刑辩律师在庭审、社交与营销中栽跟头。曾经有一个时期，死磕派律师成了刑辩律师群体里最有发言权的那批人，似乎只有“较真”才有活路，只有“钻牛角尖”才能捅破某些桎梏。

而“无罪判决”，就是最厚、最难捅破的那层牛皮纸。

最新数据显示，我国法院无罪判决率正在逐年下降，2000 年还有 1.02%，到了 2010 年达到 0.10%，到 2014 年已经低至 0.066%。为什么？

是因为司法愈加圣明所以“一抓一个准”吗？还是说，就目前的体制来看，多年来形成的“大公安、小法院”之传统难以扭转，多数案件在侦查阶段就将证据“做死”，使嫌疑人“翻盘”的机会小之又小。而其中通过各种迂回的处理方式，实现了“正义修正”的法官，让我由衷的敬佩！这每一次的“迂回”都体现了法律应对现实的折中，那些都是法官们的闪闪的智慧在发光！

诉审分离是现代刑事诉讼的基本理念，其核心是希冀实现起诉权与审判权的相互制约。作为行使审判权的法院，是有权对被告人定罪的唯一主体，但是此决定人之自由与生命的审判权具有被动性，只有存在起诉时才能对被起诉人进行审判和定罪，而且审判和定罪之范围仅限于起诉书明确指控的事实范围，未被起诉之人及犯罪事实，法院无权审判。

而检察院之起诉，虽具有主动出击的属性，但却无定罪的最终决定权。因此，检察院提起公诉，并不意味着法院必须作出有罪判决，这是最基本的常识。法院是否对被告作出有罪判决，取决于公诉人在法庭上是否完成了证明被告人有罪的举证责任。法院有罪判决率之高低，受法院定罪和起诉证明标准的高低之影响。

一方面，司法人员对案件事实的判断，具有主观性，负责起诉工作的检察官对案件事实的认识不可避免地会存在偏差，偶尔做出错误的判断在所难免；另一方面，定罪的正当程序要求决定了法院在认定案件事实的方法上有别于检察院。检察官起诉时对案件事实之认定，主要依据的是书面的案卷材料，而法院审判定罪之正当程序要求贯彻直接言词原则、辩护原则等。法院审判程序之进行，尤其是直接言词原则之贯彻，一些证据可能会因为不符合程序公正的要求被排除，还有一些证据的真实性可能被动摇，尤其是在辩护方提出新证据的情况下更是如此。

因此，法院有权依法否定公诉方的指控，作出无罪判决，这是最基本的司法规律。

然而，在公诉方指控犯罪证据不足时，法院应当依法作出无罪判决之规定在我国司法实践中没有得到有效的实施。为什么法院不愿意依据《刑事诉讼法》的规定在公诉机关指控被告犯罪证据不足的情况下作出无罪判决，而是迁就检察机关?

这其中的原因除了法院受制于公安机关和地方政府外，还与当前的司法考评机制以及检察院对法院的法律监督有关。长期以来，我国各级检察院以公诉案件无罪判决率作为考核下级检察院和公诉人工作成绩的重要指标。

在此考评机制下，各级检察院极力争取法院作出有罪判决，其拥有的撒手锏便是法律监督权。

从理论上讲，我国《刑事诉讼法》对检察院在同一案件中抗诉权行使的次数没有限制，因而只要法院不作出有罪判决，检察院便可以无限地一直抗诉下去。实践中，一些被法院作出无罪判决的案件，最终就是在检察院反复抗诉的情况下被改判有罪的。

根据我国《刑事诉讼法》的规定，检察院可以对同级法院的法官以贪污贿赂、渎职、玩忽职守等犯罪立案侦查，追究刑事责任，实践中在极个别地方甚至发生过法院宣告无罪后，检察院直接抓法官的情形。检察院享有的直接对同级法院法官立案侦查之权力，无形中增强了法官迎合检察院的心理。

有罪判决率之考评指标的取消，对于减少无罪判决给检察院的工作压力无疑具有积极意义。然而，仅此改革能否使法院具有足够地对检察院说“不”之能力，尚存疑虑。

中共中央颁布的《关于全面推进依法治国若干重大问题的决定》提出，“推进以审判为中心的诉讼制度改革”，不涉及部门利益，不涉及各专门机关的地位高低、作用大小等问题；以审判为中心的诉讼模式强调的是审判阶段对案件处理的关键作用，但审判阶段的诉讼活动仍然要接受检察机关的诉讼监督，二者并无矛盾。

笔者无意否定我国检察机关的法律监督地位和司法机关之属性。但是，检察院对法院的审判监督应当遵循基本的司法规律。一方面，既然我们承认定罪权专属于法院，那么就应当认可法院判决的终局性和权威性。如果只要法院作出令检察院不满意的判决，检察院就可以无限地抗诉下去，那么审判之终局性和权威性何在？另一方面，让法官依照法律和证据作出裁判，是实现审判公正的基本要求。鉴于此，为增强法院在检察院指控被告证据不足的情况下敢于说不的能力，首先是要取消检察院对被告人不利的再审抗诉权。对于法院作出的一审未生效裁判，控辩双方都享有同等的启动二审程序的权利，但是，一旦法院的有效判决作出，控辩双方都必须尊重，即便不服，也只能申请再审，法院对是否启动再审程序享有最终的决定权。

只有使控辩双方都能站立于相对公平、公正的地位，我们的司法环境才能得以净化。较真不是死磕派律师的专属，而是每个法律人应有的态度。只有越来越多的司法人员立足于人性关怀去看待刑事追诉程序，法院的无罪判决才会一步步降低难度，才会使公众真正明白“以人为本”的含义！

第八章　天际之下，沧海一粟

走多了，便有了路

——千万期货诈骗案终定非法经营罪

“任何人都无控告自己的义务！”

——信任危机！书记职务犯罪更换律师 10 余名

隧道缝隙里野草虽然渺小，却能野蛮生长。每一次路过时它都在那里，而当你突然意识到它的存在时，才发现它已经在那里好多年了，这种时间的力量，猝不及防却振聋发聩。

这是来到盈科律师事务所的第7个年头，7是阴阳与五行之和，是儒家所谓“和”的状态，也是道家的“道”和“气”，就连西方上帝都知道用6天创造世界，第7天用来睡觉。对于盈科，对我而言，“休憩”的时间便是变革的节点，一直在规划着跨入CBD的盈科广州，在2017年终于搬至与南方传媒大厦一路之隔的天河区珠江新城凯华国际中心。

虽然曾经的那栋楼，一周有三天电梯都在维修，电梯的运行速度几乎可以给焦虑症脱敏，很多间办公室的采光也不好，实在是个缺点太多的地方。到要搬离时，我才意识到我的怀念，盈科广州从那里开始，从寥寥几十人，没有独立的部门，没有专业的分工，从稀稀落落的来往，到整四层都是繁忙的脚步声，无数位中青年律师从那里起步、崛起，每一寸被踏旧的黄木地板，都是岁月过往。

第7年，在心态上也有了些许不同，这一年，我不再单一地在案件中来回奔波，虽然仍能拿到第一个季度的业绩前三，但我开始尝试在拼搏与收获之间寻找一个完满的平衡点。案子源源不绝，但人却需要沉淀，需要做加减法。

写一本书的念头其实早就有，但此时却比以往任何时候都强烈，现在就是最好的时机。入行28年，看尽行业兴衰、人世变幻，更品尽了律师行业的酸甜苦辣。当这个念头冒出来时，我便坚定了自己的想法。我开始计划为自己的写书排开时间，不仅在案件数量上有意地减少，同时在案件类型上也有所选择，只选择自己有兴趣的、富有挑战性的案件。当然，选择性接案本身也是我这个年龄阶段的必然模式，对案子有所取舍才能在最大限度上延展自己的执业生涯。当然，也没想到从执笔到成书，竟耗费了两年多的时间。

然而想象很饱满，现实太骨感，这一年过得竟是一点儿也不轻松，几个案件，无不是“三千烦恼丝，一丝胜一丝”。

前几天与一众刑辩好友在华南虎刑辩联盟2018的年会上相聚（参见图8-1），探讨着近来的热门话题，一边叹嘘江某案、杭州纵火案里的是非曲直，一边也为刑辩业务在现阶段如何求新求变集思广益。司法改革已经进入到一个新的阶段，我们开始在刑事辩护工作过程中感受到更多的尊重与成就感，但大家也有一个普遍的认识，似乎传统的刑事诉讼业务已经过于局限，大家都更倾向于将自己的刑事业务包装成一件商品，将这件商品陈列到法庭之外、公检法之外的地方，将刑事业务产品如同民商业务产品一样，摆到各个公司、企业、大众的面前，任君挑选。

图8-1 合照

说到底，律师是门学业，却也始终是一门行业。

接下来的这个案件，便是在社会转型时期的一个典型案例，当一个社会处于变革之期，各行各业也都步调一致地转变与适应，但在转变落地的过程中，断舍离也好，牺牲也罢，都是必然的另一面。至少，我们每一个人都希望看到，社会是在进步的。

非法证据排除，是一个多年来几乎都沉在海底，却又因刑事诉讼法修改而浮出水面的词。我能感受到一种含苞欲放的变化，正悄无声息地来临与浸透，也许当量变促成质变时，便是冬去春来的那天，也便是我们念叨了多年的“刑辩的春天”吧。

走多了，便有了路

——千万期货诈骗案终定非法经营罪[1]

【引】

于我而言，黄嘉存涉嫌诈骗案是这样一个预告的启示点。黄作为第一被告，一审被判犯非法经营罪，处有期徒刑6年。从控方以诈骗罪起诉，建议主犯量刑12年以上有期徒刑的情形看，本案不仅改变了定性，同时也在量刑上大幅降低，毫无疑问，这是一场成功的辩护。

但更让我为之一振的，是能够在案件判决书中，白纸黑字地写明："该案启动了排除非法证据程序，并真正地对部分非法证据进行了排除。"虽然在近100页的判决书中，相关内容只有寥寥几行字，在当事人亲属、外人看来也不过普通的一句话，但对于我们刑辩律师而言，这行话，闪着光。

【辩护之路】

一

2015年8月27日，由黄嘉存担任总裁的广州市通申投资信息咨询有限公司的门口人群涌动，由武警、便衣、刑警开路的两辆大巴停在公司门口，公司近50人被悉数带上车，其中包括几名在公司食堂负责做饭的家属。当时由黄嘉存岳母照料的几个月大的儿子，也由于无人看管而一并被带上车。

1 （2016）浙0624刑初235号；（2017）浙06刑终410号。

此后，当地警方以涉嫌诈骗罪，对黄嘉存等近50人进行了刑事拘留。

黄嘉存的广州市通申投资信息咨询有限公司（以下简称通申公司）成立于2014年4月17日，经营的业务主要是出售客户股票软件。2014年12月，其与深圳市新豪天地商品经营有限公司（以下简称新豪公司）签订代理开户协议，负责开拓客户到新豪公司开户、进行现货投资交易。合同签订后，在2015年2月开始开展代理业务。

新豪公司是深圳市前海首华国际商品交易中心（以下简称前海首华）的会员单位，资质过硬，管理着200多家代理商，通申只是这200多家代理商之一。通申公司按照新豪公司的安排进行操作，按照协议与交易中心、会员单位分配收益。

除以上背景外，绍兴市新昌县人民检察院指控：通申公司由专门人员在YY课堂讲解股票知识，取得客户信任及指导客户进行原油交易操作，且公司有统一培训的话术，以宣传高额回报、发送虚假盈利截图等方式引诱他人到该平台内投资，再由经验丰富的“专业指导老师”指导客户进行交易，并以提供反向行情建议、鼓励频繁交易刷手续费等造成客户亏损，且新豪公司将公司收益打入黄嘉存个人账户，致使被骗客户66名，被告人黄嘉存等共骗得人民币1052万元。黄嘉存等人以非法占有为目的，用虚构事实或者隐瞒真相的方法，骗取数额较大的公私财物的行为，构成诈骗罪。

可以说，处于经济转型社会，企业、公司涉嫌违法的事件不胜枚举，我手上的另一个案件，公司上下200余人被抓，最终被起诉的也有110余人，而主要的涉案原因，也在于保健品和“英国内裤”营销手段涉嫌电信诈骗，由于期现货交易市场混乱引起的各类刑事案件，也接踵而至。如今，诈骗罪是一项稍不留神便会触及的红线。

二

虽然时间成本很高，但我还是踏上了前往浙江的高铁，去会见黄嘉存。刑辩律师几乎每天都在面对犯罪嫌疑人，“不是在去看守所会见的路上，便是在法庭上慷慨陈词”，这便是刑事律师的写照。律师对于离别甚至生死早已司空见惯，但对于当事人而言却不尽然，一个刑事案件发生在当事人及家属面前，无异于天塌。所有人一生中可数的大事，每天都在我们身边上演。今天一早，我便收到曹再发案的死刑判决，而第二个电话便是何简妻子打来的，面对反复无常的审判结果，她只剩下了哽咽。下午，我的助理则要去帮助一位可怜的女人，丈夫因为制毒被判处死缓，而有人乘其之危，称很快能将其丈夫“勾兑”出来，一骗便是180多万元。不幸的事不限于贫苦的人，有为的商人、企业家们也难以幸免。年底还在举办盛大的公司年会，明星到场、烟花盛放，转眼三月，公司中的许多员工便锒铛入狱。黄嘉存，就是这样一位青年创业者，在互联网金融发达的广州凭一己之力，牢牢站稳脚跟，奈何转眼烟云。

因此，在会见过程中，如何处理与安抚当事人，包括家属的情绪显得尤为重要。作为专业的刑辩律师，我认为需要具备的第一素质，便是能够将当事人的案件内化。所谓内化，是指以己度人，将自己置身事中，全面吃透案情、证据、事实，关键时刻还要不为当事人及案情所带来的感性冲击所动，而以理性为力量。很多刑辩律师便是在这样的压力之下获得了长足的进步，可以说，心理素质的强大与否会直接决定刑事律师执业生涯的长短。一个刑辩律师，往往需要具备心理咨询师的能力。

回到案件本身，根据黄嘉存的供述，通申并没有虚构深圳市前海首华国际商品交易中心及其会员单位新豪公司的资质。客户在前海首华的平台进行现货交易，是知晓投资风险的。当事人黄嘉存并非为进行违法活动而设立公司实施犯罪。设立公司后，并非以实施犯罪为主要活动，与新豪公司的业务往来，是民事履约行为，因此，通申公司的经营行为应当是单位行为，体现单位意志，与个人无关，而单位行为不符合诈骗罪的犯罪主体要件。

整个公司经营活动中，虽然存在这样或那样的问题，但我内心的焦点始终在一处，即在整个经营链条中，通申公司实际上是一种履约行为，其获益所得方式和金额明示于与新豪公司签订的协议中。如若在上游单位，包括前海首华以及新豪公司均不存在或尚未追究刑责的情况下而单纯追究下游单位的履约获益行为，显然是本末倒置。而对于公司行为是否存在非法经营的情况，又是否需要升格至刑事罪责追究，则是罪与非罪、此罪和彼罪的问题了。

此外，案件是否存在刑讯逼供的情况，是否需要提起排除非法证据程序的申请。

根据我的初步判断：对诈骗罪做无罪辩护，根据辩护进程决定是否做非法经营罪的罪轻辩护，是本案的基本辩护思路。但接下来的每一步走向究竟如何，我并无十足把握。

对于如何处理这类案件，作为30年的执业律师，我也是通过黄嘉存案获得了新的经验。随着商业投资与民众互动的距离不断拉近，在诸多新型的经济模式充斥，百姓积极投入各类非一般性投资行为的普遍现象下，民众身处在这高风险的经济社会，无论是众筹集资、期货现货，还是艺术品资产证券化、跨境电商等各类涉及面极为广博的商业行为都存在一定的司法争议，公安、检察机关试图规制仍不规范的投资市场，也必然会出现分歧和顾此失彼的情况，而一旦由于政策而形成“运动式”的“专项”行动，也就必然会出现失衡或者矫枉过正的情况。

三

一审辩护过程，一共经历了三次开庭，从第一场庭审起，便未停止过激辩。

事实上，第一场庭审并未顺利展开，由于公诉人打起突击战，临场提交新证据，提出证明“话术”“虚假截图”“反向操作建议”存在的相关书证。面对数项新证据的突袭，我们几位律师一致要求休庭，虽然公诉方极力反对，但经过三方几个回合的争论，法官妥协，待择日开庭。

然而第二次庭审中，我们一直坚持要求启动排除非法证据，法官也深知启动排除非法证据程序意味着什么，始终不肯同意。双方僵持不下，法官提出休庭，但遭到我们辩护律师的集体反对，第一次开庭便是无功而返。对于涉案人数众多的本案而言，再次拖延无疑意味着众人的舟车劳顿，司法资源的浪费，这次一定不能再择日开庭，我几乎在庭上和审判长争辩起来，态度强硬。由于黄嘉存的弟弟和另一名家属也委托了我部门张岩和张巧婷律师，另两位同案犯则推荐给盈科杭州刑事部朱卫永和张燕玲律师提供辩护，10个被告人中就有一半委托了我们所的律师。因此，在我和审判长、检察官发生冲突时，他们会给予积极支持，而当地几位律师就默不作声了。

下午重新开庭后，法官确认启动排除非法证据程序！

虽然当天审理并未进行完毕，但已达到辩护方的初步目的。当然，控辩审三方在庭审中始终彼此警觉，空气中一直弥漫着“火药味”，显然，“火药味”来自此案当中的刑讯逼供问题。当事人供述，其在被羁押期间，在公安机关城北派出所和办案中心对其5次“吊飞机”的情况下，而被迫做出第一份有罪供述；其后黄嘉存被言语威胁，侦查机关扬言要将其老婆也“抓进来”“拉来打”的情况下，又不得已做出后面的重复性供述，其谈到自己不满一岁的儿子也未能幸免地作为要挟手段。

作为一个经验老到的“老司机”，又秉着“外来的和尚好念经”的阿Q精神，对于本案出现的瑕疵程序，我一一提出质询，“见缝插针”，盈科系的几位同事也紧紧地跟上节奏。我深知，法庭之上，要步步为营，如若轻易妥协，便如脚陷泥沼，随着时间的拖延只会愈加动弹不得。虽然刑事诉讼法规定被告人有不被强迫证实自己有罪的权利，而审判人员、检察人员、侦查人员也不得强迫任何人自证其罪，但假使黄嘉存他们在侦查机关所做的有罪供述被认定为如实供述，无疑对律师的辩护工作会造成极大的困难。

排除非法证据是在2010年最高院出台的两个证据规则中提出的，是个极其复杂的活，这其中具备成功经验的律师本就不多，更难提有什么具体的方法论，唯一的武器便是确实发生了刑讯逼供，围绕着铁一般的事实，在程序、实体上寻找并击破所有的漏洞。从上午9点到凌晨1点的庭审，最终启动了排除非法证据程序。从最后的判决结果来看，一审法院根据《最高人民法院关于建立健全防范刑事冤假错案工作机制的意见》第8条之规定，排除了当事人的第一份有罪供述，且包括当事人在看守所外关于诱导被害人“反向操作”和“鼓励频繁交易”的供述及其后的重复性供述均不予采信。当然，对于后两点的不予采信，得益于第三次开庭过程中说理所带来的辅助效果。

四

第三次开庭的过程中，作为辩护人，我始终围绕两点进行论证：其一，在经营上，通申公司的行为是履约行为问题。

新豪公司管理着200多家代理商，通申公司只是这200多家代理商之一，按照新豪公司的安排进行操作，按照协议与交易中心、会员单位分配收益，收益分为部分返佣与部分新豪公司获取利润。通申公司通过指导客户登录网站签订合同，告知客户投资风险与银行捆绑协议，资金委托第三方存管。客户进行自主交易，资金自主控制，出入资金完全自由，平台上的所有数据与国际数据一致，交易过程无延迟。新豪公司通过专业分析预测走势，要求通申公司向客户提供信息，新豪天地与客户对赌，获得收益。新豪公司获得收益后，新豪公司将收益根据协议3 ∶ 7分配给通申公司。

而前海首华作为交易平台设计交易规则，平台开户客户只要入金进行买卖，无论平台指数涨跌如何，客户判断对错，均须按照放大的杠杆20倍、33倍、50倍，支付手续费、点差、过夜费。

对于上述这点，显然我方占据优势。但我担心的问题在于，即使通申公司按协议履约，但仍然存在其履约行为独立构成诈骗的可能性。因此，通申公司的盈利模式虽然为前海首华与新豪公司先行订立的规定，但其经营手法，仍有辩护的空间。

显然，无法在盈利模式上争取有利位置的公诉人，开始将重点转至公司的经营手段，包括诈骗罪中最为高频的“话术”“虚假截图”“扮演”“频繁鼓励交易”“提供反向行情”等词汇被一一套入本案。

其二，针对经营手段，我对公诉人提出的几点一一进行了回应。

对于“提供反向行情”这点，通申公司给客户提供的行情，即涨跌信息全部来源于新豪公司，对于当日某时段的原油涨跌，是一种预测，是概率事件，且与国际原油市场接轨，如果仅仅通过这个信息便能够准确预见涨跌，通申公司只需一般性投融资便可保证百分百盈利，完全可以自行买卖，不必开拓客户作为“中间人”赚取佣金。可见所谓“提供反向行情”实为悖论，是个伪命题。

客户作为完全民事行为能力人，对信息有筛选的权利，资金进出也完全由客户自己控制。根据新豪公司提供的信息，客户可以选择采纳，也可以不采纳，通申公司提供给新豪公司的信息也仅仅为客户提供参考。

而对于“频繁鼓励交易”这点，客户在平台上进行操作，无法证实是客户自己要求进行频繁交易，还是由被告人鼓励频繁交易，更无法进行量化几次为频繁。换言之，“鼓励”对于频繁交易能起到多少作用无法确定，客户能够自主选择是否频繁交易，而不是将频繁交易与否归责于被告人，更不能据此认定“鼓励”就是诈骗的行为和手段。

所谓“话术”，通过案卷材料来看，也仅仅是产品内容和行业知识统一使用用语进行介绍；“盈利截图”也有些是真实客观并非虚假；所谓“扮演”也只是公司专业人员的操作指导，经过第三次漫长的开庭，“构罪陷阱”在辩方的力争之下被一一击破。

五

随着对“诈骗行为”的瓦解，第二个问题随之而来，“诈骗”不成，“无罪”也不易。此时，“非法经营”似乎就成为“诈骗”与“无罪”之间完美的一条“过渡小径”，这样的一条小径甚至也在不知不觉中，成为我们律师在面对类似案件的刻板辩护思路。而我也深深明白，这条路并不是一条“客观”的路，它是为现阶段的司法现状而特殊制定的“路”。作为口袋罪，诸多在证据上存疑，定性上有争议的经济案件皆被套入其中，成为一定程度上让人无奈的定数。在司法改革和经济深度发展并行的今天，我们是否应当正视经济社会当中经营方式的多样性和法规的滞后？面对无法与之对应的争议性行为，我们是否在入罪时应当更为审慎？严厉打击经济犯罪的前提，始终是它确定是一个经济犯罪。现阶段来看，这条改革深化的道路还要持续多久、前行多久，大约也是不短暂的，但也只有在不断的司法实践中，在某一件或一系列具有里程碑式案件的出现以前，需要我们继续摸索。

但从本案来看，已然是一个积极的信号，至少在我的执业经验当中，这也是不常发生又或将必然发生的积极一面，司法改革在庭审过程当中的内化与落实，正一步步渗透进程序正义的科学方向。但这仅仅是一个开始，虽然部分非法证据被排除，但程序进行得并不彻底，几项关键性证据未进行实质性审查便不置可否。而对于牵涉到刑讯逼供等情形的涉案刑警，虽然经过我们的多次申请，法院亦通知涉案警察出庭，但最终还是没有出庭。

但如老话所说，车到山前必有路，走的人多了，便自然也一定会有路。

“任何人都无控告自己的义务！”

——信任危机！书记职务犯罪更换律师10余名[1]

【引】

“我只想证明一件事，就是，那时魔鬼引诱我，后来又告诉我，说我没有权利走那条路，因为我不过是个虱子，和其余所有人一样。”

——陀思妥耶夫斯基《罪与罚》

在我的刑辩生涯中，职务犯罪辩护是无法忽略的一个部分，历经的大大小小近百件职务犯罪案件，曾担任盈科全国职务犯罪预防与辩护法律专委会主任，无数清楚发生在我和我当事人身上的事实都在告诉我——职务犯罪及辩护，是一个暗流涌动的区域，是人性较量的角斗场。

前些日子，北京盈科的俊才张大威律师来广州办案，要我推荐助理提供协助，我们有了一番接触，当日我便邀请几位相熟的律师朋友席间小聚，聊起刑讯逼供及“排除非法证据程序”的话题时，他向我们讲了一段亲身经历：当时他为一位“大要案”中职务犯罪嫌疑人提出了排除非法证据的申请，指出侦查机关在侦查阶段存在刑讯逼供的行为。对此，控审双方在审理中便显得尤为谨慎，由于辩护人的坚持，法官最终同意当庭播放录音录像。但令人匪夷所思的是，连续10余天的庭审，唯一的庭审内容便是看录像。没错，连续多日当庭播放检方对这位嫌疑人讯问时的录音录像。没过两天庭审现场便一片死寂，控辩审三方，都耗没了精力。就在大家都意兴阑珊的时候，录音录像里一记响亮的耳光叫醒了大家，只见视频录像里，讯问检察官对当事人狠狠地扇了一巴掌，这下法庭上的人全都清醒了，

1 （2017）粤01刑终277号。

只见那边的检察长紧张地站起来走向经办检察官，侧过身去，清晰地小声咬牙嘟囔：“怎么把这段也剪进来了！”

听到这里，席间各位律师哈哈大笑。“想不到检察院也有马失前蹄的时候！”一位律师笑着附和。

我们在形式上一步步向程序正义靠近，但切勿急功近利，本末倒置，只为了程序的表象而忽视实际的公正。虽然上述内容已经成为席间谈笑的内容，但悲哀的是，有相当多的省市区级官员审讯，甚至还从未当庭播放过侦查阶段的同步录音录像，所以，这已然是个开始。

而《人民的名义》之所以大火，不仅在于跌宕的剧情，同时在于央视对于正剧的尺度大开，许多过往无法现于幕前的场景和台词被一一奉上。不过还是有几位公检机关的好友向我表达过看不下去的想法，原因在于部分情节的失实。比如剧中反贪局长拦市委书记车的情节，他们半开玩笑说：“书记下马前也非得拉上这局长垫背不可。”电视剧中的办案程序也有些避重就轻。

然而现实永远比戏剧更精彩。

这里要谈的陈文案，大约可以归结为：从未想过，一个二审案件的当事人会让我在物力与心力上耗费如此大的精力。陈文，一个先后委托了近10位律师的职务犯罪嫌疑人，一个始终坚称全案证据是在刑讯逼供、非法取证的手段下形成从而应当全案无罪的当事人，突破了我对职务犯罪案件以及对当事人的认知和想象。

【辩护之路】

一

接案时，只有他的妹妹与妹夫李先生前来洽谈：陈文共有兄妹三人，其在被羁押前任黄 × 镇镇委书记（副处），几十年来一直是家里的顶梁柱。从2013年8月被纪委带走以后，陈家就如同失去了主心骨，唯剩其二妹丈夫李先生，在外为这个家和陈文奔波。

李先生四五十岁，看起来也像是个文化人，说话慢条斯理，字里行间几乎听不出有什么情绪。我坦然地告诉他："这个案件已经经历到第二次二审，我们应当有的放矢，主要的针对方向是滥用职权，这一块的证据最为薄弱。而受贿罪的金额较小，单罪的刑期也仅有6个月，因此可以作为次点；至于贪污罪这一部分，40万元的金额均来源于发票报销，里面存在很多难以查证和十分牵强的部分，这一点我们会尽力将犯罪数额降下来。"

双方顺利地达成了共识。李先生表示，我们先去看守所会见陈文一次，经其同意后，很快便可以签订委托合同，并支付全额律师费。

2016年12月28日（第一次会面）。

对于会见，我和助理都是信心满满的，虽说对于这位陈书记先后委托过近10位律师感到诧异，但毕竟是一个研究生毕业的前官员，素质必然不会低，相信凭借我们对案件的分析和老道的谈话经验，沟通效果自是不必担心。

事实上也正是如此，三言两语过后，陈文对我表达的意见给予了很高的认同感，谈到激动处，几乎哽咽。

从2013年8月陈文被纪委带去"谈话"至今，在3年的时间里，本案先后经历一审、二审、发回重审，直至我们代理的此次上诉二审辩护，岁月深深摧残了我面前这个和我年纪一般大的中年人。回看数年前的初次询问录像，一个人的变化显露无遗，浓密的黑发已然不见，取而代之的是稀薄的白发。陈文的脸盘虽不消瘦，但那种落寞的笑容实在让小三岁的我同情不已。

"他们折磨了我整整一个多月，2013年8月22日到2013年9月27日，是我人生中最灰暗的日子，泡辣椒水、关在厕所、拳打脚踢、冷热折磨、不让睡觉，我曾经以为只有电影中才能出现的情节就那样真实地发生在我身上，简直度日如年。"

隔着铁栅栏，我都能感受到陈文眼神里闪烁着的悲凉。

根据陈文的口述，其所涉嫌的三项罪名，是在上述极端情况下被一一取证、逼供得来的。因案件处于二审阶段而准备重点突破滥用职权的我，在与陈文反复的商讨后，决定尊重他的自主意愿，全案做无罪辩护。

做无罪辩护，针对案情所涉及的灰色地带，我知道，这场战役的难度会有多大。万事开头难，有了良好的开头，便不必过于畏惧未来的路。

脑海里正思绪万千时，电话响了，

“喂？”

“喂，丁大哥，听说你在为陈文案做二审辩护啊！”原来是曾经跟着我实习过的江志宏律师，久违的老弟上来便开门见山。

江律虽说做过我助理，但仅小我两岁，与我在诸多观念上也十分一致，一直与我以兄弟相称。

“是啊，江老弟，怎么这事儿都传到你耳朵里了。”我笑答。

“唉，老哥，虽然都是为人民服务，但老弟劝你一句，你还是趁早推了这事儿吧。真的，听老弟一句劝，这事儿——难，一通下来感觉都能减寿几年。”

“老弟，怎么这么说？”我皱了皱眉，感觉电话那头的江律师一点儿不像在开玩笑。

“唉，你说我年纪也不小了，每次去会见都被骂个半死，说的话非常难听。唉，往事不堪回首，我也不多说了，老弟是拿自己的经历劝你啊。”

“有这么夸张嘛？江老弟，我才会见完啊，一切都很顺利，没看出有什么太大的问题。”

“丁哥，总之我已经给过您忠告了，您自己小心为好。”

挂下江律的电话，我内心顿生疑虑。

二

由于案件已经拖了近 4 年，大部分的旧材料，李先生已经全数复印给我，材料繁多，消化起来需要些时日。约过了一两天，我便同熊昊堃助理一同前往市中院阅卷，材料与李先生提供的一致，仅有一份一审重审的庭审笔录是新材料。庭审笔录中，一个小细节引起了我的注意，一审重审前后进行了三次庭审，其中前两次由于陈文身体不适均被迫中止、休庭。

前些天会见时，虽说陈文比同龄人略微苍老，但精神、身体上并没有看出有任何明显的病征，说起话来语速很快，语调铿锵有力。由于羁押时间长，在看守所内还不断了解和累积了职务犯罪的相关法律知识，讲起《刑事诉讼法》、“庭审实质化”的有关规定来倒背如流，许多律师也不见得对这一领域的最新法条如此熟稔，论起理来也头头是道。这样看来，许多律师入不了他的法眼倒也不奇怪。

对于庭审的被迫停止，一次会见时，陈文向我回忆：“当时庭审过程中，审判长让我陈述刑讯逼供的情况，那些残酷的画面一下就涌入了我的大脑，三年多了啊，当时我越讲越激动，感觉血液全部涌向我的大脑、心脏，我当时几乎要气背过去，脸涨得通红，一个字也说不出来，像要发疯一样，我边捶击桌子边流眼泪，愤懑啊丁律，你明白吗？”陈文激动不已。

“番禺法院那个法官，那个 ××！完全是枉法裁判，丁律，一审重审法院是枉法裁判，完全是枉法裁判，这个你一定要写到辩护词中。”我在为陈文的遭遇感到同情之时，心里也为他最后的几句陈述而感到些许吃惊，仅仅归因于他回忆痛苦时对激动情绪的失控，而事实上，这并非偶然。

三

2017 年 2 月 15 日（第三次会面）。

这是年后的第一次会见。

“你们来干什么？”这是陈文在见到我们时的第一句话，我和熊昊堃助理似乎都对他突然的抵抗情绪感到莫名其妙。

“你们这么久都干什么去了？这么久没来？”陈文望着墙角，几乎不正视我们。

“阅卷了吗？”

“有的，我们上周前往中院阅卷。”熊律师谨慎地回答。

“哪天去的？”

“嗯，应该是周三。”助理有些尴尬，但还是忍耐着继续回答。

“阅卷后这么久现在才来？”

我和助理面面相觑，“材料重复的较多，只有一份庭审笔录。你这个案件刚到中院，所以立刻见你的意义不大。”我礼貌且克制地回答。

“什么叫意义不大？你们年前见的我，到现在才来见我？”

“陈先生，我们律师办案有自己的办案节奏，如果对于案件进展没有意义的话我们不会没有缘由地前来会见，而且我们年后一恢复工作就来见你了。”

陈文没有接话，“你们阅卷看到些什么？”

“刚才已经说了，除了一份你之前一审重审的庭审笔录以外，没有补充新的证据。”

“你们确定？”陈文露出鄙夷的眼神。

“有没有人对你们施加压力？”陈文挑了挑眉，继续问道。

“目前还没有什么人因为你这个案子来给我施压，请你放心，无论如何我们也会站在你的利益角度为你辩护，有什么施压的情况我们也一定会如实向你说明。”我诚恳地回答道。

“真的？”陈文又露出些轻蔑的神色。

“陈先生，我希望你能明白，我们是你的辩护人，站在你的角度为你争取最大的合法权益是我们的职责和义务，”我决定好好和陈文聊聊，“陈先生，我知道你先后已经委托过近 10 位辩护律师，你这种情况确实并不多见，我不知道您之前委托过的律师都是谁，与其中的律师是否有过摩擦，但我希望你能尊重和相信你此刻委托的律师，如果你不愿意信任我们，那么我们最终也会成为你的前任律师，这种不信任对于目前我们的关系以及您的二审辩护工作没有一点帮助。”

约莫过了几分钟，陈文头顶的那把火才算是熄了。

“丁律……阿丁，我这个是刑讯逼供来的，是枉法裁判，你明白吗？我已经在这个看守所里待了整整 4 年，4 年啊。如果我的正义可以得到伸张，我又怎么会是这个样子，我这个案子政治因素太强，是有人要搞我啊，阿丁。”

他叹了叹气，又沉默了几秒钟，明显少了些气力，继续说道，“之前是我自己做错了，确实是我自己惹怒了一些人。那个时候被批捕，我不服气，让我之前的律师帮我向各有关部门递交控告书，递出去了几百份，唉，怪我，里面直言不讳地提到了一些人的名字，然后……然后我就这样了。阿丁，你知道吗？最初检察院是以私分国有资产罪对我立案的，根本就没有什么贪污、受贿，就连滥用职权罪都是后面添加进来的，唉，都怪我自己啊……最终的结果，其实你们也是改变不了的。”

……

回来的路上，我满腹心事，沉默不语，助理便关心地询问。

我打开话匣，“昊堃，你看这个陈文，冤肯定是有些冤，你听他所描述的刑讯逼供的事实，细节真实感很强，如若不是亲身经历，是没有办法获得这样的体验的。但现在你也看到了，之前出现在其他律师身上的情况在我们身上也有了苗头。如若不能有效控制，很可能我们以后也要被牵着走了。”

“是啊，丁律，我记得之前他提到过，虽然他在看守所里已经待了近4年，但在里面却并没有朋友，按理，以他的学识和经历，再加上他学习到的这么丰富的法律知识，在仓友里肯定是人心所向，但他所说的情况却完全相反。”

是啊，我想这个人的工作大约是不大好做了。

怎么才能熄灭这个苗头?

四

接下来的日子，每一次会见都不轻松，如若会见间隔稍微久一点，我们便会接到陈文家属的催促电话，虽然家属的态度一直都十分友好，但我知道，要求会见都是陈文从里面带出来的话。

在长达大半年的接触中，陈文的家属几乎对陈文所有的要求都唯命是从，而我们的客观建议，在面对这样的当事人和亲属，引导难度非常大。几次会见时，陈文几乎上来都是相同的那一句：“你们来干什么，说！”几乎每一次会见都需要给他半个小时的“发泄”时间后，才能将会见顺利进行下去。但矛盾的是，陈文的情绪与思维几乎是云泥之别，陈文虽然情绪波动非常大，但在我们面前，每一次他都能清晰地将最新的法规或者意见进行解读、代入，也正是这样，律师的辩护工作才尤其难以展开。

这天我们盈科刑事部的团队在东莞开展“华南虎”刑辩联盟的公益课程，除了我，还有同是江西老乡的华南师范大学法学院教授、盈科广州刑事部副主任王水明博士，以及刑事部另一位副主任唐腾辉律师，而活动结束后我还要赶回番禺会见陈文。

唐腾辉律师上台分享时，也突然提到了我们共同熟知的这个当事人——陈文。

唐律之前是陈文案的一审重审的辩护人。

“我去年刚刚结束一个案件，唉，弄得我心力交瘁，丁主任肯定也知道，”唐腾辉在讲台上突然提到我，又深深地叹了一口气，“真的是再也不想体验的辩护经历，”他的话及表情中透露出一种难以表达的苦涩感。

对我而言，虽然此时陈文已经开始展露出其独有的脾性，但尚在可控的范围内，或者说，我认为还有希望去控制与调和。

……

2017 年 8 月 29 日（第八次会见）。

不在沉默中爆发，便在沉默中灭亡。

我和当事人爆发的这一天，也终于来了。

“我哪里需要你们啊，你以为你们有什么用？我自己辩的都比你们好，我都可以做律师了。这个案子再重不过也就是 9 年，再过 5 年等我出去，我一样会去申诉，我还会去做律师，铁定比你们做得好。不过，等我出去，你们肯定就死咗！我跟你们说。”按惯例，陈文又开始了他的前半段“表演”。

我沉默不语，其实大多数时候我都会选择沉默不语，让拥有心理学学士和法律硕士的熊助理先与其沟通，因为往往在这个时刻如若与其争辩，倒真的是“与傻瓜论短长”了。陈文虽说是个知识分子，但如今岁月的打磨已经几乎沉不住他曾经的涵养，他经常在嘴里咕囔着的那些粗话几乎是下意识的行为。

“最近还有没有人对你施压？”陈文又开始了老生常谈。

“没有。你不要一直担心这些外围的问题，究其根本我们还是要回到案件中来。要是有，我肯定会告知你。”

“哼，”陈文一丝冷笑，“有人说你和审我的那个纪委老乡姜书记一起吃饭、喝酒，不亦乐乎。”

“你不要乱说，根本是子虚乌有的事情。”

“哼，有人说还拍了照片，丁大状？呵，你们这些骗子！”

我拍案而起，“你说谁是骗子！”

“我说你！骗子！垃圾！”

我的一句话几乎完全引爆了陈文，他直接翻开椅子上的挡板，径直站起来大声吼叫，几乎整个会见大楼都能听见，双手虽然铐着手铐，但他的手却一直发着抖指着我辱骂，涨红的脸颊嵌着的那张抖动的嘴唇疯狂地输出着各种粗俗的语言，我竟隐约地从他脸上看出一种极致的兴奋。

这一刻，大约是我近30年执业生涯中最为奇幻难勘的场景。

以往哪怕为毒枭辩护，为黑社会老大辩护，为正厅、局级干部辩护，哪怕是辩护效果不够理想的死刑犯，都能对我表达充分的尊重，一个陈文竟然踩着油门当刹车——跟我飙上了。

“你说什么东西？”我也站了起来，“我从始至终都很明确地告诉你，没有任何人对我们施压，也根本没有任何你提到的人和我在饭桌上吃饭，这些全都是你的臆想！”我的声音很大，一方面确实是我一直压抑的脾气在这一刻爆发，另一方面，是为了“以毒，攻毒”！

两方的争吵也将看守所的管教引来，站在旁边默默看着事态的发展。

“陈文，我告诉你，你说我们工作不到位，甚至说我不尽责，我都可以忍耐，不与你争执，但你要是说我是骗子，侮辱我的人格，我一秒都不会与你多谈。”

“我们不见了，我们走！”落下话，我便招呼助理，作势要离开。

“我是当事人，我没有说话，你们凭什么走。”虽然语言上依旧激烈，但陈文的语气却突然缓和下来，似乎对我的爆发有所忌惮。

他慢慢坐回了自己的位置，一场闹剧才算是平息下来。

事后看守所的管教也与我沟通过，表示陈文这个样子，这么多年他已是司空见惯了。陈文如今这个样子，确实是个可怜之人，也确有可嫌之处。他已经无法相信任何人，对所有律师都不信任，对一切人都不信任。有时管教认为个别材料不适合拿给陈文看，他便会要求我们把情况记录下来，叫嚣着看守所违法执行公务，以后这些人都要完蛋，看守所的管教当个笑话看，会冷笑着不予理会。

陈文这样的状况是少见的，多年来的压抑使他精神状态非常糟糕，有时他的行为举止颇有些臆想症、被害妄想症状。

记得有一回他突然神情笃定地说道：“以前就和你们谈好了，会见一次算一万块的会见费，剩下的你给我退回来。唉，你们不听。”我和助理几乎同时诧异地看向对方，因为此前陈文与我们根本从未说过与这有关的任何内容，完全是从其大脑中凭空蹦出的想象。

五

律师，尤其是资深的专业律师，一般都会有自己独特的办案节奏，不仅要助理及时适应，更关键的是要让当事人适应与配合，否则仅这一点，便会出现许多难以控制的场面。许多律师对此想来是感同身受，有些当事人家属几乎每天 24 小时的心绪都绕着当事人转，遇到这种情况，心累的往往是辩护律师，每天都会接到诸如询问进展、回答重复性问题的情况，一些新人律师甚至完全被当事人的家属牵着走，例如哪里有个类似的案子开庭了，要求律师也去听听，加了微信好友后，搜索到稍有关联性的报道和案例都要给律师发，似乎律师每天的工作都是绕着这一个案子转。

前几天我与同事闲聊时说到此案，他也一语道破此中要害：如若前面几位律师在面对陈文时能够摆正辩护人与当事人的关系，陈文定不至此。此时的陈文就像个被大人宠坏的孩子，完全以自我为中心，对于律师的建议已经全然听不进去，这在律师的辩护工作中几乎是最为致命的一种情况。因此，切勿让当事人及家属过多影响自己的办案节奏与思路，平衡之下将力量一致对外才是双方关系的和谐点，只有在实践中不断优化自己面对当事人及家属的技巧，让委托人成为助手，才能真正成为一名合格、高效的优秀律师。

在经过上次的爆发，大概也不可能再有更糟糕的局面了，但要去会见陈文，还是让我的内心感受到无形的压力。

六

的确，爆发之后迎来了空前的平静，此后的几次会见，陈文几乎没再有大的情绪波动，就算偶尔下意识的粗话也仅仅是小声地嘟囔。这一路过来，虽然时不时陈文会闹一些情绪，但每当我们的工作内容合其心意时，他还是不会吝啬自己的赞美之词，对我们的工作表达赞赏之情，然而相比于这样矛盾的、时冷时热的状况，我们倒情愿当事人少一些乖张，多一些乖巧。

大约在 6 月中旬，我在与该案经办法官沟通时得知，案件将于月底开庭，但从法官的言语中，我也听出了些许别的意味。

一般二审案件以书面审理为主，何况是一件二次二审的案件，陈文似乎读出这次开庭背后的意义，虽然嘴皮子依然硬，但心情明显好了很多。陈文一直告诉我们这件案子的背后力量，并多次告诉我们，案件的结果若是不理想他不会怪我们（对于这一点我倒也是赞赏他的“理解”），可法官的言语，实在是暗示无罪辩护是徒劳的。但无论如何，坚持当事人的诉求，是我们作为辩护人的底线。

在开庭前，我们提前准备好质证意见、发问提纲及庭审注意事项，“不放心”的陈文依然会与我们一一核对，他的这种不信任与偏执已经根深蒂固。之前向法院递交排除非法证据程序申请、调证申请时，其不仅要求家属一同前往交材料，并且一定要拿到相应回执。也就是说，直接交给书记员与法官是不可行的，必须通过材料收转中心才能拿到书面回执，而回执也必须拿回看守所给他确认才行。

七

转眼便是 6 月 26 日，庭审如期进行——

“陈文，你是否同意丁一元、熊昊堃律师作为你的辩护人？”

“暂时同意。”我几乎要被他这句略显傲骄的回复逗乐了。

然而庭审中陈文依然改不了说话冗长又以自我为中心的毛病，一些已经明确表达的问题反复地说，审判长终于在几次的提醒后忍无可忍，粗暴地打断了陈文的当庭陈述。

“法官大人，我是被关了 4 年啊，不是 4 天 4 个月啊！这么久了，难道法庭上我连说几十分钟的权利都没有吗？”陈文嘴唇微颤，但惧于威严并没有“发作”。

“你不要再说了，一样的东西你要是反复说我等会还是会直接打断你。”审判长依然不留情面。

在审判长对陈文的连番施压之下，庭审节奏开始变得很快，但我依然选择放缓庭审节奏，由于是全案做无罪辩护，几项罪名都要一一推翻，同时需要当庭再次提出启动排除非法证据程序申请。

关于排除非法证据程序，我发表了如下的辩护意见：

“审判长，被告人陈文否认自己的贪污、受贿以及滥用职权行为，并始终强调其有罪供述是在2013年8月23日至9月29日于区纪委办案点，由于遭受到区纪委与区检察院的有关人员刑讯逼供而做出的。其间，对方采取毒打、浸辣椒水、冷热折磨、疲劳审讯、噪声折磨、强迫吸食不明药物等方式，最终使其不堪折磨而选择了屈服。对于以上事实，我们已经给合议庭提供了具体而充分的线索，根据最新的《关于办理刑事案件严格排除非法证据若干问题的规定》《刑事诉讼法》等相关法规的明确规定，法院应当启动排除非法证据程序，对于犯罪嫌疑人、被告人及其辩护人向人民法院、申请调取公安机关、国家安全机关、人民检察院收集但未提交的讯问录音录像、体检记录等证据材料，应当予以调取，否则相关证据应当被依法排除。

不仅陈文本人的供述如此，甚至全案中的证人证言也是‘劣迹斑斑’，诱供、逼供痕迹明显。下面两段内容是我从数位关键证人证言中所截取的片段。

谢某雄证言摘录（第84页）：

问：资料显示你们在2008年10月才签订《华星酒店合作协议》，是什么原因？

答：我也觉得不是很合理，在上述程序的办理过程中，每一步都是冯某波按照陈文指示去做的，而我也就是间接执行他的命令而已。正常的程序应该是：先签订合作协议，再签订章程，再接下来才能做进一步的工作。当时的做法，对泽辉公司有很大的好处，签订了章程之后他们就可以去注册成立公司，并且迅速展开拆迁工作，这样可以节约很多前期成本。其实所谓的程序都是做出来给人看的。

与冯某波9月22日证言对比（第15页）：

答：我也觉得不是很合理，在上述程序的办理过程中，每一步都是陈文指示我去做的，我也就是执行他的命令而已。我也觉得这是不合乎程序的，其实应该先签订合作协议，再签订章程，再接下来才能做进一步的工作。当时的做法，对泽辉公司有很大的好处，签订了章程之后他们就可以去注册成立公司，并且迅速开展拆迁工作，可以节约很多前期成本；不过在当时的情况下，所谓的程序都是做出来给人看的。

谢某雄证言摘录卷宗（第 86 页）：

问：为何你们在 2008 年就对永盛和银龙厂房进行了评估，直到 2009 年 4 月才将其注入华星酒店？

答：我想应该是执行陈文的指令吧，为了把土地价格弄低一点，那几年土地价格上涨得很厉害，早一点评估，土地价格会低一点，尽早把土地价格评估出来，买地的时候按照以前的评估价来买，会很占便宜的，对张某强来说是很划算的，也算是陈文对张某强的一种关照吧。

与冯某波 9 月 22 日证言对比卷宗（第 15 页）：

问：为何你们在 2008 年就对永盛和银龙厂房进行了评估，直到 2009 年 4 月才将其注入到华星酒店？

答：其实这也是陈文的意思，为了把土地价格弄低一点，那几年土地价格上涨得很厉害，早一点评估，土地价格会低一点，尽早把土地价格评估出来，买地的时候按照以前的评估价来买，会很占便宜的，这样到需要土地的时候，既不用提前给出一笔资金来，又能够按照一年前的价格买进土地，对张某强来说是很划算的，也算是陈文对张某强的一种关照吧。

冯某波，谢某雄作为两个完全独立的个体，在不同日期所做出的相互独立的询问笔录，上述内容如此一致，不得不让人质疑是否存在检察机关事先准备模板，并诱使有关证人签字作证的情况，而案卷材料中这样的问题比比皆是。倒也真是印证了我们检查人员自已杜撰的那句‘所谓的程序都是做出来给人看的’。这难道就是我们所追寻的证据之间、证人证言之间的‘相互印证’吗？

审判长，我们今天作为被告人陈文的辩护律师，坐在这里，首要、也是唯一的目的，就是保护他的辩护权。陈文的性格并不讨喜，甚至让我们在场的很多人都有过不舒适的感受，但这并不能阻却我们对程序正义的维护，对于陈文在讯问期间遭受的刑讯逼供，我们申请排除非法证据，并要求提供录音录像只是我们合理的诉求，《刑法》《刑事诉讼法》《关于建立健全防范刑事冤假错案工作机制的意见》《人民检察院讯问职务犯罪嫌疑人实行全程同步录音录像的规定》《关于推进以审判为中心的刑事诉讼制度改革的意见》等多项法律规定并不是一纸空文，就连贵院近日也已顺势提出的庭审实质化改革方案及 5 个配套实施，目的都是为了切实防范冤假错案。

检察机关及该案一审法院从始至终都未提交这些能够证明侦查单位是否刑讯逼供的核心证据，是不能，不敢，还是不愿提供？

如果该案件都不启动排除非法证据程序，不当庭播放审讯的同步录音录像，不通知相关证人出庭，试问还有何种案件可以践行这些规定？”

八

关于“贪污罪”，我的辩护意见如下：

“审判长，控方指控数10份发票为陈文个人私报的贪污凭证，但诡异的是，在未经辨认人描述被辨认单据的具体特征的情况下，侦查人员是依据什么毫无偏差地找出这些单据，让辨认人一一指认的？可以看出，办案人员在辨认人尚未提供辨认对象的基本情况下，将事先已准备好的被辨认单据向辨认人出示，辨认人对被辨认的报销凭证无一排除，均签上‘个人消费用于公款报销’的字样并签名落款，变成‘铁一般的事实’。通俗点说，就是办案人员出示几张单据，辨认人就辨认几张，照单全收，案卷显示没有排除任何一张单据的记录。如此精准地将所有指控被告人贪污的报销凭证一一辨认，无一错漏，本身已能说明问题。

此外，凭证本身并不具备可辨识性。其一，签认凭证中大部分的‘辨认’实则只是简单的‘签认’，对于被‘签认’的报销凭证，既无对票证合法来源的说明，对其筛选、取得过程也无任何记载；其二，绝大多数票据只有简单的单位抬头与相关工作人员的签名，其既无被告人签名，使用时间、地点与上诉人亦无任何关联性；其三，每一笔凭证都清晰地记载着收款人、领用人，与被告人陈文根本没有任何关系；而控方指控的每一笔款项，既无与被告人陈文有关的转账、现金或其他方式的收款凭证，也无银行流水记录或相应收据予以印证，这些票据根本不是被告人任职6年间用于私人活动后进行报销的凭证。

请合议庭注意，黄×镇政府公务报销采取的方式是用现金支票领款，既然是现金支票，那么一定有领款人前往银行柜台领取现金的记录、凭证、录像，但在检察机关提供的数10份贪污发票的凭证中，没有一份与此相关的证据可以说明和印证。从这个角度我们发现，这些发票作为物证而言，是孤立的，无法被印证，指控被告人贪污，是不能成立的。

常理而言，常人根本无法辨认出几年前发票的具体编号和用途，因为这些公务发票根本没有任何特殊、显著的标志，发票彼此之间也根本没有显著的差异，但是在纪委的辨认笔录中，被告人陈文却能准确无误地辨认出这些孤立的总面值为 54 万元的贪污票据，这是不合逻辑的。同理，面对一大堆几年前由他人开出的发票，且发票上面所载明的皆为公务用途的不具备显著差异的发票，那些指认票据的证人又是如何准确无误地辨认和筛选出来的？涉案发票中，有些发票清楚地注明是镇政府用于公务购物，有些发票注明是绿化开支，却被强迫指认为陈文贪污的凭证，有些加油及车辆维修发票，写明是镇政府公务用车开支，有些票据注明是镇属公司职工培训费和会议开支，都被用来作为指控陈文贪污的证据。要知道，黄 × 镇政府每年用于绿化所需开具的发票就达数千张，更不用说车辆维修、加油、会议开支事项了。而事实情况是，每一份绿化开支发票之间、加油发票之间、会议开支发票之间并没有显著的差异，在发票既没有陈文的签名且与陈文无任何关联性的情况下，侦查机关是如何将它们准确无误地一一筛选出来的？还是仅仅为了凑够数额，随意拼贴，再进行强迫签认呢？

对于这类辨认程序严重违法且票据本身不具备唯一指向性的书证，任何人都可以成为被指控的对象。”

不大的庭审室此时格外的安静，陈文愣愣地看着一角，微微地抖着嘴唇。没有人打断我的辩护，主审法官似乎也若有所思，沉默不语。

九

关于“滥用职权”，我的辩护意见如下：

“审判长，最后一点我想说明，仅仅用言词证据就否定相关实物证据是极不慎重的，也不符合举证责任的规则，要想认定证人证言，否定书证效力，言词证据的提供者就必须出庭作证，接受双方的当庭盘问。政府相关文件的书证显然高于基于逼供、诱供而形成的非法言词证据。陈文涉嫌滥用职权的这一部分，便是典型的以言词证据推翻书面证据的不合理论证形式。”

从证据的确定性来讲，口供随着时间的推移、社会发展以及人的认知能力的改变会产生截然相反的结果；而书证则在形成记录后就已经固定下来，不会发生改变。对于陈文是否构成滥用职权罪，应从“由供到证”向“由证到供”的思路转变，对“供、证”关系拨乱反正：不轻信口供，而应以客观事实为基础，谨慎采纳利害关系人的供词及证言。

对于“坐实”陈文滥用职权的那些证人，即冯某波等人也于询问笔录中多次表示，其认识到自己的错误，表示自己可能涉及违法违规的悔过意识。因此，辩护人在此必须提醒合议庭注意，冯某波、谢某雄、黄某文等人在本案中与被告人的确存在明显和明确的利害关系，他们对贪污凭证的指认及项目的滥用职权部分的询问内容，完全存在为了避免担责而一味推脱的利害关系，并在侦查机关的诱使下“顺水推舟”的情况。作为被告人的直接下属，不能排除其为了推脱责任而隐瞒和扭曲事实的可能性。不能在有书证的前提下仍旧对于以上言词证据效力进行认定。

审判长，这个区项目，是执行区委、区政府有关加快发展黄 × 第三产业服务“广汽丰田项目”的指示而开展的，从立项到招投标、策划、动工、转让等十几项内容，有数十份文件予以证明。控方欲加之罪何患无辞？控方认为，书证材料便是陈文为了掩人耳目，以合法形式掩盖非法目的的行为，这样，正话反话都由控方说了。但事实上，辩护人认为，“集体讨论”虽然不能成为免于罪责的充分条件，但更不能成为滥用职权入罪的口袋。不应将一个由区委、区政府指示和镇党委、镇政府各级会议通过和执行的项目，被曲解为镇政府个别领导人的滥用职权行为。好似被告人陈文可以在南区“无法无天”“为所欲为”，反而那些客观的、证据力充分的物证书证，在控方那一堆缜密的“言词证据”面前却“如同散沙，一吹就散”。如果我们可以随意用证人证言来否定原始书证，就意味着我们从根本上否定了实物证据的作用。原始鉴定意见、原始会议记录、纪要，这些都是实物证据中的原始书证，但控方找几位证人站出来说，会议纪要是假的、记录是假的，只要证人一张嘴，就可以把原始证据的证明力全部推翻，这种做法会从根本上动摇证据规则的根基！

十

一通唇枪舌剑下来，发现法官的脸色显得有些难堪，但因为之前几个案件都由他经手，已是老相识，因此开庭前他也的确“和颜悦色”地暗示我不要在庭审时过于纠结程序问题。其实我明白，他是希望我不要打乱他的节奏，延误他的庭审效率，然而辩护人的立场是为当事人利益最大化辩护，恕难从命。

随后助理律师也就项目问题发表了辩护意见，这是他第一次出庭。

“目前，我国许多省市、区县、镇乡为了发展经济、吸引投资，往往为本地经济建设定制符合当地实情的优惠措施，地方政府为招商引资而给企业的优惠政策一般分为三类……”

“律师，这些概念性的东西就不要谈了好吧，你直接进入正题。”法官打断他。

“好的，我用两句话结束。”助理回答。

“2017 年 1 月 17 日，国务院正式公布《国务院关于扩大对外开放积极利用外资若干措施的通知》（国发〔2017〕5 号），尤为值得强调的是，国发 5 号文正式明确提出：允许地方政府在法定权限范围内制定出台招商引资优惠政策，支持对就业、经济发展、技术创新贡献大的项目，降低企业投资和运营成本，依法保护投资企业及其投资者权益，营造良好的投资环境。虽然为了防止扰乱市场秩序，2015 年，62 号文件（该文件现已被停用）曾明令禁止‘以零地价出让土地’的行为，但这更能说明 2015 年之前全国各地对于招商引资的土地优惠政策是开放的、不统一的、待完善的，甚至零地价出让土地都是允许存在的，这与滥用职权行为在本质上有着天壤之别。”

最后我补充道：“2017 年 6 月 27 日，最高人民法院、最高人民检察院、公安部、国家安全部、司法部联合发布的《关于办理刑事案件严格排除非法证据若干问题的规定》，再次确立以‘准确惩罚犯罪、切实保障人权、促进司法公正’为宗旨，从侦查、起诉、辩护、审判等方面明确非法证据的认定标准和排除程序，切实防范冤假错案的产生，详细规定了讯问地点、讯问录音录像制度、讯问笔录制作的要求，严格规范看守所提讯登记和收押体检制度。望合议庭也能紧跟司法改革的步伐，明察秋毫，有错必纠。根据（2015）穗中法刑二终字第525号刑事裁定书，广州市中级人民法院曾裁定原审判决对于侦查期间上诉人陈文是否受到逼供、多名证人是否受到诱供，以及陈文所犯滥用职权罪是否具有徇私舞弊的动机等事实不清，证据不足，裁定发回重审，然而，以上三点在一审重审过程中均未得到实质体现。法律和行政法规的颁布已经开始出现长足的改革与发展，但执行起来则更需要有责任心的司法工作者，秉着公平正义原则，给予被告人公平公正的结果，使判决能够经得起时间和法律的检验！”

经过整整一天，庭审结束。

辩护人提出的辩护意见是：1. 陈文在纪委调查及侦查期间受到刑讯逼供，对于以刑讯逼供、诱供等非法手段取得的非法证据依法应予排除。控方没有提供刑讯逼供的关键录音录像；陈文的口供应以当庭供述为准，不应采信庭前供述；贪污凭证的收集、辨认程序不符合法定程序；冯某波、谢某雄、黄某文、陈某红等多名证人的询问程序违法，存在逼供、诱供嫌疑，应予排除；鉴定意见与评估报告或来源不合法，或不依于客观事实，不具有合法性。2. 指控陈文犯贪污罪与事实不符，证据违法且不具有证明能力。3. 指控陈文犯受贿罪的两次受贿行为的认定皆依于孤证，证据不足且无法排除合理怀疑。4. 华星酒店项目是经过区委、区政府、镇政府推行的利好项目，不是陈文个人滥用职权的违法行为，其父亲入股日强公司是合法的经商行为，日强公司的运营与华星酒店项目建设并无利益关联。请求作出指控犯罪不能成立的无罪判决。

十一

庭审时，我很明显地发现，在我与助理律师发言时，陈文会频频地点头，与他平时的状态完全是两个样子，后来助理律师告诉我，有几个时刻陈文竟然会咧开嘴望着我们微笑，这也让我有些诧异。

旁听的家属事后对我们的辩护工作表达了满意的想法，“之前我们陈文可不是这样的，以前的庭审我们都来了，好几次的庭审过程他都会直接打断辩护律师，很少见到他会这么赞同辩护律师的观点，丁律师，谢谢您们啊！如果这个案子能够有好的结果的话，我们会感谢您们一辈子的。”

庭审这场“战役”算是顺利，而我们与陈文的这场“战役”，终究是走向了缓和。至于案子的结果，虽然已有定论，但无论如何，对我们所有人都是一次深刻的考验。

十二

不得不说，这一次的体验对于已是“知天命”年纪的我而言，是太难忘的一次经历。当事人与我年龄相仿，在很多问题上其实我一直感同身受。但面对客户的极端性格时，辩护律师与当事人的共情效果会大打折扣，哪怕是个经验丰富的律师也会在很多细节上栽跟头。

各式各样的当事人我都遇到过，律师只有懂得千变万化，才能真正做到应付自如。

对于陈文，我除了感同身受以外，更多的是遗憾与惋惜。我一方面惊异于他的个性如何能支撑到他走到镇书记的职务之上，或许因为长年的羁押使他性格有所转变，但秉性是一个人从出生到终结都抹不去的印记。他在这一路的反抗过程中，不仅在事业上众叛，惹怒高层，甚至可以让法官、律师及任何与他接触的人感受到他身上的顽疾，他的执拗，让他不得不以遭受如此的经历为代价。

大丈夫能屈能伸，如若能早一点纠正态度，采取更易为人接受的方式进行辩解，也许刑期不会至此。也许他能及早地减去一个罪名，在今年、明年或许就已经释放，在里面抵抗是没有信息来源的反抗，倒不如出来后再从长计议。

然而李先生告诉我们，如果会这样做，就不是他陈文了，如果他认罪态度良好，罪行减轻、提前放出，出来后他的腰板也不再能挺直起来做人。

所以，这也算是时代印照在他身上的“宿命”吧。

十三

从 2017 年起，包括《关于全面推进以审判为中心的刑事诉讼制度改革的实施意见》《关于办理刑事案件严格排除非法证据若干问题的规定》等数项法规或意见悉数出台，“庭审实质化”“非法证据排除”成为法律界热度最高的话题。之前新刑事诉讼法虽然已经在规定上有所明确，但无奈实操性过低，使得法律条文的运用得不到行之有效的发挥，而今的几份新规定终于开始在运用和实操上接上了地气。对于这几份规定，不少专家、学者都有发文，总结其亮点和进步，这些确实值得肯定。

但不容忽视的是，除了亮点和进步外，《关于办理刑事案件严格排除非法证据若干问题的规定》也有不少争议之处，有的相比之前已有的规定，有的规定含义不明、语焉不详，实际执行中可能会出现偏差。

2013 年最高人民法院颁布的《关于建立健全防范刑事冤假错案工作机制的意见》第 8 条曾明确规定：采用刑讯逼供或者冻、饿、晒、烤、疲劳审讯等非法方法收集的被告人供述，应当排除。此规定中，疲劳讯问被规定为明确的非法获取证据的手段。在最高人民法院最初起草的《关于办理刑事案件严格排除非法证据若干问题的规定（征求意见稿）》中，也曾有专门条款对此作出规定：“讯问犯罪嫌疑人、被告人，应当保证每日不少于 8 小时的连续休息时间。采用违反上述规定的疲劳讯问方法收集的犯罪嫌疑人、被告人供述，应当予以排除。”遗憾的是，该条在正式规定中被删除。司法实践中，刑讯逼供的情况虽然也不少见，但最为普遍的非法取证的方式便是“疲劳讯问”，对此上述意见未作规定，几乎是默许现行状况下的“疲劳讯问”问题。

前两天我和盈科广州的刘迪律师一同前往广西梧州，参加一个职务犯罪的当事人的庭前会议。公诉方来的是一个有礼貌、姿态也自信漂亮的小姑娘，估计是个“90 后”，对于案件中我们提出的疲劳审讯问题，她便泰然自若地说出了以下这番话：

“根据我们目前的法律规定和相关解释，包括你看到的最新的规定里，已经没有了疲劳审讯是排除非法证据的前提。其实我们已经认为疲劳审讯和一般的诱供行为都是正常的侦查手段了。你们想借此提出，要求我们提交讯问笔录时同步录音录像，是不能作为我们向上级申请的理由的。”

检察官的这段话让我很吃惊，吃惊的不仅在于这句话本身所存在的巨大陷阱，更在于一个“90 后”的年轻检察官在说这段话时的那种态度，仿佛这种态度和观点是其与生俱来的坦然和自信。如果我们的公检系统秉承这种观念对嫌疑人进行指控，那么我们的司法是没有未来的，因为我深知她的观念，一定是他人影响的结果，而在系统内部秉持这一观点的人，一定不止她一人。如若疲劳审讯和一般的诱供行为都慢慢默化和等同为正常的侦查手段，那么公检法的形象大约也就成为《伪装者》里的汪曼春了。

【一点思考】

无论司法如何进步，终究要“以人为本”，我们的老百姓们，愤怒的点总是那么奇怪，他们有时对具体个体的命运并不关心，无论一个人、一个家庭遭遇到了什么，受到了怎样的对待，都可以被看作“倒霉”“活该”“命不好”。他们从不觉得自己有一天会成为其中的一员，仿佛不会感同身受。相反，当他们作为抽象集体中的一员时，却会全身布满可被触怒的敏感点，他们也许会把自己当作某个学校的一员、某个省份的一员、某个单位的一员、国家的一员，但却学不会关注和尊重真正的“人”。作为一个最有大局观的民族，是最有集体荣誉感的民族，我希望公众能够越来越多的关注到个体的事件中去，对于他人，与自己不同的人不要抱着无所谓的态度，否则坦克来时，履带可不会长眼睛。

排除非法证据，是一个在未来 30 年内仍会一直影响着我国司法进程的关键词之一，我们的态度决定了公检法系统的态度，同时，他们的态度有了根本性的转变，这个关键词才会在法治进步的道路上行得更远，更有力量。

与诸位共勉。

第九章　黎明之前

路漫漫其修远兮

——刑民交叉连环案，扑朔迷离套路深

生命不能承受之重

——兄弟阋墙，虚开增值税专用发票案

路漫漫其修远兮

——刑民交叉连环案，扑朔迷离套路深

【引】

2018年1月，中共中央、国务院发出《关于开展扫黑除恶专项斗争的通知》，由此，为期三年的“扫黑除恶”专项斗争正式宣告开始。

《通知》强调，依法严惩、打早打小、除恶务尽，始终保持对各类黑恶势力违法犯罪的严打高压态势。放眼广东省市、左右区县、上下街道，处处红色标语，治理决心之大，史无前例。

黑与恶，往往处于社会治理的末端，深藏于阴暗的角落里，折磨、欺压经济上最为窘迫的穷人、精神上最为纯洁的善人。在如常的岁月里，对于黑恶的惩戒往往伴随着诸多令人叹惋的憾事与代价。

对于在一定区域或者行业内存在的行霸、村霸、区霸，他们成“霸”并且发展为黑恶势力，带着原始的凶悍、残暴，这样的黑恶势力需要被打击，但如今，这类群体已经日渐夕暮，或本就处于社会的最底层；而黑恶势力的另一群人，伪善、奸恶，披着知识的外衣，却在人性背后扮演阎魔，用黑恶手段摧毁平凡、安逸的百姓家庭，他们更适应这个时代，非常善于使用合法形式掩盖非法目的，这也致使这类黑恶案件在被昭揭前，往往需要耗费大量的司法资源和侦查时间。

我曾为涉嫌黑社会性质犯罪的嫌疑人辩护过，也遇过“专项行动”之下被重判的情况；我为被涉黑组织欺压到家破人亡的受害人提供过帮助。而一些黑恶势力逃避打击，折服后依然强大，他们可能勾连着当地的公权力，通过权钱交易，公权力也蜕变为这些恶霸的“保护伞”。

在过往的打黑中，影响恶劣的“霸”成为主要的打击目标，但由于没有深挖其背后的“保护伞”，并不能给黑恶势力以致命打击。此次“扫黑除恶”专项斗争，明确提出要“把打击黑恶势力犯罪和反腐败、基层拍蝇结合起来，把扫黑除恶和加强基层组织建设结合起来”。对“保护伞”问题，发现一起，查处一起，不管涉及谁，都要一查到底，绝不姑息，要从基层腐败——这个“保护伞”的源头进行治理。

【辩护之路】

一

在这一章中，有两个方面可以谈，其一，是“扫黑除恶”的时代背景之下，我们律师可以为社会做些什么；其二，是在社会中，我们个体应当如何自处，如何应对个人的刑事法律风险。

本章名为“黎明之前”，是因为我讲的这个案例尚未完全拨开云雾，仍在经历黑暗，在天亮来临之前，也许是更深更黑的乌霾，就算在“扫黑除恶”行动浩浩荡荡的今天，为受害人的控告之路依然不好走。这是个复杂的故事，也许在讲完后，多少会在读者的心头留下些东西。

而这个过于复杂的故事，又该从哪儿讲起？

二

2018 年 10 月底，我的当事人袁冉冉打来电话，在电话里她泣不成声。这已经是数月来的再度崩溃，她说她真的撑不住了。一身的债务使她疲惫不堪，此时的她，已经被朋友、同事、家人逼到了绝境，丧气至极，只想一走了之，也许还能留下些保险赔偿，供养她丈夫和刚生下的一双儿女。

一如 2018 年 2 月初，她第一次找到我时那样，也曾说起产生轻生的念头，一年的时间，所有的狂风暴雨持续侵掠着这个“90 后”的年轻家庭。妻子与丈夫皆是独生子，家庭给了他们生命和成长的种子，却没有完全教会他们如何面对生活中的挫折与不堪，错误的解决问题的方式使得灾难的雪球越滚越大，最终使他们不堪重负。

法律，是个武器，但武器有滞后性，它会在惩罚黑恶势力那一刻到来之前不可避免地损耗着受害人的精神与意念。

所以我常常需要宽慰这两个年轻人，是劫难，要撑住，要等，要记住那句——正义也许会迟到，却绝不会缺席。

但我的内心，依旧会为他们感到遗憾和疼痛。

袁冉冉，“90后”，东莞人氏，家境优渥富裕，丈夫是在广东某大医院执业的博士医生，他们两人男才女貌。2018年，他们夫妻俩诞下了第二个孩子，儿女双全。在很多人的眼中，大约这就是可以被看见的最幸福的年轻家庭的模样。但就是这样一个家庭，在很多人看不见的背后，已经持续一年多来遭受着生活的重创，几近分崩离析。夫妻二人一次次被压力推向悬崖峭壁，直至此刻，他们依然在强撑。

没有人不会犯错，这个世界也从来不是非黑即白。到底是什么导致了今天这样的局面？是自己，是周围的人和事物，是每一个生活的推手，从一个小小的源头开始，一发而不可收拾，最终溃堤崩塌，也许这便是“蝴蝶效应”在生活中最贴切的注解——

2016年，袁冉冉还在某律师事务所做行政工作，此时的她与丈夫结婚不久，小孩刚出生，两人生活安稳。偶然一个机会，袁冉冉认识了一个叫“豪哥”的人，“豪哥”在珠江新城开了一家公司，盛情邀请袁冉冉去他的公司上班。见待遇不错，袁冉冉便辞去了律所的工作，转投“豪哥”公司。

没过多久，袁冉冉便在公司认识了“豪哥”的好友——吴建。

吴建，香港籍，一个似乎很有背景的商人。吴建向袁冉冉大谈其经商之道，袁冉冉常常被吴建说得一愣一愣，但其也仅限于谈资。袁冉冉可以看到吴建经常开着各种豪车来公司，又听说其常常混迹于各种豪车俱乐部。

2016年年底，吴建信誓旦旦地告诉袁冉冉，其正在投资“海关内部货品”，这个投资利润很高，而且都是经过合法渠道，吴建边说边同时向袁冉冉提供盖有海关印章的相关文件材料以证实其资质，吴建要袁冉冉协助其“工作”，“豪哥”

也欣然同意。此后，袁冉冉只需偶尔跑跑腿，就可以收到吴建向其发放的1万元“工资”。

一日，吴建对袁冉冉说：“你可以和我一起投资，只要能提供资金，我可以不断提供海关罚没货物，保证有高收益。”即通过渠道从海关内部拿到低价罚没物品，转手高价倒卖牟利。

对吴建为其开出的各类加盖公章的文件材料，袁冉冉深信不疑，便告知家人这个项目潜在的巨大利润，由于家境本就富裕，背景也算是殷实，袁冉冉很快便聚拢了数位亲朋好友，收拢了金额600余万元，于2016年分次通过个人网上银行转账至吴建的账户上。

其间，吴建曾带着袁冉冉到海关单位内“走动”，并告诉袁冉冉，他正在忙着办理海关的入职材料，过不了多久，袁冉冉便可以到海关工作。袁冉冉满是欣喜，然而吴建在供了部分货物后开始出现断断续续地停滞，给付给亲朋好友的“甜头”已是泼出去的水。此时吴建依旧使用各种方式和手段哄骗袁冉冉，袁冉冉也从来没有想过，如果吴建卷款逃跑，对她会意味着什么，因为在她眼里，他是经“豪哥”介绍的，是一个实实在在的有钱人。

巧合的是，2004年笔者也遇到过类似骗局，一位朋友以其配偶在省法院刑庭工作，有渠道低价搞到海关内部罚没的走私货物，转手销售牟利为由向我借钱。先后和朋友凑了150万元转账给她，借期一年。除开始几个月收到3%月息外，后来就以各种借口不付，眼看诉讼期间届满，只好向借款人户口所在地越秀区法院起诉，结果一下子爆出十多位债权人，最终大家都是拿到一纸胜诉的“法律白条”。终结执行后再无恢复可能，100多万元就此打了“水漂”。这种名为借款实则骗钱教训不胜枚举，其介于债务纠纷和刑事诈骗之间，公安机关很难立案。而十多年后，袁冉冉所遭遇的反向“套路贷”的话术就更高明了。

此时，另一个关键人物——余伟也出现了，而袁冉冉不知道，这个人会将她推上何种境地。

三

余伟，与袁冉冉算是半个老乡，2017 年 5 月，袁冉冉与吴建的项目尚未崩盘，余伟听说了袁冉冉的这个项目，便要求投资进入该项目，表示其身后还有数位投资人，可以一同投资，于是，余伟于半年间，先后将 2600 万元钱转账到袁冉冉的银行卡上。

然而此时的袁冉冉，却无法从吴建那再拿到任何货，事实上，除了断断续续的微信回复，吴建卷着近千万元的货款玩起了失踪，而承诺和兑现过的海关货源断了货。在朋友、亲属和余伟的紧逼之下，袁冉冉不得不开始自己亲自去百货公司和电脑城买货、供货，在资金上拆东墙补西墙，维持着似乎看起来不会断裂的货源。

她甚至依然心存侥幸，吴建回来将给她供货。

然而高额的购货成本使资金的缺口越来越大，吴建卷走了货款，留下来的袁冉冉发现其根本无力支撑。越来越多的亲属、朋友发现了异常情况，他们逼迫袁冉冉还款，这其中，也包括余伟。

袁冉冉并不知道，余伟身后是一群横行无阻的涉黑人员。

噩梦开始——2017 年 12 月 8 日的凌晨三点，余伟一行人敲响袁冉冉的家门。

至此之后，袁冉冉和丈夫先后两次被强行带往惠州某车行进行非法拘禁，虽然此时袁冉冉已经返还余伟货款 1000 多万元，但依旧被余伟等人强迫签订房屋买卖合同、租赁合同以及 4 份收据，余伟等人将包括汕尾、广州两处房产及开发商的买卖合同原件、发票原件、管理费收据、房门钥匙、门卡在内的各类重要材料掠走；此外，他们强迫袁冉冉签署 GLA 奔驰车过户、买卖协议，强迫其手持身份证于车前拍照，后将车开走。

最终的惨烈结果是，直至 2018 年 1 月，袁冉冉不仅返还了余伟等人 2700 多万元货款（多返款 100 多万元），还另外无偿向余伟供货 700 余万元，同时自己的私家车也被余伟非法侵占。不同于简单的非法拘禁，余伟等人强迫交易和侵占的行为老辣而熟练，完全像是经过预谋和策划，或背后有高手指点。两处房产虽未过户，但对方已聘请律师提起过户的仲裁程序，企图以合法形式掩盖其非法目的。

在这种的恶劣行径之后，余伟等人竟同时到广州黄埔区某派出所报案，谎称袁冉冉涉嫌诈骗！

袁冉冉此时已身怀二胎，不仅要面对亲属、朋友的催款，还要面对余伟等人的霸凌，她怎么也没想到，余伟等人竟然会“恶人先告状”，而令袁冉冉惊恐的是，该派出所以袁冉冉涉嫌诈骗罪立案。

受害人，转眼成为嫌疑人。

四

此时已是2017年年末，在历经两次非法拘禁和长期的精神压迫后，袁冉冉才想起求助于律师。袁冉冉开始并未求助于我，她之前咨询的律师催其抓紧时间去自首，使其精神恍惚，始终觉得不妥，才同丈夫找到我。

“好几次我都想直接跳下去，一了百了。余伟他们无时无刻不派人待在我家里监视我们，拿了我所有的钱财，还告我诈骗！要我坐监！我什么都没有了……”

“只要你说的是事实，你当然不构成诈骗。”听完袁冉冉泣不成声的陈述，我直截了当地对她说，“构成犯罪的是他们！”一旁的丈夫也红了眼眶——袁冉冉的丈夫在2017年年末，余伟等人半夜三点找上门来，才知道了整个事情的原委。

“你的钱全数被吴建骗去了，你的人身、财产权益都在持续地被余伟一帮人伤害，你是受害人，何谈自首？”我义正词严。

“可是，”袁冉冉抹了抹眼泪，“他们说已经立案了，那我不是嫌疑犯了吗？”

“是否被立案，目前没有明确的法律文书予以确定，这个我们会帮你查。你暂时好好在家养胎，安心过年，其他的事情我们一步步来处理。”

“我害怕公安机关把我抓走。”袁冉冉怯懦懦地说。

“第一，我已经说了，你没有非法占有他人钱物，是受害人，根本不构成诈骗罪；其二，你现在怀有身孕，在你怀孕及哺乳期内，公安机关最多只是要求你过去做调查笔录，并不能对你采取强制措施。所以，你不用担心，先安心过年。”听了这话，袁冉冉受到些许安慰。

看样子是一场硬仗，余伟等人仗着“背景深厚”“经验丰富”，誓要将袁冉冉一家榨得一干二净！

五

送走袁冉冉，我脑中快速地安排着办理案件的计划：

第一，袁冉冉向我反映，由于被强迫签署了两套房屋的买卖合同和租赁合同，目前其汕尾的房屋已经被余伟安排的社会人员强行居住。我让其过年期间回一趟汕尾，换上新门锁，如果仍有闲人居住，就果断报警。第二，余伟等人年前曾派社会人员长期在广州袁冉冉的家中居住，为了看守夫妻二人。如果过年期间再有类似的事情发生，要果断报警，并留下证据。其三，年后抓紧时间与立案派出所沟通案情，争取撤案。其四，准备报案材料，控告余伟等人非法拘禁、强迫交易等涉黑行为，这要准备大量的证据，根据袁冉冉及丈夫的陈述，被拘禁时其二人曾找好友求助，但该好友也被余伟等人非法拘禁并使用暴力进行非法侵害，作为本案证人，对其做一份完整的调查笔录，能更好地还原整个非法拘禁过程中的事实。其五，根据袁冉冉的陈述，余伟等人已经递交有关房产的诉讼保全申请，并向仲裁委提起仲裁，由于仲裁采取的是一裁终局制，因此在完备整个案件事实和证据之前，我决定尽力拖延仲裁开庭时间。

案件错综复杂，我决定邀请周浩律师和我团队熊昊堃律师就本案涉及的民事部分进行协作。但案件进展，却远非我们想象中那么顺利。

六

年后伊始，我们便按计划展开工作。袁冉冉安然地度过了整个新年，但其所面临的精神压力却从未得到消解，诸多问题需要我们一个一个去解决。

2018 年开年，我们便收到了仲裁委开庭时间的通知，余伟等人借助于“完备”的房屋买卖交易，企图通过仲裁程序达到非法侵占袁冉冉汕尾房屋的目的，要求仲裁委根据房屋买卖合同条款裁定袁冉冉协助完成过户手续。

这里我们可以先来简单列出对方所提交的证据：房屋买卖合同一份、收据一份、袁冉冉与开发商的买卖合同原件一份、开发商出具的发票原件一份及合计165万元房款转账流水数份。

合同、收据、流水，正如周浩律师看对方提供的证据材料时所说，如若不知晓这背后之隐情，完全可以根据对方所提供的表面证据直接进行裁定。既然是在非法拘禁的情况下强迫签署的合同，就一定有漏洞，我们律师的工作便是要击破这看似完备的合法的“保护罩”。

其一，根据袁冉冉的陈述，《房屋买卖合同》是在被胁迫情形下签订的空白合同，合同中的时间、价款、房产信息处的指模都是被害人被迫先按上，其后又由余伟补充填写，对此，如若能够进行笔迹鉴定，无疑能够从侧面印证胁迫之说。但此案于我们的被动之处，即在于所有材料原件均在对方手中，当下我们根本无法直接确认《房屋买卖合同》的字迹及指模鉴定与袁冉冉的主张相互印证。

其二，既然《房屋买卖合同》是在被胁迫情形下签订的，又何来转账流水一说？根据袁冉冉的回忆，签订一系列材料的时间应当是2018年12月19日。但合同落款处的签订时间却为2018年11月29日，原来，余伟等人试图将11月29日当天的货款转账流水冒充为房款的转账流水，因此才倒签了合同日期。袁冉冉对此补充说，实际上余伟等人当天货款转账共计300余万元，远不止房款所谓的165万元。

但以上均为推测，并不能直接充分地证明强迫交易事实的存在。

此时，对方提交的另一份证据引起了我的注意，对方提交了开发商向袁冉冉出具的原始合同与发票，对方对此这样说明：袁冉冉肯将如此私密的材料给予申请人，更能说明交易的诚意与真实性。但我注意到一处细节，即房屋买卖合同中交易的房产为汕尾市房产，但对方提交的发票上的不动产地址，却显示为广州市天河区的一处房产。

袁冉冉立即应道：“对方提交错了！闹了乌龙！那是我广州房产的地址，他们不仅拿走了我汕尾房产的所有材料，还将我广州房产的资料也一并掠走，这更能说明他们是强取豪夺！一旦汕尾这套房子被他们夺去，很快我的另一处房产会成为他们的第二个目标。”袁冉冉几近失控。

我和周浩律师相互一视，仲裁程序为一裁终局制，我们决不能就这样让当事人的财产付之一炬。

一方面，我们立即与仲裁委联系，表示我们会向广州中院提起本协议之管辖权异议，不日便会将受理通知书寄往委员会。既然当事人没有出卖房屋的真实意思表示，被申请人更没有请求仲裁的意思表示，在合同不成立的情况下，仲裁条款也不应成立。借此，也可以给刑事控告立案争取充分的时间。

另一方面，既然袁冉冉已经返还余伟的所有货款，且多返还款100余万元及700万元的货物，那么双方之间的流水一旦厘清，便能直接说明房款转账流水实为冒充、李代桃僵，因此，需着手准备全案交易清单的工作。

此外，对于证人的调查取证工作也不容有失，该份调查笔录将不仅用于民事仲裁，还将用于刑事控告，对于全案而言显得十分重要。但是调证的过程并不容易。因为是涉黑敏感案件，证人十分担心自身的安全会再次受到相关人员的侵害。但经过我们的开导，其也明白，如若不能真相大白，让行恶之人得到应有的判罚，其人身危险并不会必然消除。

一个月后，证人决定站出来，指证余伟等人的涉黑行为。

由于系涉黑案件，我们的调证工作也必定谨慎有序。在袁冉冉报案后，我们要求证人先前往派出所进行作证，如实反映情况、固定证言后，我们再依法进行调查取证，以备仲裁开庭之用。

在此，我如实展示此份调查笔录，一方面，证人的真实描述可以将此案的细节一一还原；另一方面，相信多数青年刑辩律师并无过多对证人的调查取证经验，我将笔录中的个人真实信息隐去，置于书中，供各位在日后调查取证时作为参考。

北京市盈科（广州）律师事务所

律师调查笔录

调查时间：2018 年 × 月 × 日 16 时 40 分至 18 时 30 分

调查地点：北京市盈科（广州）律师事务所九楼 10 号洽谈室

调查人：丁一元律师、周浩律师

被调查人：姓名：杨某某　民族：汉族　性别：男

身份证号码：

联系方式：

现住址：

记录人员：熊昊堃律师

笔录内容：

问：自我介绍一下，我是丁一元律师，这位是周浩律师和熊昊堃律师，我们共同参与调查并担任记录人，现在我们依据《民事诉讼法》和《律师法》的相关规定依法向你调查取证，你是否同意？

答：同意。

问：在开始询问之前，我想确认一下，本次谈话是否出自你的自愿，没有任何人（包括袁冉冉的家属、朋友、我及熊昊堃律师、周浩律师）以威胁、暴力、贿买或其他违法、不良的方式要求你提供有关袁冉冉一案的相关情况？

答：没有，我确认，我是自愿向律师陈述所知的有关案件的情况。

问：今天向你了解余伟与袁冉冉房屋买卖合同纠纷一案相关情况，请如实陈述，否则要承担相应的法律责任，是否听清楚了？

答：听清楚了，我一定如实提供有关情况，我会对自己陈述的真实性负责。

问：讲讲你知道的情况。

答：2017 年 12 月 16 日，袁冉冉、袁冉冉丈夫他们微信告知我他们被余伟带到了惠州惠城区，并让我过去，微信聊天记录还在。我当天就从东莞乘滴滴快车赶到了惠州惠城区。

问：你到惠州以后具体发生了什么事？

答：我被非法拘禁了。

问：你被何人、何时、于何地被非法拘禁的？

答：具体时间应该是 2017 年 12 月 18 日中午 12 点左右至 21 日凌晨（20 日下午 5 点左右已经松开了手铐），由于 2017 年 12 月我还在东莞市某法院实习，这期间法院的人可以证明我没有上班。

问：你说说详细的经过。

答：到惠州后我让（袁冉冉）他们告诉我他们所在的位置，并发定位给我，但当时没有发给我。12 月 17 日凌晨，我入住了惠州惠城区的白玉兰酒店，大约到17 日中午，袁冉冉发了信息和我说，不知道会发生什么事，如果下午一点前联系不上他们，就帮他们报警。后来袁冉冉丈夫发了车行的位置给我，然后我就到了他们的车行，我当时是打滴滴去的，有凭证，当时袁冉冉他们怕再被人带去深圳，让我发现有情况就立即报警。我到那里，特意找了一个有监控的地方，下午一点半左右，我搭乘滴滴快车到某车行附近（可以查到行程记录），在车行对面的三星电子厂观察车行外面的情况，我站的地方是电子厂的露天停车场。我第一天观察了一天，由于天气比较冷，所以当天晚上在附近找了个日租房（由于后面被拘禁，钥匙还保留在我这）。在此期间我定期向袁冉冉丈夫发表情包，确认是否能够和他们联系上。

问：你记得清楚日租房叫什么吗？

答：不记得了，不过要是到那里的话我肯定能够找到，而且当天的消费是有凭证的。

问：第二天（2017 年 12 月 18 日）发生了什么？

答：上午没发生什么事，大概到 2017 年 12 月 18 日中午 12 点左右，我在车行对面的工地上坐着歇了一下，没过多久，就发现有人在喊不要跑，我站起来发现三个方向都有人向我跑过来，当时比较慌乱，只记得简丰跟另外一个自称是河南黑帮的黑社会人（被拘禁的时候，这个人自己说："我们河南人做事有多狠你是知道的，不说实话就有你好受。"）拿着砖头向我冲过来，然后几个人把我押着到了他们的车行。他们将我身上的东西都收走了，包括两部手机、身份证、银行卡等。他们车行靠近旁边的酒店有一个小门进去，有电梯可以上楼，在电梯里那个自称河南黑帮的人扇了我几个巴掌。当时他们就是从那里把我带到三楼，到了三楼，他们大概有 7、8 个人，把我拉进小房间，由于比较害怕，我就大声求救，他们就用抹布把我的嘴捂住，然后群殴我，当时打我的人我记得有余伟、简丰、河南黑社会跟另外几个人。

问：当时他们是怎么发现你的？

答：后来那个叫简丰的人说早就观察了我一天了，结果发现我第二天还在，就来抓我了。因为他们三楼有个大的落地窗户面对我蹲着的露天停车场，可以看到我。

打完我之后，简丰叫人用抹布把我的嘴堵起来，把双手反背后，用绳子绑起来，然后开始审问我，跟袁冉冉什么关系，逼问我手机密码，具体审问问题比较多，说了很多威胁我的话，如有需要，我可以另外详述。

问：他们还对你做了什么？

答：在问了我几个问题后，简丰叫人拿了个手铐过来，把我铐在椅子上，然后跟我说，他之前做过刑警，手铐就是从派出所拿来的，说他们要是没有关系，怎么拿得到手铐。当时，他们拿了几袋资料，简丰说是从袁冉冉丈夫家里搜来的，说袁冉冉的家都被我抄了，你觉得她现在救得了你吗？

问：这个阶段余伟有对你做什么吗？

答：有，他拿着我的手机在看。在他问我问题期间，袁冉冉丈夫打过两次电话给我，第一次被余伟按静音，没有接通（当时两个手机都在他们手上，密码也已经被他们逼问出来），隔了大概几分钟，袁冉冉丈夫又打了电话过来，余伟就叫人拿了把水果刀过来，河南黑社会的人用刀顶着我的膝盖，然后余伟跟简丰让我按照他们说的回复袁冉冉丈夫，说错一个字，就把刀扎进我的腿。我就只能照着他们问的回复。他们好像听得懂我说的汕尾话。让我说汕尾话目的是想让袁冉冉丈夫感觉到我没出事。

问：然后呢？

答：后来，在他们查看了我的网银记录和聊天记录后，就叫人把我拷在一张上下铺的铁架床上，期间我想借上厕所的机会看能不能求救，去洗手间他们也用手铐铐着我双手，我的一只脚用白色塑料扎线带绑着，我被一个人拉着，他们叫了两个人看着我，大厅有几个人拿着铁棍站着，防止我求救逃脱。让我一直铐在那里想，有什么还需要交代的。

问：直到晚上你仍被关在车行里吗？

答：是的，2017 年 12 月 18 日晚上开始，余伟和简丰好像都不在车行，在不在车行我不知道，反正不在关我的房间，由另外三个人看着我，李某（自称当过兵），姓陈的司机，以及一个姓马的。估计他们看完记录和审问完我，发现我和袁冉冉没有什么经济上的往来，所以没再为难我，不过我依然是被铐着手铐，脚也被绑着。

问：他们什么时候放你的？

答：我记得直到20日下午5点给我松开手铐，21日凌晨放了我，然后我才乘坐滴滴回家。之前，只要有微信信息或者电话，都由简丰授意，他们确定好内容，再回复，如遇到接电话的情况，则由一人用刀顶着我的脖子，另外两人看着我让我按照他们说的回复。他们就是怕我出去以后报警，就一直关着我，等拿到钱再放我走。直到20日好像是拿到钱了，好像是500万元，才放我走了。当时那个姓陈的司机（他老家应该是深圳的）当时跟我说，我们这边有专门的律师团队，如果她（袁冉冉）不给我们钱，我们会有专门的律师团队去搞他们的房子。除此之外，简丰说过他也查过袁冉冉的房产。我记得简丰好像还说过，他收到过袁冉冉给的一批苹果手机还是什么的。

问：在这期间你有没有看到袁冉冉和袁冉冉丈夫两人？

答：没有看到人，但是我比较确定他们在二楼，是简丰他们亲口跟我说的，让我不要乱叫，被他们听到就有我好受的。而且我记得当时他们曾拿袁冉冉和袁冉冉丈夫的手机上楼，翻看他们的网银转账记录，问我收款那些人我认不认识。

问：有没有问过他们那些人为什么要帮助余伟、简丰他们做事？

答：马说，我们老板叫我们做什么，我们就做什么，反正我老板可以兜着。反正他们都是老板发工资的，好像这个叫马的3000多元一个月。那个李某应该也是这个车行的管理者，还有个财务。还有那个陈司机，估计都是车行的人。

问：如果再到你被非法拘禁的地方，你能认出来吗？你怎么知道他们名字的？

答：能认出来。当时为了怕被打，我假装配合他们才知道的，还有他们打电话的时候也听到他们喊名字。

问：后来去过被非法拘禁的地方吗？

答：不敢去了。我回到法院实习的时候，我跟袁冉冉提过要去广州找她，她就说不要来，有黑社会在，我记得袁冉冉还给我发过照片，其中有一个是自称河南黑帮的那个人，我可以提供照片，照片里面就是袁冉冉的家。然后简丰要我打电话给他，他问我是不是有跟袁冉冉说过什么，就说叫我想清楚，不要乱说话，说我去到哪里他都会知道，叫我老实点。我可以根据回忆画出场地的环境布局。

问：以上你反映的情况是否属实？有向公安机关反映过吗？

答：属实。去公安机关做过两次询问笔录，部分内容没有被记入，不够详细。

问：以上你说明的情况，如果有相关的聊天记录，你是否愿意提供。

答：愿意。

问：如果有需要你出庭作证的话，你是否愿意？

答：愿意，只要时间安排得过来。

附：车行三楼大概布局及内饰（根据证人的描述记录）

该车行三楼是之前某场馆的包厢，有一个大厅、一个小房间、一个大房间、两个厕所（蹲厕）、一个冲凉房，内有洗衣机。

大房间：总共有 5 张床，两张上下铺的铁架床，三张大床。证人当时被铐在正对房门的铁架床上。

（参见图 9-1，当时曾特意观察过，不过行动被限制，无法留下记号作为证据）

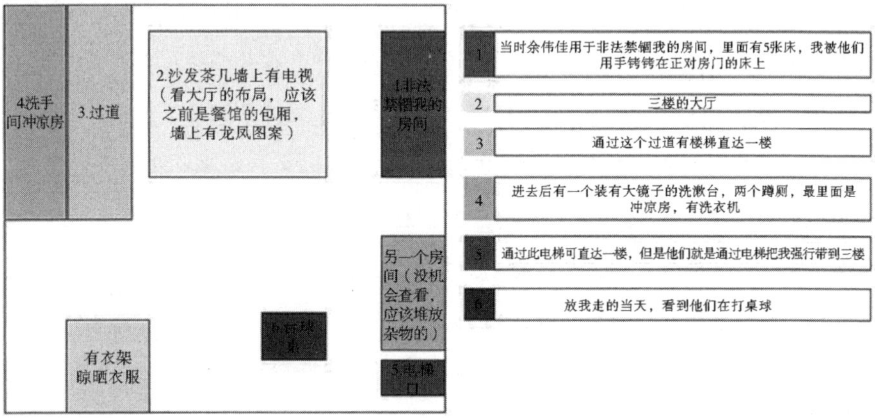

图 9-1　手绘布局

七

牵一发而动全身，一旦刑事控告能够立案，所有的问题似乎都能迎刃而解。但症结即在于，如果刑事控告无法立案，所有的问题都不能得到解决。

经过确认，袁冉冉需要先撤销余伟控告其诈骗的案件，而身为诈骗嫌疑人，无疑会为其刑事控告之路增添阻碍；除去余伟非法侵占的包括货款和货品在内的共计800余万元以外，吴剑携袁冉冉600余万元货款逃跑的事实，直接导致袁冉冉深陷1000多万元的债务。催债的人并不会在乎其背后的隐情，何况其现在的身份为“诈骗嫌疑人”，如果将实情和盘托出，则袁冉冉很有可能面临一干人等更加疯狂的催债，甚至是报案和信访。一旦上升为群体性事件，转为刑事案件的前车之鉴不胜枚举，如果事态发展至此，除了我们，又有谁会相信她呢？

一天天频繁的催债让袁冉冉苦不堪言，仅剩的力气还要用来照顾一双儿女，她的情绪时常面临崩溃。但直至管辖权异议审结，刑事控告之路也依然没有多少进展。一份报案回执，不显示任何案情或是嫌疑人的姓名，又如何通过刑事立案阻却民事仲裁的进一步进行呢？

逼于无奈，在律师团队准备好相关材料后，我派助理律师陪同袁冉冉前往市、区公安局信访办、市、区各级扫黑办进行信访，以期刑事立案工作的尽早落实。

转眼已是秋天，近6个月过去了，当地派出所仍旧未予立案，从我们了解到的情况来看，似乎都认为这是个烫手的山芋。

时间不等人，仲裁的开庭日期就到了，即使刑事未予立案，我们也必须做好准备，虽然民事仲裁由我的助理与周浩律师共同出庭，但在庭前我们开了数次讨论会议，还邀请其他律师一同商讨，以便充分应战。

八

会议室里，我、出庭的周律与熊律，以及盈科的娄永强律师和邱才华律师均列席会议，以期形成最终的辩护意见。

由我的助理熊昊堃律师，先行开场列明案件议题：“仲裁案之诉争协议，系被申请人袁冉冉、袁冉冉丈夫在被余伟等人非法拘禁，以胁迫方式而签订，原告余伟以此提起的仲裁申请是以合法形式掩盖其试图非法侵占他人财产的恶意诉讼行为，严重侵害到被告的合法权益，破坏了社会的安全秩序。根据《合同法》的相关规定，诉争协议应系可撤销。同时，根据有关法律规定，对于余伟的行为已经涉及违法犯罪的，应当裁定驳回，并将其涉嫌犯罪的线索、材料移送公安机关或检察机关。”

“现在拟证明对方存在强迫交易和非法拘禁，且直接与诉争协议相关联的证据有哪些？”娄律直接点明要害。

“目前，由于缺少合同原件，我们无法直接进行鉴定，但我们已经提交鉴定申请，待仲裁庭回应。据我们目前了解到的情况看，因为存在倒签的情况，这么短时间内的倒签，在鉴定上是存在很大难度的。当然，对于先捺手印，后填充内容的鉴定应当较易测出，但是对于直接证实该份合同是在 12 月 18 日当天的非法拘禁行为下签署的，则存在一定难度，我们的当事人很难在受控制的情况下获得充分直接的证据。”周律回应道。

“在这样的情况下，似乎我们需要另辟蹊径，将双方债权债务关系与案件各项疑点结合起来，串联成新的证据链条来突破对方的证据链。”我补充道，“我认为，应对开庭，我们需要做到以下几点，其一，对方虽然表面证据充分，但只要我们详细发问，定然会漏洞百出，我估计余伟本人并不会出庭，我们需要通过不断的问询，让仲裁庭意识到本案的问题所在，以及余伟本人应当出庭的必要性；其二，我们要坚持进行笔迹鉴定的申请，最好能够将该份合同原件保留于仲裁庭；其三，证人与我们的当事人都要出庭，如果这些事情都是真实发生的，那么他们当庭陈述的所有细节将被记录在案，一方面获得仲裁庭的对真实性的认可，另一方面，也有备于日后侦查机关对此次仲裁开庭进行调查取证”。我说道，大家也都表示赞同。

“根据我们目前收集到的资金流水来看，”熊律师继续补充，“从 2017 年 5 月起，余伟先后向袁冉冉转款合计 2657.0346 万元。截至 2018 年 1 月，袁冉冉已经返还余伟共计 2763.15 万元人民币，而此前已经向余伟等人无偿供货 600 多万元”。

“从转款的数据来看，显然双方之间并不是单纯的房屋买卖关系，近期我看到最高人民法院下发《关于依法妥善审理民间借贷案件的通知》，强调要加大对借贷事实和证据的审查力度，防范‘套路贷’。其实本案中，余伟等人的违法行为具有典型的‘套路’，只不过所谓的‘套路’，由虚假的借贷关系变成了虚假的买卖关系。设局者具备知识型犯罪特征，人民法院在审理该类民间纠纷案件中，除根据相关法规和司法解释进行审查外，还应结合款项来源、交易习惯等因素综合判断买卖关系的真实情况。有无违法犯罪等合理怀疑，代理人对案件事实无法说明的，应当传唤当事人本人到庭，就有关案件事实接受询问，要适当加大调查取证力度，查明事实真相。”娄律说完这则信息后，补充道“建议两位律师在开庭中要着重强调以上通知，让仲裁庭意识到本案的严重性，不可轻易判罚。本案表面上看似经济纠纷，但实际上余伟、简丰等人的行为已经触犯非法拘禁罪、强迫交易罪，甚至是敲诈勒索罪、寻衅滋事罪的有关内容，必须给我们充分的时间争取刑事立案”。

“娄律说得很有道理，”邱律师赞同：“既要抽丝剥茧，也要通过整体，透过现象看到本质，我们的当事人，有没有将手上的房产卖给余伟的真实意思。我们必须要向仲裁庭说明，本案最终被刑事立案，只是时间问题，没有任何人可以凌驾于法律之上，达到侵吞公民合法财产、房产、汽车的目的。本案报案人袁冉冉丈夫于三月报案，一直拖延至此的各种原因较为复杂。首要原因便是，袁冉冉本人已经因涉嫌诈骗罪被立案，且又身怀有孕，害怕被余伟等人再次伺机报复。”

“但我们刑事控告一直止步不前，派出所不敢作为。虽然早已超过公安机关对特别重大、复杂线索的 60 日立案审查期限，他们还迟迟未予明示。”熊律师补充道。

“真实、事实，在于他不可被证伪，细节不可被推翻，我们只有在庭审现场不断固化我们所有事实的真实性、细节性，不断质疑对方陈述的矛盾、漏洞，我们才能一步步扩大优势，这也是我们应当争取的。”我望向出庭的二位律师，“正是这一连串的证据将整个事实还原出来，这些证据无法事后捏造、伪造，都是根据当时的事实情况调取、搜寻而来，带我们还原当时签订合同的前前后后场景。因为是事实，所以我们有大量的微信聊天记录予以辅助证明，举个例子，12 月 16 日凌晨三点，余伟带数人前往袁冉冉家中，第二日将袁冉冉夫妻二人掠走，如若双方系友好协商签订房屋买卖合同，又怎会有如此举动？将事实细节补充得清楚、详细，且无矛盾，我相信仲裁庭会秉持公理的。”

九

据袁冉冉的反馈，开庭当时对方当事人余伟并未出席，我们的两位律师发挥得非常不错，加之袁冉冉本人亲自出席，“该打的点，都打到、打中了。”袁冉冉略显兴奋，一场漂亮的仲裁之战顺利完成，似乎她脱离苦难的日子就在前方。

然而 11 月底，距离开庭不到两个月，裁决书下达。结果令我们震惊：仲裁裁决我方败诉，要求协助过户房屋及进行有关赔偿。

虽然说是困难重重，但此刻的压迫感几乎让每一个亲历者都难以接受。

纵使两位律师在庭审现场发挥充分，也依然换不回好的结果。裁决书写明："仲裁庭在判断是否存在非法拘禁情形时，采用十分严格的审查标准，两被申请人应提供直接的、有充分证明力的证据，两被申请人已就非法拘禁情形向公安机关报案，如公安机关已认定非法拘禁情形，或至少已立案侦查，则可以认为有直接的证据……显然，截至本案庭审时，公安机关并未认为存在非法拘禁的情形，在此情况下，仅凭证人的陈述和微信记录，仲裁庭无法采信两被申请人的陈述，不能认定申请人以非法拘禁手段胁迫两被申请人签订《房屋买卖合同》。"

虽然我方在仲裁现场占据优势，但仲裁庭照旧依据刑事未予立案而认定我方证据不充分。依然是那句话，牵一发而动全身，发不动，则身不动。

我能看得出来，得知结果的两位出庭律师情绪有些消极。此刻我必须打起精神来，安慰两位律师，我们还有机会。"既然裁决书说明，是由于刑案未立而裁定，那么，只要刑事立案，自然就还有撤销裁决的可能，不要沮丧！"

说到这里，我想起发生在广东省梅州市另一起刑事和仲裁纠织在一起案子：某私募基金公司的基金经理违规操作，对基金净值造假，欺骗公司老板及基金持有人，赎回期满不能兑付被发现，公司实际控制人和担任 LP 的李总只好与投资人签订《还款协议》并约定仲裁条款。可是在履行期限尚未届满时，投资人又向公安机关控告公司老板和李总，并立了挪用资金案。事已至此，本以为依"先刑后民"惯例，暂时不会发生仲裁。出人意料的是公安机关以合同诈骗、职务侵占和挪用资金三罪向检察院移送审查起诉两人，同时，有的投资者又依《还款协议》中相关条款向深圳国际仲裁院申请了仲裁，在刑事案件没有审理判决前，仲裁决定书却迅速下达了，并在淘宝网上拍卖 LP 李总持有另一公司股权。对于刑民交叉案件到底是先刑后民还是先民后刑，或者是两者并行不悖？各地做法却是大相径庭！

十

常言道，物极必反，触底反弹。

在得知仲裁败诉不到24小时后，我们又接到了一个令所有人振奋的电话：“报案单位已经对袁冉冉及其丈夫被非法拘禁、强迫交易一案立案！”

“既然立案了，我们即刻向法院提出撤销仲裁裁定申请！”我立即嘱咐助理。

拨开乌云，便一定会再见阳光。

十一

袁冉冉与其丈夫，两个年轻的“90后”的故事并没有完结。每当夫妻二人精神上面临崩溃时，我总会宽慰他们，待他们解决了这件事后再回头看时，一定会抛之于旧日的自己，成长出新的自我。而这一切经历都会变成另一种财富，甚至会嘲笑那个向“恶势力低头”、想过轻生的自己，如若当时真的那么做了，那才是真的不值。对于从小集家庭宠爱于一身的“90后”这一代独生子女而言，挫折的来临宜早不宜迟。否则，太多的“想当然”，会在你成年后做选择时，一一印证为生活中的“得不到”与“要失去”。

如邓布利多所言，决定一个人命运的不是他的能力，而是他的选择。

当然，此刻迫害他们的黑恶势力，也尚未绳之以法。但“扫黑除恶”，从来不是一蹴而就的，距离“打黑除恶”，已相隔10余年，此次重新开展，是一字之差，却大有不同。打，是打倒那些显眼的目标；而扫，则是全面的、彻底的，只要是“黑”，都是目标范围。

想起亚里士多德的那句话——公正不是德性的一个部分，而是整个德性；而相反，不公正也不是邪恶的一个部分，而是整个邪恶。扫黑，便要扫得彻底。

我希望任何事情解决能在法治轨道上进行，“扫黑除恶”同样如此，既不要矫枉过正扩大打击面，也不能选择性执法放纵罪恶之徒。经过不停提交证据材料和信访，前些日子，终于接到袁冉冉丈夫的电话，派出所在扫黑办指导下已经正式立案，正在准备抓捕包括余伟、简丰及涉案多人。

这一次的“扫黑除恶”，我们拭目以待。

生命不能承受之重

——兄弟阋墙，虚开增值税专用发票案

一

2018年5月28日，崔永元一条微博迅速占领微博热搜，娱乐圈里人人自危，吃瓜群众热情高涨、群情沸腾——几张演艺合同照片，配字“合同约定片酬为税后1000万元”，而真正的引爆点是合同中的“范冰冰”三个字。29日，“另行约定片酬5000万元”；“两合同共拿走片酬6000万元，这哥们儿，只在片场演出4天”，以上内容依次出现在崔永元的微博中，评论区早已热闹得如马蜂窝一般。

艺人及其经纪公司所谓的“严正声明”也未能阻止崔永元的持续爆料。终于，在各方舆论的博弈之下，无锡市滨湖区地税局正式介入调查取证，国家税务局于6月3日发文称，对近日网上反映有关影视从业人员签订“阴阳合同”中的涉税问题，国家税务总局高度重视，已责成江苏各地税务机关依法开展调查核实。10月3日新华网消息，“阴阳合同”案已经查清，范冰冰在电影《大轰炸》剧组实际取得片酬3000万元，其中2000万元以拆分合同方式偷逃个人所得税618万元，少缴营业税及附加112万元，合计730万元。同时，范冰冰及其担任法定代表人的企业少缴税款2.48亿元，偷逃税款1.34亿元。根据我国相关法律规定，税务机关将追缴所有偷逃税款及相应罚金共计8.83亿元人民币。

8.83亿元的天价罚款单一出，一片哗然，段子手更是戏称“每天中500万彩票还要中半年”，但有些人似乎仍旧意难平，“偷逃好几个亿的税款为什么不用坐牢？”，并与当年刘晓庆偷逃税款一事相提并论。刘晓庆案发于2002年，彼时

适用的是1997年《刑法》，尚未有首次违法免罪规定，而范冰冰案发于2018年，自《刑法修正案（七）》后，明确规定：经税务机关依法下达追缴通知后，补缴应缴税款，缴纳滞纳金，已受行政处罚的，不予追究刑事责任。因此，范冰冰此次能幸免于牢狱之灾，是基于该条法律规定。

这样说或许有点玄，但当事人的运气也是蛮重要的。在我2014年办理的一个案件中，[1]陶某涉嫌虚开增值税专用发票，涉案金额是39万余元，一审以虚开增值税专用发票罪且有其他特别严重情节，判处陶某有期徒刑10年，并处罚金5万元。而现在，10年的量刑确实有些夸张，但当时就是这样判的。后陶某上诉至广州中院，二审我担任辩护人，经极力辩护，成功打掉了“有其他特别严重情节”，将量刑降到3年6个月，辩护效果的理想程度显而易见。但2018年8月22日，最高人民法院发布了《关于虚开增值税专用发票定罪量刑标准的有关问题的通知》，将“数额较大”的临界点提高到50万元以上。倘若陶某一案发生在此通知之后，或许不必耗到二审，又或者即使到了二审，也能够争取到更为理想的结果。说是运气更不如说是时势影响个体命运。

娱乐圈以阴阳合同的方式偷税漏税早已不是什么新鲜事，此次之所以会如此轰动，除了涉案金额巨大以外，更“归功”于大IP自带的流量热度，但凡换一个知名度稍差一点的艺人，热度都不至于此。

当普罗大众指责偷逃税艺人时，所站的高地并不是自觉道德高尚，不会偷漏税，他们所能仰仗的资本仅仅是，他们没有机会偷逃高额税款。当服务员同顾客讲“不开票可以打八折”时，当在大街上接过代开发票的小卡片时，当朋友圈代购发出琳琅满目的商品时，许多人都禁不住诱惑。或许每个人都不以为然，但事实上这已经站在偷漏税的区域。

一般个体尚且如此，更别提民营企业。在激烈甚至畸形的市场竞争，不景气的经济大背景下，民营企业夹缝中求生，不得不寻求一切提高市场竞争力的可能。在多方因素的综合作用下，不少心存侥幸的企业也就走上了涉税犯罪的道路。

下面这个企业，便为此付出了高额的代价。

1　（2014）穗中法刑二终字第355号。

二

晚上加班，正在整理昨天出差的发票票据，一阵手机铃响，是一个陌生号码打来的，我按下接听键，一个略显急促的声音传来："你好，是丁主任吗？"

"是的，你是哪位？"我不急不慢答道，一边把手上的发票按平整。

"我有一个案子想找你咨询帮忙，现在有空见我一面吗？"是个成熟的女性声音。

"什么事情，是刑事方面的案件吧？"预计是网上找来的客户，如果不是刑事案件，就不用耽误双方的时间了。

"是我丈夫的案件，涉嫌偷逃税。"对方秒回。

我看了看时间，"今天太晚了，这样，最快安排你明天下午来我律师事务所面谈"。

第二天下午，刚从中山市看守所回到所里，我正准备小憩一会儿，前台便打来电话——"袁女士已到达洽谈室。"

来不及稍作休息，我便赶到洽谈室。没想到电话里语调成熟的袁女士十分年轻，身躯娇小，黑色上衣的裹挟下显得更加瘦弱。见我进来，她站了起来，把原先抱着的单肩包往身后挪了挪，礼貌地鞠了个躬。

"别太客气，坐吧"，我一边招呼着，一边拉开椅子坐下。

"丁主任，事情是这样的……"袁小姐拿起一份情况说明，直入主题——

2015年辽宁亚通电子通讯有限公司（以下简称辽宁亚通公司）及深圳分公司在生产加工采购原材料的过程中出现了未税采购的现象，未税采购不能开发票，且要以私人账户结算，但是辽宁亚通公司的股东结构及政府基金的原因不能私户付款，不能做未税交易，可是未税采购的行为已经发生，供应商等待结算，经公司相关人员讨论，只能找其他公司开些发票，公司高管陈某平（长驻深圳分公司），介绍了姜生，说姜生可以开发票，他是从华为出来的，且与大公司采购部门有这方面的合作，当时辽宁亚通公司的总经理王栓不在深圳也不在广州，陈某平给我老公（王永）打电话，希望他能代表公司与姜生沟通洽谈，约谈地点定在辽宁亚通公司深圳分公司的办公室。

王栓出差回来后，我老公向他汇报了情况，确定的合作方式为辽宁亚通公司深圳采购人员将未税材料的采购明细统计出来后发给姜生的新余三家公司，其公司按照明细将发票开给辽宁亚通公司之后，辽宁亚通公司将款付到姜生公司的账户后，姜生再将货款付给辽宁亚通公司指定的上游供应商。

辽宁亚通公司的关联公司广州亚通电子有限公司（简称广州亚通公司）是做国内贸易的，主要采购和销售电子产品、手机、微机显卡等，在销售过程中，有些客户不要发票，那么公司就以姜生公司的名义向上游供应商提货，然后拿着姜生公司的提货凭证把货提回广州亚通公司，未税卖给客户。客户将货款支付到王栓的私户上，再支付给深圳未税采购的材料供应商那里。广州亚通公司以姜生公司向上游 A、B、C 三家公司付款并提货后，上游公司将发票开给姜生公司。

广州亚通公司在销售产品过程也有未税销售，账面上产生了多余的进项发票，便开给了姜生公司作为进项抵扣，目的也是为辽宁亚通公司降低成本。合作近一年，国税稽查局发现辽宁亚通公司发票有问题，发函给新余市下属单位协查案发。后王永主动前去新余接受公安机关调查，当即被刑拘。

三

王永的妻子袁女士是在丈夫被捕后几天，通过网络查询后，得知我办理过不少虚开增值税专用发票的案件，便慕名前来。

在听完案情介绍后，根据经验，我觉得涉案人员构成犯罪，案件的挑战性不大，又是外省案件，会花费较高时间成本，我便推荐其委托南昌盈科的同事做她的辩护人。但时隔一个月后，袁女士又找回我这里，强烈要求我亲自办理。说是律师费用未谈妥，加之先前其小叔子委托的律师与其沟通一直不畅，取保工作又毫无进展，思来想去还是找回了我这里。

诚意难却，火速签约后，我便安排坐当日的高铁前往新余市看守所会见，此时案件已移送检察院，我便决定先前往检院拿到基础卷宗材料。但错误的信息使我在渝水区检扑了空，时间不等人，我立即赶去市检案管中心查询，最终取得阅卷光碟。来不及将全卷阅完，我便先把侦查终结的起诉意见书打印出来。

起诉意见书指控：2016 年 4 月，王永经广州亚通公司员工陈某平居间联系，结识姜生，并与之合作，将姜生名下公司作为“洗票”平台，采取由广州亚通公司开具发票给姜生控制的公司（金额为 9,394,243 元，税额 1,597,021 元），姜生公司再将发票开给辽宁亚通公司的方式，为辽宁亚通公司获取了进项发票，另外，王永还通过采取由辽宁亚通公司提供资金，经姜生控制的公司流转，资金最终流向广州玛恒、广州德心应手以及辽宁喀威，并由上述三家公司向姜生开具发票，但实际货物由王永取得，后王永以不含税价将货物出售。姜生在取得上述进项发票之后，再向辽宁亚通公司取得进项发票的目的……我们认为，王永为达到辽宁亚通公司取得进项发票的目的，进行虚开和接受虚开。其中，广州亚通公司与姜生公司之间无真实业务，由前者向后者虚开发票税额 1,597,021 元，已经涉嫌犯罪。

经过会见和认真分析卷宗材料，我认为，本案应当是单位犯罪且王永具备自首情节，涉案税款虽然达到 159 万多元，但广州亚通公司和 A、B、C 三家公司开具给姜生新余公司的发票是“三流合一”，不符入罪标准。如果能够补缴涉案税款，取保候审就会变得容易得多。虽然救夫心切，但是袁女士一时也拿不出 160 万元，便告知我出了此事，其早就在做卖房的工作。

我一方面向检察官提出法律意见，另一方面建议家属积极消除误解，在多方的积极配合下，最终取得了公司实际控制人王栓的同意，由公司代支付了 160 万元税款。

第二天，王永便被顺利取保候审，与检院的沟通有效是一方面，但起到决定性作用的，当然是 160 万元真金白银交纳。取保成功，这让袁女士和其他案件相关人等都长舒了一口气，毕竟有效解决了当事人最为急切的人身自由问题。

被取保候审的当天，王永便和他的家人一起到所里与我面谈。

从口音能明显地听出王永的东北人口音，王永语言表达清晰，语气顿挫有力，颇有北方男人的气势，也许是久居南粤的缘故，也平添了几分南方人的儒雅。

再见到袁女士，先前那股拘泥与焦虑早已烟消云散，身上散发着一股强烈的朝气，与王永时而说笑打趣，恩爱显露无遗。但这次见面，我还是向其表达了对本案的忧虑。听至此处，王永便更为详细地向我介绍了事情的来龙去脉以及他对于弟弟王栓的顾虑，我虽然从袁女士处早有耳闻，但这次才对王栓这个人有了相对全面和客观的了解。

最开始，当知道王永作为总经理身陷囹圄，而王栓作为公司的实际控制人却能置身事外时，我就知道事情并不简单。

果不其然，为了自保，王栓一开始便连哄带骗地让哥哥王永作虚假陈述，而为王永委托的律师在取保工作方面也存在一定的拖拉与不作为，使人不得不怀疑目的是通过律师实现对王永甚至是案件走向的控制。

所幸王永两夫妇并未受蒙蔽太久，王永的第二堂口供便改正过来，而袁女士也在此机缘巧合之下找到了我。在跟进案情的过程中，我还是积极地调和两兄弟之间的矛盾，以期达成合力，实现最好的结果。

律师对于当事人来讲，几乎是最后一根救命稻草，当事人信任律师是理所应当的事，但如王永一般对我的信任甚于亲兄弟的情况，还真是不多见。

回到案件，这种案子当事人的期望值就是不关押、不判实刑。第一步在审查起诉阶段已成功实现，接下来的工作，便是力争缓刑。根据我的判断，若按起诉意见书的内容，结合整体案情，争取缓刑不是难事。但糟糕的局面是，最终起诉书的呈现，系将姜、陈的案件和王的合并起诉了，我们先前担忧的情况也如期而至。

起诉书指控：被告人王永因其为辽宁亚通公司采购货物，未能取得增值税专用发票，经与被告人姜生、陈某平商议，由姜生控制的公司向辽宁亚通公司开具增值税专用发票，在王永的安排下，姜生控制的三家公司在没有真实交易的情况下，先后从广州亚通公司取得增值税专用发票 96 份，金额 9,394,243 元，税款数额 597,021.31 元；从辽宁喀威汽车工业科技有限公司（以下称辽宁喀威）取得增值税专用发票 205 份，金额 19,614,434.33 元，税款数额 3,334,453.67 元；从广州玛恒科技信息有限公司（以下称广州玛恒）取得增值税专用发票 158 份，金额 15,493,277.17 元，税款 2,633,856.89 元；从广州德心应手通讯科技有限公司（以下称广州德心应手）取得增值税专用发票 96 份，金额 9,426,136.76 元，税款数额 1,602,443.24 元……王永虚开税款数额 8,167,775.11 元。

起诉书略显粗陋，至少存在以下三个问题：

首先，关于涉案金额明显计算错误，姜生控制的三家公司从广州亚通公司取得的增值税专用发票96份的税款数额，结合起诉意见书可知应为1,597,021.31元而非597,021.31元，此为笔误或印刷错误?

其次，多处使用诸如“在王永安排下”等字眼，一定程度上刻意拔高了王永在本案中的作用。

最后，辽宁喀威、广州玛恒、广州德心应手与姜生控制公司之间货物流、发票流与资金流“三流合一”，存在真实交易的情况下，仍认定这一环节为虚开与接受虚开，实属事实认定错误，法律适用错误。

面对这样一份与检察机关专业水平相距甚远的起诉书，应如何破解?

一审开庭，作为王永的辩护人，我和袁庚森教授如约出庭。

箭在弦上，蓄势待发——

“公诉机关指控被告人王永安排广州亚通公司向姜生控制的公司虚开增值税专用发票96份，涉及税款金额1,597,021.31元，本辩护人对此不持异议。但是，辩护人想提请法庭注意，广州亚通公司虚开发票的行为，对于广州亚通公司而言，并未造成国家税款损失。广州亚通公司取得的进项税发票合法，并负担了进项税，应当依法抵扣。其对外再虚开发票时必须且已经缴纳销项税，因此，其虚开发票行为就该公司而言并没有造成国家税款损失。”待速录员完整记录后，我继续陈述：“被告人王永虚开增值税专用发票的税额并非公诉机关所指控数额，应属于我国《刑法》第205条规定的‘虚开税款数额较大’范围，而非‘数额巨大’的范围。”

“最后一点，”我望向法官，“公诉机关指控被告人王永安排辽宁喀威、广州玛恒、广州德心应手向姜生控制的公司虚开增值税专用发票，本辩护人认为，这一指控属于事实错误，指控并不成立”。

我时而望向王永，时而面视法官，“被告人王永，既不是辽宁喀威、广州玛恒、广州德心应手的法定代表人、实际控制人、财务人员，也不是业务员，他与这三家公司几乎没有任何关系，他无法操纵这三家公司虚开发票，不可能借这三家公司为他人实施虚开发票行为”。

“其次，”我停顿了一会儿，“卷宗显示，辽宁喀威、广州玛恒、广州德心应手作为开具发票的一方，有实际货物（手机）销售，并不存在虚开的情形。那么对于接受上述三公司开具发票的另一方（姜生控制的公司），自然就不存在接受虚开的情形”。

“审判长，对于同一发票而言，发票的开具与发票的接收是一个整体，不能将同一发票分割为开具的发票是真实的，而接收的发票是虚假的。”见法官似乎还在消化我讲话的内容，我继续强化，“辽宁喀威、广州玛恒、广州德心应手与姜生控制的公司存在真实交易，不存在虚开发票的行为。从税法的角度，判定当事人是否存在虚开发票的行为，其核心是判断货物流、发票流与资金流是否三流合一。如果三流一致，在税法上一定不能认定为虚开发票”。

“本案当中，”我拿起并掂了掂厚厚的卷宗，“从资金流的角度，姜生控制的公司实际付款给了辽宁喀威、广州玛恒、广州德心应手；从发票流的角度，上述三家公司完全按照实际交易的情况给姜生控制的公司开具了发票；从货物流而言，上述三家公司完全将货物交付给了姜生控制的公司，只不过委托王永将货提走。刚才控辩双方均对辽宁喀威、广州玛恒、广州德心应手与姜生控制的公司签订的合同、辽宁喀威、广州玛恒、广州德心应手出货单（或者出库单）、姜生控制的公司货物签收单、提货收货授权委托书等书证没有争议，从中也能证明上述三家公司完全将货物交付给了姜生控制的公司。关于货物的交付，并非辽宁喀威、广州玛恒、广州德心应手将货物（手机）在姜生控制的公司所在地（新余或者分宜）交付才算实际交付。辩护人认为，上述三家公司通知姜生控制的公司到指定地点提货，并且收到姜生控制的公司开出的提货单，就应当认定货物的所有权转移到了姜生控制的公司。因此，辽宁喀威、广州玛恒、广州德心应手与姜生控制公司之间的交易，货物流、发票流与资金流完全一致，存在真实的交易，并不存在虚开发票行为”。

见我一轮发言完毕，袁庚森教授清了清喉咙，说：“第二辩护人想补充一点，当货物转移到了姜生控制的公司之后，姜生控制的公司并没有将货物交给辽宁亚通公司，而是由广州亚通公司提走。而姜生控制的公司将发票却开给了辽宁亚通公司，于是真正地出现了票货分离的情形，即出现了虚开发票的事实。所以，出现虚开发票的环节应当是姜生控制的公司开给辽宁亚通公司这一环节，而非辽宁喀威、广州玛恒、广州德心应手开给姜生控制的公司这一环节。本辩护人想再次强调，虽然姜生控制的公司给辽宁亚通公司开具的发票属于虚开发票的行为，但并没有造成国家税款损失。因为辽宁亚通公司做了进项税转出，因此并不会造成国家税款损失。”

“审判长，我再补充最后一点，”我向袁律师示意，“被告人王永，具有自首情节，根据我国刑法的相关规定，对于自首的犯罪分子，可以从轻或减轻处罚。其中，犯罪较轻的，可以免除处罚。除此之外，辩护人已经在质证阶段提交的多份新证据均可以说明，被告人王永还有诸多酌情从轻或者减轻处罚的情节，被告人王永家属已经在开庭前积极退赔160万元，也同样具有可以减少基准刑的情节。因此，辩护人恳请合议庭能够本着处罚与教育相结合的原则以及罪刑相适应原则，在量刑上对被告人王永从轻甚至减轻处罚。并建议对不再具有社会危害性的被告人判处缓刑”。

……

四

整个春节，我们都在期待法院的裁判，当然，王永和家属则显得忐忑无比。

不料，大年初八，年关尚未出，新余中院便打电话给当事人，要求其三天内赶到法院。

王永立即致电给我，听到此消息，我顿感情况不妙，在当事人提到车票难买，想推迟时间前往的情况下，法官明确表示，三天内不到，取消自首！

无奈，2月14日，王永一到新余就被收监，翌日宣判——

被告人姜生、陈某平、王永在没有真实交易的情况下，虚开增值税专用发票，虚开税款数额巨大……王永虚开的增值税专用发票进项税额数额为9,455,823.31元……判处姜生有期徒刑11年，判处陈某平有期徒刑10年，判处王永有期徒刑4年。

尽管我们在庭上据理力争，并且法院认同了关于姜生控制的三家公司从辽宁喀威、广州玛恒和广州德心应手取得发票这一环节不属于虚开，不构成犯罪的观点。但案件的一审判决仍旧成为多方力量博弈的结果，同时为了平衡量刑，把王永卡在缓刑的标准之外。

一审判决的结果虽然偏离了理想刑罚，但也算在意料之中，当起诉书将王永与姜生、陈某平两人合并起诉之时，我便已经有了可能将三人地位作用同质化的风险认识。

凡事做最坏的打算以及最好的准备，但当不甚理想的结果到来之际，还是难免失落。

但令人匪夷的是，判决书全文对160万元退赔款的情节未做出任何从轻情节的认定，甚至只字未提。对此，我直接去法院面见法官，要求法官释明。对此审判长回复，160万元的款项虽然在起诉书中提及，但相关认定材料及款项并未移交至法院处理，对此不予评判。事已至此，只能在二审中开门见山地提出。

见招拆招，我紧锣密鼓地开始了准备上诉的工作。

五

周六，袁女士从新余赶回来后，便马不停蹄地和王栓到所里与我面谈。丈夫被关押后，她心态急转直下，再次回复到六神无主的状态。她之所以愿意不计前嫌与小叔子坐下来好好沟通，我想很大一部分原因，是经济拮据，希望王栓能伸出援手。正因如此，我也尽可能地将二审的律师费降到最低，一方面是体恤她生活不易，另一方面是感谢夫妇俩长期的信任。

“一审判决主要存在以下三个问题，”我指向判决书判定处，“其一，错误认定王永与姜生、陈某平在共同犯罪中作用相当；其二，在认定辽宁喀威、广州玛恒、广州德心应手三家公司取得增值税专用发票这一环节不属于虚开的情况下，仍将从以上三户企业中取得的增值税专用进项发票的税额累加到王永头上；其三，忽视王永退赔税款160万元一事，不予调节量刑；且未予认定单位犯罪。”

带着我的所有疑问，我拿着先后提交的辩护词与补充辩护词，前往二审法院——江西省高级人民法院。

审判长办公室里，我等待着与法官会面——

整整一个下午，我与高院曾法官将王永案种种问题依次聊过，曾法官也给予了我充分的时间与其探讨，并让书记员做了记录。

针对第一个问题，我必须让法官明白王永在此环节中的作用轻微，事实上，姜生与陈某平两人早在为辽宁亚通公司开具销项发票之前就已形成了稳固的合作关系，即成立公司，用于虚开增值税专用发票谋取利益。此次辽宁亚通公司与姜生三家公司之间的业务往来也是由于陈某平与姜生事先达成了合作共识，从而促成了此次合作，王永经陈某平牵线才结识姜生。陈、姜两人事先沟通好分红比例并且从中获利。而王永在其中，自始至终没有获利，其只是作为广州亚通投资有限公司的经理按月领薪。因此，不管是从利益分配还是分工来看，不应主观推定王永与两人共谋商议的情况并认定为主犯。

针对第二个问题，既然一审判决已认定这一环节不属于虚开，则不能对这一环节的税额予以追究刑事责任。至于开具销项发票，犯罪主体是姜生、陈某平，辽宁亚通公司作为受票单位，税务稽核时已经做销项税款转出，没有用于抵扣造成国家税款损失，不构成犯罪，不应以目的手段一说将本不属于虚开的数额嫁接过来并认定为王永的犯罪数额。起诉书未将王永与姜、陈两人认定为共同犯罪，彼时姜生与陈某平两人的犯罪数额是 22,706,977.37 元，一审判决认定姜生控制的三家公司从辽宁喀威、广州玛恒、广州德心应手三家公司取得增值税专用发票这一环节不属于虚开后，将此进项发票的税款从两人的犯罪数额中予以剔除，姜、陈两人的虚开税款降为 14,471,402.16 元，而王永的却没有剔除，显失公平。

针对第三个问题，案发后，袁女士为了筹集退赔款四处奔走，甚至萌生了卖房的念头，最终在多方配合的情况下才得以顺利退赔 160 万元的款，按照相关法律规定，可以减少基准刑，但一审判决却只字未提，且最终判决也未充分体现，属明显量刑不当。在我与曾法官的交谈过程中，其也表示非常不解，为何一审判决书会对此完全不做考虑。160 万元虽不能等同地认定为补税款，但一审起诉书中以 160 万元为非法所得数，对于公司的退赔应当予以考量。

针对是否构成单位犯罪，区别于姜生和陈某平两人为了实施虚开的犯罪行为而成立公司，王永自始至终都是出于为公司利益考量，具体操作都请示过公司领导并且是在公司领导知情并允诺的情况下实施的，个人更不曾从中获取些许私利，这完全符合我国刑法对于单位犯罪的认定标准，但一审判决却没有认定为单位犯罪，于法于理，都不合适。

两个多小时的沟通时间很快便过去了，案件聊罢，我便将事先准备好的 3 份相似案例，包括与王永案的异同点进行比对，一一向法官释明。从南昌返回后，我又寄了补充辩护词，并先后三次打电话给法官交流意见，申请开庭审理和询问进展，生怕遗漏对当事人有利细节。电话接通后，曾庭长每次都很耐心和我交流，心中暗想二审也许有戏了。况且，王永的哥哥先后还在上海和南昌本地又聘请一位律师加强辩护力量。

六

二审工作，无外乎是抓住一审判决的漏洞，各个击破，也正因为存在这些漏洞，我们更要据理力争，才算是不辜负当事人及其家属的信任，才算是真正扛起辩护人的责任，哪怕道阻且长。为王永及其家人争取到一个最好的结果，而我也相信守得云开见月明，一个公平、合法合理的判决就在不久的将来。

一切，都是为了不负所托。然而，年前收到日期为 2019 年 12 月 9 日判决书，案号（2019）赣刑终 70 号。二审只是对第二被告陈某平刑期减少一年六个月，我的当事人和第一被告刑期不变。对于 160 万元，高院判决书写道："虚开增值税专用发票犯罪侵害国家正常的增值税专用管理秩序，造成国家税款损失，不应由王永个人退赔，且王永参与的虚开行为，给国家造成的税款损失不止 160 万元。对该辩护意见不予采纳。"

二审终审，判决生效。本案看似尘埃落定，其实不然。本案做到了法律效果和社会效果统一吗？遵循了罪责刑相适应原则吗？当事人服判息诉吗？庚子年春节期间，病毒漫飞，王永被投入江西省未成年犯管教所服刑，2019 年新型冠状病毒阻隔了家属探视，王永从监狱打电话给妻子说希望律师继续帮助申诉，同时也要向检察院追回交的 160 万元。

【一点思考】

通过办理本案，我们对民营企业家虚开增值税专用发票犯罪频发而扼腕叹息，同时对发票管理亦感慨颇多。

企业生存发展之际，面临税收和发票这道坎，有诸多无奈，可以说，税收征管制度的改善刻不容缓。

客观来说，我国的税负环境确实不容乐观。由世界银行与普华永道合作推出的《世界纳税指数 2018》，通过对纳税次数、纳税时间、总税率和社会缴纳费率以及税后流程指标 4 个核心指标进行评估，意在对全世界所有国家和地区的实际税务负担和税收竞争做出一个综合评价，中国企业综合税率处于高位，而日本、美国、英国等发达均低于 50%，分别位居 53、67 以及 139 位。也就是说，我国企业享受不到发达国家水准的创业环境、福利政策，却要承担高于发达国家的税负义务。这也就直接导致了企业想方设法从各种渠道去降低生产成本从而提高市场竞争力，包括但不限于从税务方面入手。

在这样一个稍显严峻的环境下，是否可以考虑为企业或个体松绑解压，减轻税务负担？或者是充分发挥刑法的谦抑性，提高涉税犯罪的入罪标准？

所幸，近来相关政策略有松动，习总书记、最高人民检察院、最高人民法院先后为民营企业发声，更具现实意义的是 2018 年 12 月 4 日最高人民法院对外公布的一批典型案例中，张某强虚开增值税专用发票案在最高人民法院复核的过程中，以不具有骗取国家税款的目的，未造成国家税款损失为由将案件发回重审，最终宣告无罪。

王永一案案情与张某强案极为相似，二审没能改判，我们深表遗憾。

事实上，所有事物的发生都是多因一果的，涉税犯罪频发也不例外，除了客观环境以外，内在诱因也发人深省。但凡有那么一丝贪欲，都会助长违法的念头，但凡心存那么一点侥幸，都会使人日渐滑向犯罪的边缘。贪字头上一把刀，不要因一己私利，置国家法律、社会秩序于不顾。税收，取之于民，用之于民，不管是个体还是企业，都要端正依法纳税之态度，遵守科法，主动申报，如实纳税，否则受伤的，始终是自己的企业与自己。

第十章　锋　芒
——为民营企业家辩护

当我站在天堂口

——指控职务侵占、挪用资金、隐匿会计凭证案，三罪变一罪，单独罚金

万物皆有裂痕，那是光照进来的地方

——合同诈骗、非法吸收公众存款、信用卡诈骗、行贿案，董事长四罪减两罪，20 年变 10 年

眼看她起高楼，眼看她宴宾客，眼看她楼塌了

——清华女企业家涉嫌职务侵占、挪用资金，能否无罪？

2017 年 11 月 24 日，最高人民检察院、公安部联合发文的《关于公安机关办理经济犯罪案件的若干规定》；2017 年 12 月 4 日，最高人民检察院下发《关于充分发挥职能作用营造保护企业家合法权益的法治环境、支持企业家创新创业的通知》（以下简称《通知》），《通知》要求各级检察机关准确把握法律政策界限，依法保护企业家合法权益和正常经济活动，强调要处理好办案与企业正常生产经营的关系，不能因办案简单化或不讲方式方法而致使企业经营遭受不必要的损失甚至倒闭，提出强化刑事诉讼监督，促进公正司法，从立案、侦查、采取强制措施、审判和执行等各个环节保障涉案企业家的合法权益。

当我站在天堂口

——指控职务侵占、挪用资金、隐匿会计凭证案，三罪变一罪，单独罚金

【引】

2018年5月31日，最高人民法院撤销原审判决，宣告张文中无罪。张文中案成为“人民法院落实党中央产权保护和企业家合法权益保护政策的一个标杆案件”，这个案件进入再审程序，体现了让人民群众在每一个司法案件中感受到司法机关公平正义的决心。然而，张文中带着属于他的正义走到大众的面前，用了整整12年时间，但又有多少民营企业家能够成为张文中呢？

我们看到一个无法回避的事实，如今的民营企业家中，“资本外逃”“富人移民”“中产阶级办绿卡”“境外生子”的现象愈演愈烈，尚未健全的国内司法体制，让这批“苦哈哈”出身的民营企业家们极度缺乏安全感，无时无刻不在担心“秋后算账”，稍不留神就得“进去读书”。所谓国外的环境好、“好赚钱”之类的说法，多是商人们构建的海市蜃楼，经不起实践检验。想到一些朋友同事移民加拿大等国，仅仅只是取得一个身份，坐完“移民监”，又回到国内执业赚钱。这样看起来，他们宁愿选择更迂回、难度也更大的方式“保住”他们的积蓄，也不敢直愣愣地把钱“放在”自己的身边，这便是国内民营企业主的普遍心态。

【辩护之路】

一

从实效而言，作为刑辩律师，我们自然更希望以上这种种规定和通知不只

是起到镇静剂的作用，要知道，镇静剂可以用来消除疼痛，却无法解除病症。司法改革的潮流之下，没人愿意看到民营企业家成为洪流中的炮灰、被卷走的泥沙……

二

刚接触蔡卓洪时，他尚是自由身，作为一个传统企业集团老总，即使坐拥数十亿资产，蔡卓洪身上却依然有着质朴、实诚的气息，此时正是2017年年末，蔡卓洪特地邀请我同盈科所的程旭东律师前往佛山为其寻求解决之道。席间，蔡总与我二人侃侃而谈，白手起家的企业家，话语间满是果敢、坚决与踏实，但对于自己的处境，却无奈地大吐苦水——

中南恒展集团公司（以下简称恒展集团）成立于2001年，由蔡卓洪持股68%，另一位股东陈某飞则持股28%，是一家注册资金10,800万元，以房地产为主多元化经营的集团公司，公司下设多家子公司，员工超千人。公司经营十余年，一直稳健地创造了可观的业绩和利税。

无奈这两年，由于第二大股东陈某飞个人生意失败，在外背负十几亿元巨额债务，又被多名债权人起诉，致使其所持有的28%的公司股权被查封。面临股权被拍、身处绝境的陈某飞，便想通过退股变现的方式“分家”，但在与蔡卓洪协商收购股权的过程中“狮子大开口”，自始至终都协商不成，两人因此交恶。

火烧眉头的陈某飞为了阻止自己的股权被法院拍卖，于2016年5月在清远市清城区报案，称蔡卓洪职务侵占清远市新创展房地产公司股权转让的51%差价，立案近一年查无结果。2017年5月，陈某飞又在南海区报案称蔡卓洪职务侵占及挪用恒展集团资金。几项控告确有争议之处，但与职务侵占和挪用资金的性质相去甚远。然而，无论是何种原因致使案件立案，陈某飞的目的已经达到，在案件被立案的一年多时间里，蔡卓洪一直需要协助公安调查，立案便意味着嫌疑人的身份，无条件地配合公安机关多次的讯问调查，使其举步维艰，不仅其个人无法自由出行、办公，更为严重的负面后果是，一个企业集团的一把手涉嫌犯罪、遭受非议，必然会导致公司声誉、信誉遭受重大影响，企业也必然会在这种折磨中被消耗殆尽。一起股权分家引起的民事纠纷，却在各种势力下演变成一起股东借助公安力量解决经济纠纷的刑事案件，这种“以人脉控制人权”的操作使一家集团公司岌岌可危，着实具有讽刺意味。

“陈某飞就是想利用刑事报案的手段，达到他的股权被延缓拍卖的目的！不仅如此，他得寸进尺，想一石二鸟，以此为要挟低价收购我和我亲兄弟72%的集团股份！”

蔡卓洪谈至激动处，怒不可遏，嫌疑人的身份他承担不起，他的企业更是承担不起，陈某飞可以不为企业考虑，但他不能，公司上下1000多名员工和员工的家庭倚靠着恒展集团。

“绝不能坐以待毙！”他几乎拍案而起。

悬而未决的案件侦查阶段，一步步将恒展集团和蔡卓洪推向困境，事态已经至此，必须采取行动，我与程律师此次的佛山之行的意义便在于此。其间，我们两人就其涉案情况进行了简要的分析，讨论了目前全局的利弊关系，但同时，我也提醒蔡总，公安机关已经立案，意味着案件已经进入了刑事司法程序，如果处理不当，可能身陷囹圄。

“就算是进里面待着，我也必须把这件事处理掉！”蔡卓洪言语凛然。但我对这份果决却仍然怀揣着担忧，你我都是座上客，怎能体味阶下囚的滋味。

三

临近年关，天气仍旧阴沉，我与程旭东律师在广佛之间来回往返，就两地公安机关所侦查的数项罪名及可能涉及的事实，与蔡卓洪及其集团员工一一核实，准备起草相关法律意见书和撤案申请材料。

主观而言，在这个阶段，由律师与公安之间进行直接对话，存在一定风险。案件在侦查阶段，律师提供法律帮助，帮助当事人厘清法律事实自然无可厚非，但律师与公安机关的关系是微妙的，自是有愿意接纳和听取律师意见的办案单位，也有对律师无比反感，生怕律师影响“侦查效率”的办案单位，且法律意见不仅存在有效与无效之别，同时还有可能成为办案单位的侦查方向。因此，对于法律意见书的方向、程度的把控十分重要。不过真相终归会大白于天下，此时当事人需要我们，我们应当站出来！

客观分析，蔡卓洪所掌管的恒展集团是典型的传统家族企业，作为以近亲属集中、共同管理为特征的家族企业而言，相比一般性质的合伙企业、公司，鉴于近亲属特质，经营管理通常不甚规范，像恒展集团这样的老集团，会出现诸如账户公私混同、部分财政程序不规范等情形。

针对事实，应刨根问底，至于是否应当上升到刑法规制的程度，则要看其本质上是否符合职务侵占、挪用资金的犯罪构成，是否有非法侵占的主观目的，如若武断地将一些经济纠纷认定为经济犯罪，无疑违背了最高人民检察院、公安部《关于公安机关办理经济犯罪案件的若干规定》的精神，即使企业家涉嫌违法犯罪活动，也应审慎再审慎，否则触一发而动全身，皮之不存毛将焉附？绝不能因为所谓的“报案”而侵害甚至摧毁一家集团企业。

2017 年 12 月 16 日，佛山市南海区金都大酒店，公司高层聚齐。

“今天的会议由蔡总公子主持。”经理开口。

正当蔡家公子准备起身发言时，蔡卓洪推门而入，单手一挥，将一个 U 盘拍在桌上，怒气冲冲。“你们听听看他有多嚣张。”蔡卓洪示意经理将 U 盘插入电脑。

全场所有人，安安静静地听着录音，录音中两个人在对话，听得出来，一个是蔡卓洪，另一个，便是陈某飞。许多话语夹杂着普通话与粤语，并不清晰，但有几句话在场的人听得一清二楚。“你签了股权转让协议之后，我就可以马上撤案！你限定我 24 小时内办成都没有问题！”“我跟蔡总合作这么多年，不是十冤九仇，既然我能得到我的利益，我就没有必要再弄下去，不去撤案。”言之凿凿，语气之中得意非常，仿佛自家后院。

“丁律、程律，我们不能再坐以待毙了，必须尽快把意见传达上去，不能由着陈某飞如此横行无阻。”蔡公子忍无可忍。

“尽快拟具法律意见和撤案申请书！”蔡卓洪斩钉截铁。

的确，刑事司法是国家公权力机关惩治违法犯罪分子的手段，怎能由个人支配，这在理法上根本无法成立。但在现实中，公权力被利用，的的确确成了一种有“可操作度”且难以对抗的手段。在是与否之间，有一条长长的灰色地带，而这片区间便成为“可操作病毒”滋生的“温床”。作为刑辩律师，我们接触过太多太多的案件，由报案、立案、最终公安撤案，或者报案、立案、移送审查起诉、最终检察院不起诉，再或者由法院判为无罪。这之中当然有无可厚非的公平、合理案件，但也有令人不齿的“操作性”案件，这是典型的以社交关系办“人情案”的社会病症。

四

2018 年 1 月，刑事拘留通知下达，蔡卓洪被当地警方采取了强制措施。

这几乎算是最糟糕的消息，蔡家里里外外乱作一团。蔡卓洪刚一被押解至看守所，我们便前往会见。不同于外界的慌乱，蔡卓洪倒是显得格外镇定，颇有点“体验生活”的意思。但我深知，上山容易下山难，何况在这铜墙高台里的日子冗长又无趣，不用多久便会磨灭了人的意志。

大约是几周后，已然临近呈捕期限，蔡卓洪也到了意志的极限，我与助理前往会见时，他几乎没了气力，说话无精打采，口中只有一句话——“想尽一切办法，让我出去。”

一旦进入刑事司法程序，很多事便由不得人。即使我们早就向公安机关递交了《取保候审申请书》，可耗时一年才抓进去的人，又如何会轻易放掉。

后来公安机关向检察院递交呈捕材料所附的《起诉意见书》，比原本预估的涉案情况更令人咋舌，直指蔡卓洪的三宗罪：

其一，2014 年 4 月至 2015 年，涉嫌职务侵占 2.2 亿余元公司财产；其二，2014 年 7 月涉嫌挪用资金 5040 万元；其三，在两地公安局对案件侦查的过程中，指使他人将公司有关财务账册进行更改、转移、藏匿，拒不交出并更改凭证，涉嫌隐匿、故意销毁会计凭证、会计账簿、财务会计报告罪。

2018 年 5 月 18 日，佛山市南海区金都大酒店，公司高层第二次聚齐。

这次会议的议题是，针对公安指控意见，再次对案件进行详细梳理，研讨《起诉意见书》的具体内容。

讨论第一项，是关于蔡卓洪涉嫌职务侵占的问题：

“公安机关按照时间顺序，将蔡卓洪涉嫌职务侵占的事实分为三部分，分别是：

一、2014 年 4 月，从恒展集团开设的公司账户分批次转移到蔡卓洪公私混同账户的 10,380 万元。后转账至广东恒华投资发展有限公司（以下简称恒华公司）用于经营，因而被公安机关指控构成职务侵占。

二、2014 年 8 月，从恒展集团的公司账户分别转入蔡卓洪名下另两个公私混同账户共 11,626 万余元，此部分后转账至恒华公司，被用于收购原恒展集团下属的佛山市中南房地产实业有限公司，因而同样被公安机关指控构成职务侵占。

三、2015 年全年，转入蔡卓洪公私混同账户的 703 万余元。此部分资金为恒展集团所获租金，系恒展集团下属中恒酒店、金都酒店和佛山市南海区中南恒展投资有限公司（以下简称恒展投资）上交的部分运营结余资金。这些资金均由相关管理人员从自己公私混同账户转入蔡卓洪名下的公私混同账户。因蔡卓洪曾在 2014 年 6 月提出清产核资，并要求恒展集团及下属的分、子公司不再记以其私人账户开设的银行账户出纳账，故公安机关指控，2015 年转入蔡卓洪账户的恒展集团应入账资金，属于被蔡卓洪侵占的资金。”

蔡公子念完材料，看向我和程律。

程律师率先说道：“侦查机关的步子迈得很大，已经是多罪名多项事实的指控，仅是职务侵占就包括三项巨额指控，不过我认为职务侵占这几项还是有推翻的空间。”他继续说，“家族企业由于在经营管理方面往往不如上市公司规范，在实际运营中易出现账户的公私混同使用问题。但是公私混同账户中的资金来源、性质、去向均具有复杂性，在追踪资金流向时，不能以偏概全、断章取义，具体要听听各位对于当面这几笔款项流动的回溯”。

“蔡总的私人账户，在恒展集团成立时就已设立，包括陈某飞在内的股东也都一直同意将这两个账户用于恒展集团的日常支出经营，包括增资、扩股与投资等。”区经理补充道。

“所以这个账户存在股东资产混合的情况，甚至存在股东将资产投入其他渠道进行资金循环以促资产增长的可能。”程律顺着区经理的话说。

财务总监表示赞同：“恒展集团在经营管理上，一直习惯使用公私混同账户。这一点我也有责任，没有尽早厘清公司财务管理中存在的问题，但恒展集团财务账目庞大，要整顿起来也不是一朝一夕的事。”财务总监有些自责，“不过不仅蔡卓洪、陈某飞等股东均开设私人账户过手公司资金，而且恒展集团和其下属公司的主要经营管理者也将私人账户用于公司运营。在这种经营习惯下，阶段性清产核资与记账习惯的改变并不标志着公私混同账户已经成功拆分。事实上，直到2016年2月前，蔡总的账户依然存在公私混同使用的情况。”

“丁律，对于恒展集团和旗下子公司的资金拆借，您有什么看法？”蔡公子问道。

我起身，清了清嗓子，“家族企业在经营过程中，时常会牵涉到亲属之间的资金拆借问题，而亲属间在进行资金流转时，往往持‘都是自己人无须太计较’的心态，不拘泥于手续的完备与否，以至于容易出现一些程序上的纰漏，但并不宜以程序纰漏否决事实本身。在私人向恒展集团出借资金时，均存在漏算利息，借期随意不定等问题。同样，蔡卓洪作为恒展集团的大股东，在向自己妻子、弟弟与儿子归还恒展集团的借款时，在还款程序上也具有一定的随意性。从我们的角度看，还款是否经股东会决议，并不影响借还款的真实性，但要完全推翻职务侵占的指控，则需要更多的证据支撑。”我回答道，“财务这边给我统计到的流水，可以发现恒展集团2.2亿余元资金的具体去向，最终有些是回流于恒展集团，有些是用于清偿恒展集团的债务，与指控蔡总职务侵占罪大相径庭。但这一部分内容太多，需要分别厘清，烦请财务人员将其向在座的各位逐一进行说明”。

“好的，丁律师！”财务人员起身。

五

讨论的第二项，是关于蔡卓洪涉嫌挪用资金的问题：

蔡公子继续：“公安机关认为：2014年7月31日蔡卓洪将恒展集团下属的佛山市中南恒展房地产有限公司（以下简称恒展地产）的5040万元通过佛山市桂园建筑工程有限公司（以下简称桂园公司）、佛山市盈格丰商贸有限公司走账到其实际控制的恒华公司。恒展地产将该5040万元资金以工程款支付到桂园公司，恒展公司的出纳叶一燕持恒展地产委托书要求桂园公司将款项转账到盈格丰公司。

恒华公司将该 5040 万元资金用于收购南海农行的康正公司债权包。2014 年 8 月 26 日，恒展投资以 5040 万元向恒华公司回购了康正公司的债权包，但恒华公司至 2015 年 3 月才将 2040 万元退回恒展地产。2017 年 6 月恒展地产向恒华公司提起仲裁，收回了 3000 万元本息。公安机关认为蔡卓洪是恒华公司实际控制人，蔡卓洪通过上述手段将恒展集团的资金挪用至恒华公司用于经营活动。”

“两位律师，这个问题我们之前讨论过，不知二位有没有新的意见？”蔡公子追问。

“根据我们之前收集到的材料来看，企业向银行申请大额商业贷款时，银行往往会明示、暗示贷款企业购买一定金额的债权包作为交换。而银行为了避免违反原银监会规定，免除迫使贷款企业购买债权包的责任，往往会要求贷款企业不得用本公司名义购买债权包，并安排贷款银行的其他网点出售该标的债权包。恒展集团购买债权包是基于通行的银行贷款规则，本身便存在特殊的商业背景。”程律师回应，“恒展集团欲向农行贷款 2 亿元，为了确保贷款审批的通过，且基于以上商业背景，恒展集团委托恒华公司进行了债权包的购买操作”。

“仲裁书我们已经看过了，该事实确实已经通过仲裁完全解决。”我附和道，“恒展投资是将盈格丰公司作为过桥，向恒华公司回购债权包并给付 5040 万元，恒华公司也很快就向恒展投资原路转回 2040 万元。但后面因盈格丰公司发生了股东变更，不愿意再配合转款，以至于剩下的 3000 万元转回被搁置。这是基于财务记账的客观原因导致延迟，并不是蔡卓洪主观上故意挪用。何况恒华公司已主动将剩余 3000 万元本金及利息通过仲裁返还给中南房地产，至此，双方之间的纠纷已经解决，账目处理也已经清楚。将已经通过仲裁完全解决的民事纠纷，作为刑事犯罪事实并提出指控，据此起诉挪用资金存在重大的定性错误。”

“好的，丁律。”说完蔡公子便要求一旁的秘书将内容记录。

六

讨论的第三项，是关于蔡卓洪涉嫌隐匿会计凭证、会计账簿的问题：

“公安机关认为在案件侦查的过程中，蔡卓洪指使他人将公司有关财务账册进行更改、转移、藏匿，拒不交出并更改凭证。”蔡公子紧锁眉头，“丁律、程律，在我们之前了解到的情况中，没有任何对于此项事实的确切控告，为何会凭空多出此项罪名，公安机关此举是何用意”？

“首先，不论是否增加罪名，我们还是要结合事实来看，这个指控看似耸人听闻，实际在事实认定上存在重大争议。”我示意蔡公子少安勿躁，“举例来说，2014 年恒展集团进行了清产核资，蔡卓洪在此时做出了希望拆分公司混同账户的努力，本质是一种经营管理方式的调整。虽然其结果并不成功（2015 年依然没有做到公私混同账户的拆分），但这与隐匿会计凭证是两个概念。再如，2015 年恒展集团曾经对财务部门的软件进行了一次更新升级，因此需要回收部分旧设备，对数据也要进行重新整理，由此导致部分员工误以为蔡卓洪要求删除文件、收回硬盘，而所谓的修改凭证，最后只是为了修改会计科目，在公司运营中这是财务工作的常规操作。这是为财务部门进行技术调整，并非蔡卓洪主观上故意藏匿会计凭证”。

“丁主任，我有些补充，”区经理抬头看向我，“对于这个罪名的第三点指控实在让我匪夷所思，2014 年恒展集团的办公场地由黄岐搬到现中恒海晖城销售中心，由于财务室空间有限，财务账册、会计凭证均分别存放于中恒酒店仓库、恒展集团工程部仓库两个地方。2017 年恒展集团的年度工作计划决定对工程部仓库进行拆除，建造商品房对外销售。因此，2017 年 7 月，恒展集团的工作人员先将工程部仓库内的财务账册、会计凭证搬到中恒酒店仓库后，再统一搬到海晖城地下设备房。就中恒酒店仓库、工程部仓库、海晖城地下设备房三处地方的会计凭证的保存问题，集团还专门指派了仓管员负责管理。转移会计凭证是公司的正常工作安排，怎么成了隐匿账簿？”

“没错，没错，”蔡总的夫人此时终于也忍不住，站了起来，说：“2017 年，南海法院需要执行陈某飞股权，对恒展集团进行了评估，因陈某飞对评估报告提出异议，2017 年年底，南海法院要求评估公司对陈某飞股权价值重新进行评估，恒展集团也都全力配合评估工作，接受了评估公司入场对账册材料进行审计。这说明会计凭证的保存地方并非只有蔡卓洪一个人知晓，而是集团的财务相关人员均清晰了解。怎么能简单因为会计凭证存放地方发生变化，就武断认定为隐匿？”蔡太继续说道，“恒展集团对于公安机关的侦查一向是配合的，但是作为一家正常营运、业务繁忙的公司，要在接到取证通知后立刻调取公司成立至今所有的财务资料，根本不现实。所谓不交出账簿，只是未及时交出公安机关所需要的全部账簿”。蔡太太一股脑将意见全部阐明。

“蔡太太说的极是，根据扣押情况来看，恒展集团及其子公司的账簿也是完整、清晰、未被损坏的，如果蔡卓洪有隐匿会计凭证的主观恶意，完全可以销毁和破坏这些凭证，所以蔡卓洪欠缺隐匿账簿的主观故意和客观行为，不能构成该罪。”程律回应道。

“所以，根据目前的情况来看，公安机关指控的三项罪名，皆差强人意，作为律师，我们会及时与检察院交换意见，递交《建议不起诉法律意见书》，以冀明察秋毫。”我依次望向在座各位。

七

不日，我和程律便将所有事实依据写成相关法律意见书提交至检察院，即使从律师调查到的现有案件事实来看，陈某飞对于蔡卓洪职务侵占与挪用资金的指控也根本站不住脚，但公安机关已经先后立案，这将如何下台？案件如今已造成如此广泛的影响，却又新增罪名，案件走向又到底会如何？我不断在脑中思忖，莫非……

此时，恒展集团面临“大当家”缺席管理的情况，公司上下人心惶惶：员工离职、业务停顿、银行收贷、债权人集中追债，集团的经营遭受重创，所有心系集团的员工都在焦急地等待。

蔡卓洪被刑拘的第 37 天，家属正式收到了当地检察院的逮捕通知书，只是涉嫌蔡卓洪的罪名既不是挪用资金罪，也不是职务侵占罪，而是涉嫌隐匿会计凭证、会计账簿罪。但公安机关后来移送的起诉意见书仍然是三罪名。

八

这似乎意味着，当初两地公安机关根据陈某飞的报案，费时一年多立案侦查的两个罪名，检察院审查后，认为并不存在。

回看2017年北师大的一份调研，结果显示：民营企业家可能涉嫌罪名高达84个，而非法吸收公众存款、合同诈骗、职务侵占、挪用资金、虚开增值税发票、非法集资、非法经营、走私普通货物、行贿和单位行贿位列前十。所谓“东边不亮西边亮”，总有一款适合你！当然，相比于涉及巨额资产的职务侵占与挪用资金罪名的指控，隐匿会计凭证罪似乎让所有人松了一口气，然而仅就此一条罪名，根据《刑法》第162条的规定，情节严重的情况下，也依然可以处5年以下有期徒刑或者拘役。单就这一犯罪事实的指控，蔡卓洪已然达到情节严重的情况。

从目前的情况来看，案件显然已经进入了新的阶段，有好的一面，也仍有不利的一面。好的方面在于，我们无须再就错综复杂的资金流转进行拆分解构，以证实职务侵占和挪用资金的罪名并不成立。不利的方面在于，隐匿会计凭证、会计账簿罪的罪名不容忽视，单就公安机关的5处指控，有任何一项被套入或落实，对蔡卓洪而言都不是好的结果，更何况，蔡卓洪此时仍未恢复自由身。

因此，两方面的工作亟待展开：其一，攻克对于隐匿会计凭证、会计账簿罪的指控，与检察机关沟通是否构成此罪；其二，开展取保候审申请工作。前一项工作即刻展开，我们先后向区检察院递交数份法律意见及《不起诉意见书》，而根据羁押必要性审查申请的有关规定，我们在检院决定批捕后的一个月后，便再次展开了取保候审申请的相关工作。

九

此时广东天气已渐热，蔡卓洪家属的心里，也始终悬着块大石。本案起源于股东之间的经济纠纷，本就不应作为犯罪处理，但刑事司法程序行至此时，我们不仅希望检察机关能够查明事实，对蔡卓洪做不起诉处理，同时我们也认为，即便认为本案的案情复杂，尚需较长时间厘清情况，不宜立即作出不起诉处理，检察机关也应考虑恒展集团的实际运营情况，先予变更对蔡卓洪的强制措施，采取取保候审或者监视居住的方式，让公司能够正常运营。

经过数月的不懈沟通，蔡卓洪最终在2018年的秋天得以成功取保候审，“重见天日”。但大家心知肚明，这次经历的代价是巨大的，历经10个月时间的羁押，蔡卓洪沧桑、瘦削了许多，而前行的路障仍未扫清。

2018年12月25日，春节临近，蔡卓洪收到了起诉书，虽然取得阶段性胜利，仅以隐匿会计凭证、会计账簿罪起诉，但我们仍需严阵以待。

2019年3月12日，蔡卓洪案一审开庭，我们向法院提交了百余页的证据材料，对三位证人做了调查笔录并申请证人出庭作证。法院对此也十分重视。一整天的庭审时间，控辩双方唇枪舌剑，激烈辩论，在当事人家属看来，辩护人无疑在法庭上占据上风与主导权。控辩双方就罪与非罪针锋相对，合议庭也难以决断，并请示上级法院延期审理。时值庚子年初全国新冠病毒肆虐，2020年2月19日终于戴着口罩在法院门口领到姗姗来迟的判决书：“被告人蔡卓洪犯隐匿会计账簿罪，判处罚金二万元。”法官采纳了我们部分意见，单处罚金这也是我从业30年来，除无罪外最轻判决。尘埃落定，虽未达到无罪或撤回起诉终极目标，但不用再进监狱，也不用带社区矫正手环作缓刑考验，当事人称是无奈的结果。

【一点思考】

党的十八大以来，中共中央及“两高”“两部”多次强调保护企业家，保护企业家产权，不宜随意运用刑事手段对待企业家。强调要处理好办案与企业正常生产经营的关系，不能因办案简单化或不讲方式方法而致使企业经营遭受不必要的损失甚至倒闭。最高检、公安部也多次强调产权保护、企业家保护，在不妨碍侦查的情况下，尽量保证企业的正常运转。但在骨感的现实中，我们仍然可以看到公安机关对案件处理过程中所缺失的部分，某些政策及法律的兑现，仍未落地。

成为一个成功的企业家，究竟是一脚迈进天堂，还是一脚踏入地狱？拿什么来保护这些白手起家的民营企业家？如何在惩治与保护之间寻找到合适的平衡点？法律是维权的首选，但倘若地方机关出现选择性执法、有法不依的情况，或是利用公权力插手经济纠纷、办人情关系案，当事人和辩护人又当如何？因此，发出自媒体声音，通过舆论的监督，让案件事实真相暴露在阳光下，以求得到公平公正的处理，也是我作为一名刑辩律师不舍的选择。

政策的落实，从来都不是一蹴而就的，但在其朝着正确的方向前进时，与之逆行的对策几乎是相伴而生，如若没有及时操控住方向盘，也许下个急转弯便是侧滑甚至翻车。律师作为当事人的辩护人，在进行辩护工作前必须要客观看待全案，也定然不会把所有案件的浮动性归咎于所谓的“暗箱操作”，但当我们知悉一个案件的的确确存在这些问题时，我们的救济渠道能否保障案件驶向正确的方向？那一道道的监督程序是否能够切实地发挥着它的效用？

当然，这些做派并不会影响那些努力撩动星星之火的先锋者和年轻正义的新法律人们。像本书中提到的肖明职务侵占被判无罪一案，与本案如出一辙，同样是股东之间的民事纠纷，同样不应上升到刑事处罚的高度，但相同的案件类型却有着完全不同的命运，犹记得当时宝安区法院合议庭三位年轻的法官，敢为人先的他们对该案件最终作出了无罪判决。

夏日过后是否又是萧瑟寒冬，迟来的春天不应只是昙花一现。作为辩护律师，我们对司法体制的改革抱有希望，就如这些民营企业家们心中如履薄冰的试探，这么难的事儿，需要刑事政策的规制，但有接地气的落实才是最为鼓舞人心的蜕变。

万物皆有裂痕，那是光照进来的地方

——合同诈骗、非法吸收公众存款、信用卡诈骗、行贿案，董事长四罪减两罪，20 年变 10 年

【引】

“丁律师，我的下半生就交给你了”，这是我接受委托后第一次会见谭立明时她说的第一句话。

虽然隔着一道冰冷僵硬的铁栏杆，但我依然能听出这位当地房产界叱咤风云的女强人在面临 20 年牢狱时的惊慌与无助。

1997 年，谭立明从广州大学经贸系毕业，在深圳跟着香港开发商工作了几年后，踌躇满志的她觉得英德大有可为，于是她拉着一个行李箱从深圳回到家乡英德创业。2000 年以来，她大大小小开发了 10 个楼盘，英德首个电梯楼盘“翡翠银湾”便是由她所在的盛世嘉华公司首创，不曾想，这个高大上的电梯项目却成为她人生中的滑铁卢。

【辩护之路】

一

说回来，我与英德这座小城也颇有缘分。但每每到访，都来不及“行至水穷处，坐看云起时”，几次办案始终在匆忙地赶去会见和开庭的路途中。

城市东北角的看守所，羁押着我的当事人谭立明，39 岁，这位曾经为英德发

展竭尽心力的青年女企业家，本应在商海驰骋，但如今陨落、蜷缩在太阳照不进的监仓里，一遍遍地反思何以至此？

“要是当初银行贷款没有‘断桥’，要是部分业主给我一点时间，而不是一意上访，能挺过 2014 年那个房地产的‘寒冬’，一切，可能都会被改写……”谭立明低头陷入沉思，又扶了扶眼镜，勉强地咧开嘴跟我笑了笑，“可惜只有后悔，没有前悔”。

5 年前，谭立明的房地产开发公司遭遇银行贷款“断桥”重创，面临资金十分紧张的困境，不得已，她厚着脸皮向亲友高息借款，希望短暂过桥借款能解企业的燃眉之急。然而，当她偿还银行贷款后，银行却不再续贷。在经咨询房管部门得到“已出售的房屋仍可设定抵押”的答复后，她通过抵押 30 多套已出售房屋筹款成功，却因“先卖后押”的方式引爆业主上访，一系列扎眼球的事件把这位女企业家和其他两位股东推向了危险的边缘。“开发商一房二卖！”，“政府官员失职渎职！”这些刺眼的横幅一次次地在英德市政府门口扬起，已经到达“不处理不行”的地步。

随着业主维权的旗号经省电视台曝光后，事件以一发不可收拾的状态开始蔓延。市政府成立工作小组，并指示住建局、公安局等介入调查。但 2015 年 4 月，在一系列的初查后，公安机关做出了不予立案的决定。彼时住建局给购房者的解释是：30 多套住宅虽已预售给购房者，但产权仍在开发商名下，并未抵押或查封，故办理抵押登记符合国家法律和国家住建部的行政规定。同时，开发商仍在正常营业，没有逃避或转移资产，不符合合同诈骗的构成要件，若认为权益受损可以提起民事起诉。

但此事并未因此画上句号，业主们此起彼伏的意见并不能因为这份决定而湮灭。新一轮的示威随即而起，矛头直指检察机关的“监督不力”，使得政府和司法机关纷纷陷入不抓人，则难以平民愤的舆论洼地。

二

社会影响决定了事件发展的层级，或许出于维稳需要而不得不启动刑事立案追诉。最终，一个因经济纠纷引发的维稳事件，“骑虎难下”，演变成了一场必须以刑事罪责判罚结尾的大案。

而罪重令人咂舌：谭立明一审因涉嫌非法吸收公众存款、合同诈骗、信用卡诈骗、行贿罪四罪被重判 20 年有期徒刑：

第一，她以公司和个人名义向朋友借款用于运营周转，因银行“断桥”导致资金链断裂，未能按时还款，被指控构成非法吸收公众存款罪，被判有期徒刑 3 年。

第二，她在得到房管局可以办理抵押登记的咨询回复后，将公司名下已出售的房产用于抵押借款，将已抵押贷款的房产折价贱卖给知情的施工队工人以抵扣工程款，因此被指控单位和个人构成合同诈骗罪，被判有期徒刑 10 年。

第三，信用卡透支的她正协商还款计划，被指控恶意透支，构成信用卡诈骗罪，被判有期徒刑 7 年。

第四，为了加快公司办理证件的速度，她借年节之机向当地房管部门工作人员送年节红包合计 16.9 万元，被判有期徒刑 1 年。

数罪并罚共 21 年，决定执行有期徒刑 20 年。

这样一份判决，远远超出了谭立明的意料，人生能有多少个 20 年，谭立明知道，如果接受了这个判决，意味着暗黑的牢狱将是她的余生。即使绝望，也要抱有希望。她向家人强调，一定要请最好的律师为她上诉！

三

2017 年 8 月 22 日，谭立明家属通过网络查询找到我，了解了一审案情后，我毅然接受委托担任谭立明上诉案的辩护人。

回想起她那句“丁律师，我的下半生就交给你了”，我的内心依旧被某种力量强烈地敲击着，我不知道究竟是基于什么程度的信任，她会对第一次见面的我说出如此坚定的话语，而这背后又透露出多深的绝望，也许我同她的交谈，如今已是深海照进的唯一光亮。

事实上，对于如此的重判，不仅谭立明无法接受，而且我也无法认同。

在刑事辩护界打拼了 30 年，我也曾办理过不少民营企业家触刑的案件，结果好坏皆有，但此案却显得如此特殊。

曾经有一个说法：资本来到世间，从头到脚都滴着血和肮脏的东西。循规蹈矩的“布衣”创业者，要想在权力对财富的产生起决定性作用的社会环境下获得成功，概率必然很小。民营企业的“第一桶金”，必然有相当部分的“不光彩收入”。中国的民营企业家，似乎是一群背负着“原罪”的创业者。

在此前的较长一段时期内，民营资本一直都被视作社会主义经济的异己力量，从根本排斥到作为社会主义公有制经济的补充，私人资本只能在基本经济制度外进行原始积累，在夹缝中求生存。适应市场化的客观要求，谋取自身利益最大化，是民营企业唯一的生存法则。

在几乎一切社会资源都被垄断的情况下，民营企业想要发展，就不可避免地要冲破计划经济体制的种种限制，这与维护计划经济体制的法律法规相矛盾并发生剧烈的冲突。

政治权力需要企业的经济养料，企业需要政治权力的荫护恩典，两者结合起来就形成一道阻隔市场精神和市场力量的坚硬屏障。而中国的民营企业由于其先天的弱势，对政治权力具有更加强烈的投靠动机。

于是，部分民营企业为了生存，往往会通过贿赂权力、权钱交易、钻制度和政策的空子，来取得在正常情况下不可能取得的潜在的社会资源和收益。

中国民营企业原罪的产生是弱小的民营经济突破传统经济体制的衍生品。无论站在什么角度，都不能说在社会失范的背景下民营企业家是无辜的，但是，也应该清楚地意识到，不能要求企业主承担起全部的责任。民营企业家固然要为这种意义上的原罪承担起自身的责任，但与此同时，不受约束而由个人肆意出租的公权力和关乎公权力运用的制度也是应该被责问的。

究竟，谭立明身上背负的“原罪”是否该被科以如此重刑，我也在努力寻找答案。并且，我相信，我会找到答案。

四

受人之托，忠人之事。

我与团队王敏、王有华律师随即开展了一系列的工作：会见、阅卷、厘清事实、梳理人物及资产、挖掘疑点、寻找辩点、检索指导案例；调查取证、沟通辩护意见、指导当事人还原事实书写自我陈述。

我不敢松懈，我手中掌握着她的命运。

每一条往上的路，都有它崎岖跋涉的理由；每一条往下的路，都有它该走的方向。在提交了较为详细的辩护意见和部分新的证据后，清远市中级人民法院虽只是书面审理，但还是明察秋毫，看出了案件存在的诸多问题。

2018 年 3 月 11 日，经过长达 8 个月的不懈沟通与努力，在没有开庭的情况下，清远市中级人民法院经书面审理后，以一审事实不清为由，作出了二审裁定——发回重审。

首战告捷！

对此谭立明显得很激动，对我说，选择我，是她走对了的路。

别人总是跟我开玩笑，说我无论在运动场上还是在刑辩风格上都属于“进攻型”选手，的确，在取得发回重审的阶段性胜利之后，我带领助理王敏律师开展了新一轮以调查取证为核心的“进攻”。

其一，走访谭立明被控合同诈骗罪的被害人王某、莫某，二人均否认在借款的过程中谭立明有“虚构事实、隐瞒真相”的行为，认为与谭立明的纠纷属于民间借贷。

其二，调查非法吸收公众存款罪的被害人刁某等人，获知一审判决认定的非法吸收公众存款的被害人刁某等多人与谭立明都存在不同程度的熟人关系，并非“不特定的社会公众”。

其三，查找法规案例，对于一审被认定是犯罪行为的“恶意透支”的行为表现已有最高法院更新的指导案例：“信用卡透支款用于生产经营，因经营不善、市场风险等客观原因造成透支卡无法偿还，主观上不具有非法占有目的”，不构成犯罪。

2018 年 9 月 4 日、11 月 27 日，2019 年 3 月 14 日，先后三次开庭，通过我和团队的共同努力，三次庭审中都十分充分地发表辩护意见，在庭审中，我们一并提交了 13 份新的证据。从我国刑法规定、审判实务以及我多年的辩护经验看来，对谭立明合同诈骗、非法吸收公众存款、信用卡诈骗的三项指控都有争取无罪判决的空间。

首先，最高人民法院《关于审理商品房买卖合同纠纷案件适用法律若干问题的解释》已明确，“先卖后押、先押后卖”或“一房二卖”套用资金，没有非法占有目的的行为均属于商品房买卖合同纠纷，理应纳入民法调整范围，以合同诈骗追究盛世嘉华公司和谭立明等人的刑事责任，有违“罪刑法定”之嫌。用于抵押借款的房屋已交付业主使用并在办证之中，相关民事、行政诉讼判决支持购房者享有物权的优先权。贷款人出具的“情况说明”，证实自己没有报案，也不是受害人，并提起债权之诉。指控的合同诈骗成为没有被害人报案，形成不了证据闭合链的案件。

其次，向“熟人圈”借款的行为属于民间借贷，不应随意扣上非法吸收公众存款的罪名。而且根据“法不溯及既往”的原则，2012~2013 年谭立明及其公司借款的方式，也不应适用 2014 年才生效的“两高一部”《关于办理非法集资刑事案件适用法律若干问题的意见》中“人传人”的规定。

不得不提的是，谭立明开通两张信用卡透支资金 90% 以上用于企业生产经营，虽逾期偿还超过三个月，但在协商中愿意分期偿还，无恶意透支目的，事后无挥霍无逃匿，亦不构成犯罪。2018 年 11 月 28 日“两高”发布的《关于修改〈关于办理妨害信用卡管理刑事案件具体应用法律若干问题的解释〉的决定》也有对此进行详尽的界定。

至于行贿罪，我认为也是定性错误，谭立明为了公司办证照等手续的方便快捷，数年间逢年过节向职能部门相关人员行贿合计 16.9 万元，构成犯罪应受刑罚，行贿行为的受益人是公司，显然，单位行贿才是本行为的合理结果。

但不得不令人焦虑与无奈的是，从 2015 年 8 月 12 日，谭立明被采取强制措施之日起，本案历经了延长侦查、追加起诉（信用卡诈骗）、发回重审，以及重审期间的延期审理，至 2019 年 3 月 4 日，重审第三次开庭结束，已逾 1300 天。近 4 年的羁押期，一审程序仍未结束，又如何轻易能打掉这多项罪名呢？

而取保候审，更是杳无音信。时间是最大的敌人，这个敌人正一步步耗竭她的青春，风化她的容颜；而牢狱生活正在摧残她的身体，瓦解她的意志。在漫长的羁押期间，谭立明先后被查出患有甲状腺肿瘤及脊椎病，但却一直得不到合适的医院治疗。

她的父亲，也因为女儿的遭遇在看守所外郁郁而终，至离世也未能见上女儿一面，无法尽守孝道的谭立明，只能默默地跪在冰冷的仓房里，朝着殡仪馆的方向不断磕头，遗憾地送走了父亲。

身为公务员的丈夫，备战高考的女儿，皆受牵连。三年多来，咫尺天涯却因高墙阻隔而见不上一面，谭立明默默忍受着这一切，忍受着生离死别的煎熬。但她擦擦眼角的泪，仍坚定地表示："该承担的经济责任、社会责任，我不会逃避，但绝不能用似是而非的罪名让我低头！"

五

刑事诉讼这架国家机器，一旦启动，就会给个人和企业带来人生轨迹的改变。

是的，谭立明的人生，已经被彻底打乱。

我的责任，就是给这个崩盘的局面理出一丝秩序，让它恢复到该有的轨迹。作为一名专注为生命和自由辩护没有盔甲的刑辩律师，在面对侵犯民营企业及企业家的不平之事，不公之案，也时有无奈。我能做的，除了发表专业辩护意见外，就是借用自媒体发出一点弱弱的声音，祈愿用个案去推动法治进步，哪怕是一毫米的进步。

之前，山西吕梁中级人民法院民一庭马庭长在其述职报告中称，要"对法律敬畏，对良知俯首"，但在"程序正义与实质正义之间，我们举棋不定。客观真实与法律真实之间，我们如履薄冰"，感叹"让你进步的不是法律，而是上访者的脚步"。马法官道出的是民事法官裁判的苦衷，折射出的是现实的残酷。但民事案件只是原、被告平等主体之间的博弈，而民营企业家涉刑案件则可能掺杂私权利和公权力的对抗，祈求一视同仁，实则更为艰难。

生活不是用来妥协的，你退缩得越多，能让你喘息的空间就越有限；日子不是用来将就的，你表现得越卑微，一些幸福的东西就会离你越远。在有些事中，不能把自己摆得太低，属于自己的，都要积极地争取；在有些人前，不必一而再的容忍，不能让别人践踏你的底线。只有挺直了的腰板，世界给你的回馈才会多一些。

民营企业家肩负着助力新时代我国经济振兴的使命，在过去的几十年里，他们改变了自己的命运，改变了城市的面貌，同时也改变了这个国家。中央对民营企业融资难、融资贵的问题高度关注，要求合理准确把握民营企业资金借贷的裁判尺度，坚决防止将经济纠纷当作犯罪处理，坚决防止将民事责任变为刑事责任，最高人民法院也正在制定刑民交叉案件适用法律问题的相关司法解释，这股春风能迅速吹拂到谭立明身上吗？

六

所幸的是，极力争取之下，2019 年中，案件初见到胜利的曙光。

辩护人收集到的新证据被公诉机关及合议庭高度重视，甚至两次延期审理进行核实；提交的辩护意见也被充分肯定。合议庭最终认为辩护人丁一元律师、王敏律师的无罪辩护意见理由充分，予以采纳，并改判不构成非法吸收公众存款罪、信用卡诈骗罪。但是，合同诈骗罪，却仍然维持，行贿罪仍被认定为个人行贿，没有改变为单位行贿。

4 个罪名变成 2 个罪名，20 年有期徒刑砍掉一半，谭立明一审重审被判以合同诈骗罪、行贿罪合并执行有期徒刑 10 年。

但这，与谭立明期望的 5 年以下“实报实销”有期徒刑，仍有较大的距离。

不过，还有机会。

记得《杀死一只知更鸟》中写道：

“当你还未开始就知道自己会输，可你依然要去做，而且无论如何都要把它坚持到底。你很少能赢，但有时也会。”

深海已透光，我期待浮出水面，重见光明。

眼看她起高楼，眼看她宴宾客，眼看她楼塌了

——清华女企业家涉嫌职务侵占、挪用资金，能否无罪？

【引】

“丁律师早啊，”话音未落，李复岑便问，“小宝现在情况怎样，好点了吗？”她试图往前挪挪身子，想听得更清楚些，但椅子的空间实在太小，被手铐拷着的她显得有些狼狈，尽管她极力想要摆出一副平静的模样，但下意识紧攥的双手还是透露出她焦急的内心状态。

“小宝已经没事了，家里一切都挺好，你放心吧。”我边低头整理会见笔录纸边回答，并未与她对视，眼前的这位母亲，已经400多天未能见到她的小孩，也许一个眼神的交流，便会让这个思念成疾的母亲溃堤。实际上，小孩生病已经是三周前的事了，看守所的信息迟滞。以前无论再忙都要亲自接送小孩的妈妈现在只能记挂着孩子三周前发生的事，更无法知道小宝入学后的日常作息。

这是我第五次会见李复岑，所幸，较之第一次，除了与我变得更熟络以外，她仍旧积极、坚韧。30来个女嫌犯，关在一个20来平方米的单间里，只铺了一排床单，这意味着有很多女嫌犯无法睡床铺，只能睡在地上，对角是个厕所，准确说是个茅坑。每天除去抱腿望着电视机的时间，最舒服的时候便是可以冲凉的那几分钟，虽然要排着队进去冲，但喷洒的凉水让她清醒，让她意识到她还不能倒下。“不过好在还可以看书，我在里面已经看完了6本法律专著。”李复岑有些兴奋地对我说。

看样子，寡淡的铁窗生活并没有使她消沉。许是个性所致，她几乎未曾以柔

弱示人。“清华毕业生”“星红安总经理”“中关村大数据产业联盟传媒专业委员会主任”，这一系列头衔如金甲战衣一般将她层层武装，长期的商业建树，塑造了她刚强的个性，若不是提及孩子时她微蹙的眉头，我差点忘了此时她仍是一个铁窗中等待判决的女人。

一

李复岑，2001 年毕业于清华大学精密仪器系。因清华情怀，让她与广电行业结缘。2013 年二度创业，她成立了上海星红安数据科技有限公司（以下简称星红安），从事收视调查与数据分析，在业内有非常高的知名度。在她的带领下，星红安屡获殊荣：2014 年度全国云计算大数据创新项目优秀奖、2015 年度最佳广告创新电商平台奖、2016 年度中国大数据 TOP100 创新企业奖……一步一个脚印，经过多年的努力，星红安渐渐从一个初创型企业成长为一个近 200 名员工、全国 7 个分支机构、估值超过 4 亿元的成长型企业，IPO 上市在即。

无奈，天有不测风云。2017 年 9 月 19 日，在上海的公司里，她和清华师兄、美国斯坦福大学毕业的大数据专家 MI 博士被广东省梅州市经侦支队以“吴 ×× 等资金被挪用”为由跨省抓捕。

刑事拘留至今，两人已分别在梅江区看守所和兴宁市看守所羁押了整整 430 天。

2015 年 6 月初，时任广东省梅州市委常委、宣传部部长的周某邀集当地几位富商，投资 1.3 亿元，委托 MI 博士成立一只私募基金专门炒股和理财。鉴于 MI 的美籍身份，就借李复岑名义代持出资、注册企业、开立账户等，使她成为合伙企业中的一名有限合伙人（LP），另一名丁某成为普通合伙人（GP）。时值中国股市最火热的时候，“星纬成长一号”发行后，便匆忙投入二级市场进行股票交易和期货买卖，想赚取大钱。

可惜，证券市场跌宕起伏。入市不到半个月就遭遇中国历史上最大的股灾，不到两个月的时间基金净值就已经“腰斩”，几位富商成了最后一棒“接盘侠”。操盘手基金经理张某戈为了维系高额的薪酬，进行数据造假，并未如实报告基金净值财产，欺瞒 MI 博士及投资人，最后出现部分投资人兑付困难的情况。2017 年 4 月初，MI 博士和李复岑发现了操盘手不为人知的秘密。

出现这样的情况，虽然只是代持人，但李复岑仍以高风亮节的姿态站了出来帮助 MI 博士。事实上，如果按《合伙企业法》以及与出资人签署的《资管合同》，她仅需承担 99 万元的有限责任，但为了弥补几位投资人的损失，2017 年 4 月 7 日和 6 月 9 日，她与 MI 博士共同与几位投资人签订了 2 份《还款协议》，拿出自己创业所得的 800 多万元血汗钱汇入账户，进行补偿，并用其持有的星红安 20% 股权做抵押，担保《还款协议》的履行。

岂料，人心不足蛇吞象！正当《还款协议》履行之际，个别投资人不理会契约精神，急于"连本带利"要回现钱，便毁约并向梅州市公安局报案称他们被诈骗、被挪用资金，想利用刑事手段逼迫李复岑他们立刻还清全部本金再加 1100 万元的"利息"。

历经拘留、逮捕、侦查、延长侦查、退回补充侦查、5 次审查起诉以及 2 次改变管辖，审判前能用的"延退改"期限都用尽了。因最高人民检察院指定管辖，案件于 2018 年 11 月 2 日从梅江区检察院又回到了梅州市检察院。拘留至今已一年两个月，却仍处于审查起诉阶段，尚未移送法院，可谓是"马拉松"式的进程。如按这种"梅州速度"进行诉讼，拿到一份生效判决书恐怕要再等待两年也未可知。期间，我多次申请取保候审和进行羁押必要性审查，均被"要取得出资人谅解"为由，拒绝变更强制措施。

公安部早已三令五申，要求各地公安机关不得干预经济纠纷，2018 年 11 月 5 日最高人民法院已明确，严禁将经济纠纷当作犯罪处理，要充分保护民营企业家人身权利和财产权益，11 月 6 日最高人民检察院也强调，要严格落实罪刑法定、疑罪从无等法律原则，要敢于监督纠正问题，确保企业正常生产经营秩序和营商环境。虽然习近平总书记在民营企业家会议上也强调对企业家合法权益予以保护，但现实是"天高皇帝远""上有政策，下有对策"，所有的精神、政策到了地方都被"因地制宜"了。要真正做到保护民营企业家的人身权利和财产权益，慎用强制措施，创造良好营商环境任重道远。

由于企业当家人长时间受到刑事规制的打击，"星红安"这个 A+ 轮估值超过 4 亿元人民币，成长性极好的民营大数据企业每况愈下，目前企业仅剩下不到 70 人，仅靠核心骨干在苦苦支撑。

二

“丁律，《一元说法》公号文章阅读量过万了！”打开办公室门，助理小徐迎面告诉我这个消息，虽然过万的阅读量算不了什么，但这次报道李复岑的自媒体文章上线短短三个小时阅读量就过万，着实有些出乎意料。

我笑了笑，但眼睛还是止不住地浏览着读者们的评论，说不在乎是假的，毕竟是字斟句酌，来回修改了多次的稿件，很好奇读者们会如何看待此案。

11 月 20 日，《清华女企业家被跨省抓捕羁押 430 天，何时回家？》的文章一经发布便迅速发酵，次日阅读量已达十万 +，特别是在清华的校友圈炸开了锅，校友纷纷关注转发，清华大学法学院领导甚至还表达了要安排专家研讨会的意愿，此次舆论传播速度之快、范围之广要远超乎我的想象。遗憾的是，2019 年 10 月，“存活”不到周岁，该篇公号推文还是被屏蔽了。

自媒体时代，每个人手里都握着话筒，你可以为自己发声，也可以为别人发声，微博、公众号等社交平台沦为各行各业营销的阵地，律师这一行业也不可免俗。话虽如此，但我始终认为，律师是有社会责任的，因为职业特点，你的一言一行都对公众有引导作用，可以营销，但必须要有底线。所以，经过深思熟虑，我才决定发表这篇文章，遣词造句都几经推敲，因为是出于真心想要为当事人说点什么，不想落得个“营销”的诨名。

都说言论自由，但事实上自由的边界还是无形中将我们框住，多一层身份，你的自由就多一道枷锁，苏格拉底在一个自由民主的国度都因自由的思想和言论而被处以极刑，我们所能享受到的自由从来都只是体制框架下的自由。很多人认为律师就是一个敢于批判的职业，却不曾想，在许多问题上也不便发表言论。

对于青年律师，我奉劝要“慎用舆论”。“舆论”，是一群人对于一个特定话题所表达的个人观点、态度和信念的集合体。起止的主动权都在他人手里，对于青年律师，“舆论”并不具有可控性。很多时候你觉得到这里可以了，但吃瓜群众你方唱罢我登场，悠悠众口是堵不住的，如若控制不好“舆论”的火情，往往会得到“反噬”的结果。

“打铁还需自身硬”。虽然搅浑水是舆论场惯常的伎俩，但自媒体时代，不要企图用流言去粉饰事实，更不要把所有群众当傻子，因为社会的阶级构成决定了它对真伪是有一定的辨识能力的，有一部分人听信你的言论，则必然有一部分人会质疑你，从而达到一个平衡的状态。

法律，回归到最本源，就是公众意志，最初的状态便是舆论的一致性。不管是过去、现在还是未来，舆论都是有望成为法律的，而最终成为法律的，必然是符合当时的客观事实以及民众的价值取向。2003 年孙志刚事件的发酵，最终在废止《城市流浪乞讨人员收容遣送办法》中落下帷幕；2004 年西安宝马彩票事件是媒体舆论监督的一次重大胜利，推动了我国彩票发行制度和公证制度；2006 年的唐慧案，在舆论与政权的博弈之下，2013 年 12 月 28 日，实行了 56 年的劳教制度终于废除；2009 年“躲猫猫”事件，舆论的巨大压力推动了将严禁刑讯逼供列入国家规划《国家人权行动计划（2009—2010 年）》；2018 年“昆山案”在网上引起热议，检察院最终以正当防卫为由作出不诉决定并将其纳入最高检第十二批指导性案例。

舆论的能量巨大，但很危险。我们胆敢挑起这场战役，就必须要有承担与之相伴而生的后果的能力。作为刑辩律师，当你决心要向他们发起挑战时不可避免地会触及许多敏感地带，轻则背离大众认知，丧失群众基础，重则断送职业生涯。

必须承认，我爱惜自己的过往。执业 30 年，很遗憾，我还是没有练就目空一切的勇气，但我仍然相信，火山喷发是力量，滴水石穿也是力量。所以这次，我还是要站出来。

三

回到案件本身，本案程序上有两个方面值得好好说道说道，一为管辖问题，二为审限问题。

2017 年 9 月 19 日，梅州市公安局以“吴某等人被挪用资金”为由，将李复岑刑事拘留，同年 10 月 25 日，经梅州市检察院批准以挪用资金罪将李复岑批准逮捕。将个人资金被挪用界定为挪用资金罪，并以此拘留、逮捕李复岑和 MI 博士，这样的立案理由明显不符合法律规定。[1]根据《公安机关办理刑事案件程序规定》第15条、[2]2017年11月24日最高人民检察院、公安部出台的《最高人民检察院、公安部关于公安机关办理经济犯罪案件的若干规定》第9条[3]的规定，本案的管辖地都应该在上海而不是梅州，但是梅州市公安局借着补充侦查的机会，给李复岑重新增加了两个罪名——合同诈骗罪（犯罪对象不限于单位）和职务侵占罪，以此证明办案机关没有明显违反法律的规定，特别是合同诈骗罪，是在双方达成还款协议，并且部分当事人据此申请仲裁，并认定还款协议有效的情况下，仍然认定合同诈骗，其意图借此攥紧管辖权的目的更加明显。随着事态的发展，最终起诉书中并没有指控合同诈骗一事，则进一步证明了我的预判。

《清华女企业家被跨省抓捕羁押430天，何时回家？》[4]一文一经发布，许多人都对本案的审限感到好奇，我借此机会略表个人见解。梅州市人民检察院在第一次审查起诉后，不管有没有管辖权，仍然退查，并没有直接改变管辖，而是在第二次退查后审查起诉期限届满后才改变管辖至梅江区人民检察院，将羁押期限用尽。

这样的变更管辖也引起了最高人民检察院的重视，据梅州市梅江区人民检察院经办检察官透露，本案因最高检指定管辖，案件又送回至梅州市人民检察院。

本案从李复岑被羁押之日起，又延长了3个月的侦查期，侦查期限长达6个月，在审查起诉阶段，通过退查、变更管辖等手段，将本案审查起诉期限拖至8个月之久，

1 《刑法》第272条规定："公司、企业或者其他单位的工作人员，利用职务上的便利，挪用本单位资金归个人使用或者借贷给他人，数额较大、超过三个月未还的，或者虽未超过三个月，但数额较大、进行营利活动的，或者进行非法活动的……"

2 《公安机关办理刑事案件程序规定》第15条规定：刑事案件由犯罪地的公安机关管辖。如果由犯罪嫌疑人居住地的公安机关管辖更为适宜的，可以由犯罪嫌疑人居住地的公安机关管辖。犯罪地包括犯罪行为发生地和犯罪结果发生地。犯罪行为发生地，包括犯罪行为的实施地以及预备地、开始地、途经地、结束地等与犯罪行为有关的地点；犯罪行为有连续、持续或者继续状态的，犯罪行为连续、持续或者继续实施的地方都属于犯罪行为发生地。犯罪结果发生地，包括犯罪对象被侵害地、犯罪所得的实际取得地、藏匿地、转移地、使用地、销售地。

3 《最高人民检察院、公安部关于公安机关办理经济犯罪案件的若干规定》第9条规定：非国家工作人员利用职务上的便利实施经济犯罪的，由犯罪嫌疑人工作单位所在地公安机关管辖。如果由犯罪行为实施地或者犯罪嫌疑人居住地的公安机关管辖更为适宜的，也可以由犯罪行为实施地或者犯罪嫌疑人居住地的公安机关管辖。

4 公众号"一元说法"文章。

以致本案羁押期限长达 430 天之久尚未起诉。

刘哲检察官曾不止一次地说过“你办的不是案子，而是别人的人生”。不能“一刀切”地认为将期限用尽是坏事，毕竟在涉案人员众多、案情复杂的情况下确实需要耗费一定的办案时间，但相反，在案情相对简单、事实明确的情况下办案人员要有当断即断的魄力，不要让当事人用人生余额为你的低效买单。

程序正义始终是实体正义的前提。

四

在办理此案的过程中，我对涉案的民营企业家深表同情，包括此案在内，单我手上便有 5 起民营企业家涉嫌刑事犯罪的大要案，但每一个案件均无一例外地出现以民事纠纷为起点，衍生为是否应该诉诸刑事责罚的最大争议。为此，我与团队进行多达三次的专项讨论，如今随着新旧人员的更迭和有意识的择选，我的刑辩团队中已纳含前优秀检察官、前优秀法官、名校法本、法硕，甚至有心理学研究背景的律师成员，可以说是“组队打怪”以来复合型人才最为鼎盛的时期。针对争议较大的个案，几乎每个人都能提出一套独有的观点，例如，本案中涉嫌合同诈骗罪等罪名的定性是否存在理念与技术上根本性的偏差，几乎团队的每个成员都有自己独到的见解。检察官角度的入罪思维与律师角度的出罪思维始终在碰撞。从市场经营的角度，“刑法学者应当用深邃的历史目光，穿透吴英及诸多民企罪案，看到诈骗罪背后‘国进民退、权张利缩’的市场困境”。从讨论的结果来看，与非法经营罪相似，诈骗类罪名（合同、集资领域）日益成为一个新口袋罪名，逐渐成为悬在私企屋顶上的“达摩克利斯之剑”，成为公权任意干涉私域的利器，本案中的合同诈骗应当不构成，但如何破解这种构罪指控的困局，仍值得反复思索。

当事人的特殊身份导致此案得到了广泛的传播，已然成为网红案。在众多的关注之下，有压力是自然，但“有压力才有动力”。

随着辩护工作的深入，在层层剥离个中的法律关系后，局势愈加明朗。

自 2018 年 4 月接受委托，在我们的不懈努力下，与前面的蔡卓洪一样，先迎来了暂时阶段性的胜利——

检察机关将《起诉意见书》的主要罪名——合同诈骗罪剔除，《起诉书》中仅对职务侵占与挪用资金两罪起诉，指控金额也大大降低（挪用资金未归还金额由 2078 万余元降为 71 万元，职务侵占金额由 273 万元降为 104 万元）。

要知道，仅公安机关指控的合同诈骗 591 万余元，就足以判处 10 年以上有期徒刑。

当然，我们不能满足于现状而止步不前，眼前，还有大山一座。

开庭之日近在眼前——

五

时间：2019 年 6 月 18 日上午 9:30。

地点：梅州市中级人民法院第 11 法庭。

审判长：“我现在出示最高人民法院指定管辖的决定，是传真件来的，请控辩双方确认一下。”

对于我们庭前始终强调的管辖权异议，不在梅州中级人民法院与区人民法院的，因本案犯罪地、被告人住所地在上海，应由上海法院管辖。对此审判长拿出指定管辖决定进行释明。

一场庭审，便在温火中不紧不慢中展开……

助理装订好的案卷卷宗整整十几本，满满一摞。为了能够更为清晰地展示本案中的证据与事实。法官准许辩护人自带投影仪，并对关键证据当庭进行播放，其中包括多项微信聊天记录和 QQ 语音，就庭审效果而言，十分直观。庭审全程不仅采取直播方式，同时由于第一被告为美籍华裔，还需要专业翻译人进行翻译，语音同步录入。

一方面，本案的法官给予了辩护人充分的质证、发问的时间，也给予被告人陈述冤情的时间，李复岑毕竟是清华的高才生，在庭上侃侃而谈，言谈极具逻辑性，语言表达能力超强。加之已经在庭前进行了多次的会见交流，质证阶段，我方发挥得非常好。

值得一提的是，本案我方申请的两个关键证人顺利出庭。庭前担心的一位证人，实际上事先已经被公安机关调查过，其在作证的过程中需要展示在公安调查过程中偷偷录下的全程录音。此次出庭，该证人是想就几个关键事实向合议庭反映——与公安所形成的纸质笔录表述并不一致。

令人诧异的是，对于这样的一份证据，这样的证明目的，法官仍然允许了此段录音当庭播放。

庭审越对我方有利，对于公诉人方而言，则越具“挑战”性。在李复岑在与证人对质的过程中，公诉人不断地提出抗议，认为李复岑进行诱导性发问，但最终都被合议庭阻止了。

在质证环节，对于有利于辩方的证据，辩护人一定要果断提出，与被告人的供述形成合力，并为后续的庭审辩论做铺垫。作为李复岑的辩护人，我只为在庭审中向法官输出两个观点，其一，李复岑账号被动接受 104 万元私募基金认购费，同时转出给之前垫资开办费用 MI 博士，没有共同侵占行为和非法占有动机，不构成职务侵占罪；其二，企业间借款行为与挪用资金不同，本案缺乏证据证明李复岑利用职务实施了挪用资金行为，在《民法》尚能处罚和调整的情况下，不应认定李复岑构成挪用资金罪。

18~21 日连续 4 天庭审过去，才仅仅结束质证。此次开庭，已然造就梅州中级人民法院之最，对于仅涉及两名被告的一审案件，初步便是四天庭审。然而四天的庭审时间都不够，经协商决定，短暂周末过去后，24~26 日案件又接着开庭，这三天，轮到辩方举证，为了更直观说明微信聊天内容，以及播放 QQ 语音，我们辩护人自带了投影仪设备连接笔记本电脑来一一展示电子证据，到底是谁对基金净值造假？李复岑是否知情？本案是如何炮制出来的诸多疑问，相信合议庭法官会心中有数。

“尊敬的合议庭……”近 7 天的高强度审理，几乎耗尽了每一个庭审参与人的力气，但此刻对于李复岑的辩护工作仍未结束，我强打起最后一点精神，为李复岑案的法庭辩论发表辩护意见。

“本案因南通星纬执行事务合伙人（基金经理）张某戈在运营星纬一号私募基金过程中违规操作，导致投资人 1.3 亿元基金资产严重亏损，继而数据造假掩盖其犯罪事实，遇投资人要求兑付而‘爆仓’案发。卷宗中大量事实可以证明，2017 年 3 月 30 日前，李复岑对基金运作、资金亏损完全不知情。而在李复岑知情后，其一直以积极方式解决问题，而非躲避问题，即使面对的是本不该其个人承担的责任。”

我看了看李复岑，发现她正聚神地望向我这边，根据南通星纬合伙协议，我的当事人，李复岑是有限合伙人，不负责监管资金，也不管理合伙企业的事务，这也是有多项证据予以证实的；张某戈是执行事务合伙人的基金经理，负责南通星纬的微观管理；而 MI 博士是投资顾问兼执行事务合伙人，在投资管理上给予建议，并负责南通星纬的宏观管理。在没有 MI 博士、李复岑指示的情况下，从星纬账上转账 104 万元到李复岑 0782 的账户经张某戈同意、丁凡授权、张某戈操作，是有限合伙人共同决策的行为。根据南通星纬《合伙协议》第 7 条，合伙企业的利润分配、亏损分担按出资比例进行分配分担。因丁凡作为普通合伙人仅是挂名，无须承担责任也不享有权益，故认购费 104 万元作为南通星纬的利润，依约应当分配给实际承担合伙企业责任的合伙人 MI 博士、李复岑。分配认购费 104 万元符合南通星纬《合伙协议》中关于利润分配的约定，没有侵犯南通星纬的单位利益。而为发行基金和成立合伙企业，MI 博士、李复岑代为垫付了各项准备工作的费用，也应当从认购费 104 万元中支出。因此，MI 博士、李复岑不存在非法占有认购费的行为，不符合职务侵占罪的构成要件，不能认定二人构成职务侵占罪。

“对于李复岑是否构成挪用资金罪的问题，首先，即客观上，李复岑缺乏利用职务上的便利，对此已述，不再赘述。本案对李复岑向南通星纬借款的事实不存在争议，也确实存在以南通星纬名义借款的两份《借款协议》。事后，南通星纬对借款明细进行了梳理，李复岑也陆续全额归还了借款。辩护人提请合议庭注意，”我刻意放慢了语速。

“本案被指控职务侵占、挪用资金的款项均真实存在借款、债转股、解除债转股的经过，也有借款协议、债转股协议、解除借款协议这些相关客观证据证实。对于这些证据，辩护人已于庭前向合议庭出示。”我示意公诉机关也应提前收到相关证据材料。

“退一步说，投资款进入基金账户后，该基金财产独立于基金管理人的固有财产，李复岑所借款项不属于南通星纬的单位财产。辩护人认为，即使认为借款构成挪用基金财产，也应当由中国证券监督管理委员会处罚。该借款用于申报政府对企业项目的资助，开具了银行资信证明，不属于营利活动，且时间极其短暂，经过单位同意，不应评价为挪用资金罪。就实际情况而言，基金财产由张某戈负责运营、管理和监督，从南通星纬转款至李复岑个人账户，用于拉净值、借款资金周转、借款开具资信证明的行为经过执行事务合伙人张某戈同意后进行的操作，对李复岑而言不具有违法预测可能性，属于正当业务行为。”

“尊敬的合议庭，”我加重了语气，“本案中的两位被告人，没有利用职务之便侵占企业资产，也未挪用企业资金，两位企业家在没有挪用6位投资人借款的情况下，虽被构陷，仍勇于担当，承担起还款的责任。所谓职务侵占、挪用资金的并非李复岑，而是另有其人”。我转向审判长，“在以审判为中心的刑事诉讼制度改革的当下，应当确保无罪的人不受刑事追究、有罪的人受到公正惩罚，以零容忍的态度严肃查处真正犯罪之人。在我国曾被错误追究刑事责任的民营企业家逐步被平反的当下，恳请贵院公正审理，使本案经得起法律和历史检验！”

……

7天，一个玄妙的周期，在此做结，再合适不过了，然而这仅仅是第一阶段的庭审，由于部分证据侦查机关尚未调取完成，接下来，还需等待合议庭通知第三次开庭的时间。一个备受关注的案件，任重道远，还请诸君与我共同期待拨云见日的那天。

2019年9月10日上午，第三次开庭。公诉人对上次庭审中打不开MI博士和李复岑手机中数据又重新委托鉴定，终于得到出示，双方你来我往多个回合质证后，又补充发表公诉词和辩护意见。11日下午，审判长敲响法槌，宣布休庭。9天的庭审已然创造了该院庭审纪录，但愿结案时间不要再创新高。

时间如白驹过隙。转眼间，便到了春暖花开的阳春三月中旬，经不住李复岑母亲和单位负责人焦虑地催问，我只好硬起头皮，第九次打电话给审判长，真是次次失望次次望：“宣判时间定不了，已再次请示最高人民法院延期至6月16日”，接着问：“那能否先变更强制措施，给予取保候审？”“不能，我做不了主。”

这种马拉松式诉讼虽不是普遍存在，但我经办的却不少见。惠州中级人民法院审理的黄某钧和越秀法院审判的朱某治合同诈骗案均历经三年，不能下判。前不久，自媒体公号发表《诉讼马拉松，何时关门？》道出法律弹性和律师无奈。

本案还未最终判决，本书分析内容仅代表律师个人观点。

【一点思考】

2018 年我 12 月，盈科全国刑委会和合肥分所举办了“刑民交叉法律适用高峰论坛”，陈瑞华教授和戴长林教授等大咖齐聚，我也应邀参加并做了主题发言。

记得在会上我便强调：刑事诉讼和民事诉讼的性质及其证明标准、程序要求、当事人参与的程度有着天然的差别，而刑事责任和民事责任更是分属公法和私法两个截然不同的领域，这两种“差之千里”的法律之所以会出现如此广泛的交叉竞合，一个直接原因便是立法对于某些特定的法律事实进行了多种层次的评价：对于一般的平等主体之间的法律事实，通过民商事法律进行“一次评价”便可疏通、规范、恢复，而当其中的一些特定的行为，因其已具有较大的社会危害性或已造成了多个社会关系的破坏，就有必要通过刑法进行“二次评价”来进一步规制行为、恢复社会关系。刑法作为规范社会关系的最后一道防线，不能轻易滥用。

在司法实务中，对于刑民交叉的案件，一直都有“刑进民退”和“民进刑退”两种争论。但在经济社会高速发展及现阶段强调宽严相济的刑事政策，以及刑法的谦抑性理论的背景中，“民进刑退”的呼声越发壮大。

近年来，公检法纷纷发声，严禁使用刑事手段插手经济纠纷，并明确办案严格坚持“四个原则”，即罪刑法定、法不溯及既往、从旧兼从轻、疑罪从无原则，对于确属事实不清、证据不足、适用法律错误的错案冤案，坚决予以纠正；亦要求办案机关严格把握案件罪与非罪的界限标准，坚持主客观相一致原则，避免客观归罪。最高检同时要求，对民营企业生产、经营、融资等经济行为，除法律、行政法规明确禁止外，不以违法犯罪对待；如果法律和司法解释规定不明确、法律界限不明、罪与非罪界限不清，将不作为犯罪处理。尽管如此，但囿于“先刑后民”观念的深刻影响以及人为因素，滥用强制力干预经济纠纷的现象频仍。

“先刑观念”，是在民刑交叉、行刑交叉类疑难案件的处理过程中，置民法、行政法等前置法律规定于不顾，将本属于最后保障法地位的刑法提升至统领整个法律体系的位置，一旦发生经济合同纠纷，刑法总是被部分急于求成的人率先考虑，如此的思维定式难免招致各类问题：

其一，市场经济的调控首先且主要应依靠民商法、经济法，而刑法在调控经济失范行为中的功能毕竟是有限的，“凡能用民事手段、商事手段、行政手段解决的矛盾纠纷和一般违法问题，就绝不动用刑法手段。无论在立法还是司法上，对市场经济领域中的冲突和纠纷，不能轻易规定或轻易认定为犯罪。在没有穷尽非刑事手段之前，一定要慎用刑事手段”。这应该是站在国家改革发展的大局，从长远着眼而得出的一个必然结论。

其二，刑法与其前置性法律是两座并行不悖的堤坝，共同防御着不法洪流对社会生活的侵袭。在市场领域，作为前置性法律的民商法、行政法、经济法与刑法之间并无高下之分，都是立法者为抑制经济不法行为而苦心搭建的法律体系。滥用刑法调整民商事法律关系的危害性却使立法者构建的前置法体系沦为“一纸空文”，严重损害了前置法的权威性。

可以说，犯罪作为一种特殊的社会现象，对其治理应综合运用政治、经济、文化、法律等多元手段，而不必对刑罚有着如此近乎执拗的偏爱。因此，在处理刑民交叉案件时，我认为或许可以开辟一条新的路径，创造一种新的可能，即实体上“先民后刑”，程序上“先刑后民”，特例允许法律规定的部分“刑民并行”。

“市场有风险，交易须谨慎”，刑法规范对于市场主体有着不同于生活领域的要求。每一位进入市场进行交易的主体都须擦亮双眼，谨慎识别各种包括欺诈在内的交易风险，防患于未然，而不能仅依靠国家刑罚的强力保护。

严格来说，对市场领域的犯罪认定范围应进行适当缩减，因为一种虚构事实、隐瞒真相的行为，究竟是波诡云谲的商业时代出奇制胜的技术策略，还是损人利己的商业诈骗，最终的财产损失结果究竟是具有非法占有目的的诈骗或者侵占行为，还是投资人应当承担的投资风险，其判断本身就具有复杂性。

根据《最高人民法院、最高人民检察院、公安部关于办理非法集资刑事案件适用法律若干问题的意见》及《最高人民法院关于审理民间借贷案件适用法律若干问题的规定》的规定，人民法院立案后，发现民间借贷行为本身涉嫌非法集资犯罪的，应当裁定驳回起诉，并将涉嫌非法集资犯罪的线索、材料移送公安或者检察机关。人民法院立案后，发现与民间借贷纠纷案件虽有关联但不是同一事实的涉嫌非法集资等犯罪的线索、材料的，人民法院应当继续审理民间借贷纠纷案件，并将涉嫌非法集资等犯罪的线索、材料移送公安或者检察机关。民间借贷的基本案件事实必须以刑事案件审理结果为依据，而该刑事案件尚未审结的，人民法院应当裁定中止诉讼。

也就是说，除了考虑是否存在欺诈行为、投资风险之外，欺诈程度的不同、财产损失后的处理方式对于罪与非罪的判定也至关重要，而交易行为的特殊性与商事主体所具有的较高注意义务，决定了市场领域对于可能存在的夸大或者隐瞒事实有高于生活领域的容忍度。这也意味着，我们难以用生活的标准要求商界，亦不可动辄将市场领域中“虚构事实、隐瞒真相”的行为评价为诈骗、集资类犯罪。否则，将与刑法的谦抑性背道而驰！

人生如棋局局新

丁一元小传

人生是一场修行，我们都行走其间。工作 35 年，在行政事业单位到了面临退休的年龄，而自由职业的律师，需要经验积累和知识沉淀，还可称为黄金时期。

55 岁的人生，在我看来就如足球比赛上下半场，刚步入人生的下半场，该出本书对上半场做点总结复盘，终成此书。

太阳每天升起，都是新的一天。人生的每一天也像棋局一样，局方而静，棋圆而动。自古及今，弈者无同局。《传》曰："日日新。"

1966 年我出生于赣湘鄂三省交界处山旮旯的江西省修水县路口乡，由于父亲曾为傅作义部下（北平解放改编为"四野"南下）而被打成"右派"，我的童年过的并不顺遂。四兄弟姐妹中，我排老二。家境贫寒的我没有"寒窗苦读""凿壁借光"的动人成长故事，却成为"野小子"一枚——爬树掏鸟、下河摸鱼、捉泥鳅、烤蚂蚁，村子里能玩儿的乐子我都是"组织参与的领导者"。

父亲 1951 年南下广州，到广东省茶叶进出口公司第一茶厂工作，在 1958 年汹涌的反右浪潮里被错划为"中右分子"，挨到 1961 年，城市人口压缩，他从广州回到了故乡，娶妻生子，一生奔波。

由于经历战乱时代当兵打仗，后来父亲身体一直不好，但坚持锻炼，保持乐观心态和有规律的生活。就在本书写作过程中，身患癌症的老父亲于 2019 年 8 月 25 日去世，享年 93 岁。聊以慰藉的是耄耋之年慈祥的母亲尚能阅读。少年时，父亲常常撅着我的脖子让我听他诉说当年的饱经风霜，很多东西如今我也忆不起来，只记得他当时一直心心念念的城市——第二故乡广州。

（一）* 求学之路 *

1976 年我小学毕业。翌年，国家宣布恢复高考，百废待兴。我像是突然醒悟了的猿猴儿。从那时起，我开始了正规踏实的学习，野孩子也不再儿戏。2 年后，我顺利从乡中学考上县里的第三中学。

当时物质贫乏，文化沙漠。花季年龄的中学时代乏善可陈，只能啃点课本上有限知识，周末放假回家便耕田种地、挑水砍柴、摘茶采桑。陈少文老师在《心能转境》中写道："'谁的人生不是负重飞翔'，'微笑，并保持微笑；飞翔，并保持飞翔'"。深以为然！

1982 年，我作为文科班的第三名，考上了九江学院（九江师专），选择了就读中文系。我清晰地记得填报志愿时的念头，想将来当个作家，写本好书。虽不是重本学校，在只有 5% 录取率的时代，也被视为天之骄子，家中为此还在村中放了一场电影以示庆祝。

刚入大学时，由于营养不良，16 岁的我还仅仅是个 156 厘米的小个子，父亲来信说："钱要用在刀刃上，要体德智全面发展。"强调要把身体锻炼放在首位，因此，课余时间不是在踢足球，便是打篮球，在学校的头两年，我足足往上蹿了十厘米。

不过，比之于那个猛蹿个头的青葱岁月，在这崭新的天地中再次被激活的，是我那颗不安现状、蠢蠢欲动的心。

如何邂逅法律？这里倒是要自揭糗事了。

1984 年暑假，父亲虽然早于 1979 年平反摘掉了"中右分子"的帽子，但落实政策恢复工作的事情尚在奔波中，彼时我们仍在乡办茶场种茶务农，假期回家帮助干活是必须的。8 月下旬的一天，母亲因与邻居自留地的争执被打，作为儿子的我便二话不说也加入"战团"，结果双方均有轻微伤。经劝开后，就没当回事儿。可憎的是，由于对方在当地的家世背景，与县公安局局长是远房亲戚，数天后乡派出所竟开来一辆警车，把我戴上手铐关进县看守所行政拘留 15 天。

对于年少的我而言，那几个暗无天日、便池挨着土炕头，失去自由的日子，真正是吃饭如嚼蜡。唯有铁栅外的天空，我时不时地望着它发呆，渴望珍贵的自由。

因临近 9 月 1 日返校上课，家人找尽关系求情，并赔偿对方要求的费用后（这种做法延续至今仍管用），我才得以提前 7 天解除拘留。那是我第一次感受到司法的力量，正义又不失小邪恶，实在又有魅力又不失可爱。

也许就是这次经历，法律的种子在我心里生了根。

（二）*初出茅庐*

1985 年 8 月，高校毕业，我被分配到的核工业部华中地质勘探局 267 地质大队子弟中学当老师，第一年教初三语文和地理，第二年带高一。整整两年，20 岁的我充满朝气，还像模像样地做起了班主任。教书真的是个太容易让人获得成就感的工作，可惜骨子里的我，也许从来就不中意于这样一份按部就班的安逸。我深知，我依然是那个不安于现状的“野孩子”。精力充沛的我，早上 7 点带广播操，傍晚下课后在沙地上用几块砖头垒起球门，和同事踢球，晚上坐在教室批改作业，盯着学生自习至晚 10 点就寝，过着清心寡淡的生活。

1987 年因军转民政策，子弟学校随地质大队迁往九江市庐山区。孔老夫子说“父母在，不远游，游必有方”，我不想去 200 公里外教书，便申请调动工作，待到国庆期间，如愿以偿地接到了去修水县司法局报到的通知。

（三）*改行从政*

1987 年年底，刚到司法局做一名行政干部，不久被派驻黄沙港镇创建修水县第一家法律服务所（司法所），做了一名乡镇法律工作者（参见后记图 1）。两年的时光，小到书写诉状、协办公证、出庭代理、调解民事纠纷，大到刑案辩护、普法宣传以及严

后记图 1　1987 年和省司法厅、市、县司法局领导于法律服务所合影

后记图 2　办案追债

打斗争等都有涉足，甚至穿着警服去办案追债（参见后记图 2）。虽然只是一名“土律师”，但我在这小小的县城里努力的发出一丝光亮。

我办理的第一件刑事辩护案，至今仍记忆犹新：

那是 1988 年 4 月，九江市中级人民法院来修水县审理一起抢劫案：在一个月黑风高的夜晚，上衫乡樊某贵为首，串邀了当地十多名村民，摸上国营土龙山金矿，打伤护矿人员，每人扛走一编织袋金砂矿。数日后，参与人员全部被抓，九江市检察院以抢劫罪提起公诉。该案影响重大，上级要求从重从快处理，以儆效尤。除几名主犯家属自行委托律师外，法院给从犯都指定了辩护人。而彼时，全县只有 3 名专职和 2 名兼职律师。于是，我这个入职才半年的乡镇法律工作者，也被指定为排名第十的被告人朱某辩护。

庭审后第三天便召开了公审宣判大会，第一被告樊某贵被判极刑“死立执”；其他主犯也判得很重，我的当事人是最轻的，被判有期徒刑3年。结果是意料之中的，因为当时适用的是 1979 年《刑法》和《刑事诉讼法》，律师不能提前介入，只有在开庭前几天才可以阅卷，会见一次后便匆匆出庭，辩护效果可想而知。重大案件由政法委协调定调，律师辩护被称为走过场，可谓“形式辩护”。

任何事情都有例外，一审宣判后，被告人纷纷提起上诉，我继续担任二审辩护工作。大家在有着丰富经验的老律师冷克林主任（现今仍参与很多重大冤案申诉的辩护工作）带领下，开会认真研究案情。找到辩点后，我迅速写好辩护词寄给江西省高院并向相关领导陈情。虽然只是书面审理，但接到二审判决书的那一刻令人欢欣鼓舞，我的当事人由有期徒刑 3 年改为免予刑事处罚，首犯樊某贵改判死缓。虽然，改判因素是多因一果，但初出茅庐，令我颇有成就感！

（四）* 通往律途 *

当时指定辩护的律师费只有 25 元，但首战告捷，这为我走向律师职业，尤其是后来从事刑事辩护埋下了兴趣的种子。彼时，我是吃皇粮的行政干部编制，评为主任科员，行政级别 22 级。除去司法所的日常工作外，我开始利用工作之余的时间努力自学法律，通过两年的学习与实务结合，1990 年，以高分通过了两年一次的第二届全国律师执业资格统一考试。

翌年，我成为全县第六名专职律师。

拿到律师证后不久，我被调到修水县法律顾问处（官办律师事务所）。此时辩护工作开始大量增多，一个刑案辩护的报酬只是 50~150 元。那时我虽领着每个月 200 元的固定工资，倒也不亦乐乎。

1991 年，修水县法律顾问处改为修水县第一律师事务所。严格来说，这一年我才能真正称得上是“律师”。然而，真正的转折，还在前方。

1994 年年底，我第二次踏上了去往广州的旅程，主要目的是看望顶替爸爸退休在广州工作的姐姐，顺便找寻律师工作。其实也是冥冥之中，从走出广州火车站的第一刻，眼前这人潮涌动的繁华都会，我心中就已然有了念头——我会留在这里。

我想，28 岁那年，是注定要远行的。而广州这座城市恰巧就在这个时刻出现，成为那“命中注定”的载体，想想，如果姐姐远嫁的是北京呢？或许可以问问平行世界中的另一个我，但这也许就是一花一世界，一叶一菩提，一念印一生吧。

（五）* 辞职南下 *

此时刚好律师体制开始松动，清一色的国办所开始出现合作制律师事务所，广州有了万通、三和、金鹏等。就这样，不顾家人、朋友的反对，我放弃了众人眼中的香馍馍——“铁饭碗”，辞去了主任科员的公职（正科级待遇）只身一人南下广州闯世界（参见后记图 3）。

1995 年，于世界、于我而言，都是不平凡的一年。

1994 年 10 月，停薪留职的我经原同事介绍，认识了当时广东商务金融律师事

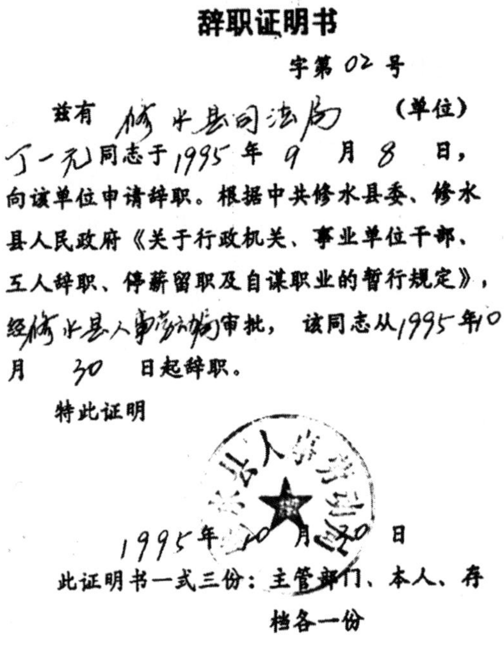

辞职证明书

字第 02 号

兹有 修水县司法局 （单位）

丁一元同志于 1995 年 9 月 8 日，向该单位申请辞职。根据中共修水县委、修水县人民政府《关于行政机关、事业单位干部、工人辞职、停薪留职及自谋职业的暂行规定》，经修水县人事劳动局审批，该同志从 1995 年 10 月 30 日起辞职。

特此证明

1995 年 10 月 30 日

此证明书一式三份：主管部门、本人、存档各一份

后记图 3　辞职证明书

务所（现为启源律师事务所）的彭心实和胡国材律师。严格说来，我的身份并不是他们的律师助理，因为我们从最初便采取案件合作的方式，不发底薪，只拿提成。

我们三人在海珠区穗花新村开了一个律师所分部，与居委会一起在二楼合署办公。律师费的 45% 上交总部，留下来合办案件收入我可以提成 25%。但好景不长，1995 年 8 月，司法局局长打来电话，“司法干警不能停薪留职请假外出了，你要么回来上班，要么辞职”。开弓没有回头箭，经过激烈思想斗争，战胜了患得患失心态，最终说服亲友。1995 年 10 月正式辞职下海，打破“铁饭碗”。相比现在很多优秀法律人才从公检法部门辞职出来做律师，当时需要更大的勇气。

初来乍到，人生地不熟。在广州最初的执业生涯是艰苦的，没有案源和互联网的营销渠道，多数案子都是在与彭律师、胡律师的合作过程中渐渐熟稔。抗美援朝被炮火损伤耳膜的“彭大将军”，因听力不好长期戴助听器，但他待人和善，办案认真，从不搞勾兑，一直都是我执业的榜样。常怀感恩之心，刚到广州是两位老律师“收留”我。如今彭老已逝，胡律师年事已高，和儿女一起定居温哥华，也望其安康。

现在我带的助理常常庆幸——“其实律助生活也并没有想象中的辛苦。”听完后我只能无奈地笑笑。

刚到广州的前两年，靠一辆破单车穿街过巷去调查取证、立案开庭。没有地铁，公交车太挤又太堵，为省钱不打的士，出行基本上是骑自行车。南方天气多变，

春季梅雨湿漉，夏天多雷阵雨，虽然披着雨披，用胶袋套住鞋子，遇暴雨也经常全部被淋湿，回到办公室只好用体温烘干衣裤。

曾记得1997年一天，有对香港老夫妇找到我们，其儿子来广州后失联一个多月，怀疑涉案被捕，之前委托的律师没有任何信息。想重新委托我们办理查询并会见一次，律师费只有1000元。稍加考虑便接受委托。第二天一大早起来，骑车跑遍广州市属三个看守所都查无此人，中午就在路边买块面包喝矿泉水对付，身上湿了一半，分不清是雨水还是汗水。腰挂BP机没有导航的年代，功夫不负有心人，不知问了多少遍路人，最后找到偏僻的省看守所，以家属身份存款才查询到人被关在此处。凄风冷雨傍晚，回到出租屋中早已饥肠辘辘，类似情形不胜枚举。

后来买了一辆二手幸福牌摩托车骑了3年，上下班时还在车把上挂顶头盔，顺便搭客赚点油钱！啃面包、泡方便面，睡办公室地板是常事。

1995年至1997年辗转流离，我曾租住在海珠和天河区城中村简陋破旧民房中。为了增加收入，我还通过中介做过短暂家教。春节期间随着民工潮，自带小板凳挤上拥挤不堪没有空调的绿色大篷车和嘎吱大巴返乡，没有高速公路和高铁，20多个小时火车、汽车换乘情景记忆犹新。

“人生如棋局局新”，人生如弈棋，有断舍离之心，才能求变创新。“与其恋子以求生，不若弃子而取势，能审局者多胜”。

一路走来，也算下了几步“妙棋”：高考、转行、辞职、南下……来广州打拼数年买不起商品房，只好“穷则思变”与人合伙购买宅基地建房，1998年5月，历经十个月建设和装修，一栋占地80多平方米，六层半“农民房”在海珠区东风村落成，至此算是居者有其屋了。如今正面临城中村“三旧”改造。

回想起当初刚到广州求职的鲜绍翔、魏济民等多名律师都在此屋落脚居住，共同度过了创业初期最为艰辛又快乐时光，现在都成为“大状”，也算是一种欣慰。

为了业务发展，2000年元月“鸟枪换炮”，花15万多元买了捷达牌轿车。2003年番禺区有购房入户政策，在洛涛居小区买了小三房，才将全家户口迁入。至此才算真正融入广州这座包容性极强大都市。

从最初的广东商务金融、广州信成，再到广东环球经纬、广东华安联合律师事务所，15年里，终究是在这颠颠倒倒的大都市中站稳了脚跟，而那些激情燃烧的岁月，也不是三言两语就能道尽的。毕竟，流水之为物也，不盈科不行。

（六）* 走向专业化 *

2010 年，机缘巧合下我加盟了盈科律师事务所，彼时的盈科广州所尚未成立专门的刑事部门，而我也只是寥寥刑辩律师中的一员。虽然一个完善的部门尚未形成，但盈科宣讲会及发给我的邮件中明确了要建设亚洲第一大所，走规模化、专业化、国际化和品牌化道路的目标。神奇的化学反应发生了，这封邮件一下子点燃了我多年的梦想与斗志，我渴望走专业化，渴望凝聚一支领跑全国的刑事精英团队，我的心默默地将这里视为应许之地。

刑辩律师除了要有专业和“霸气”外，自身必须不断充电加油。为此，取得法学本科学位后，又参加厦门大学 EMBA 知行合一的学习以及中国人民大学律师学院第二、六、七、八多期刑辩高级研修班进修培训。我开始倾力打造尚在雏形的盈科刑事部。几年来，吸收吐纳，以海纳百川的姿态，放乎于华南大地，不断引入新锐、精兵。至 2019 年年底，盈科广州刑事部门专业律师已逾 50 位，我的团队成员中有来自大型国企从事风控十年以上、毕业于中山大学的王敏律师，也有先后在广州中院刑庭、检察院公诉科工作多年的郑辉、陈洁儿以及刑法硕士郑泳彬、法律硕士熊昊堃等律师。几年来，不仅仅是数字，我们共同探究着各种模式、细分领域、开展合作，讲座培训。

到了“知天命”年纪更要具备刑辩情怀和公益精神。2014 年 9 月，我与深圳林昌炽、黄云，广州宋立、厦门邱祖芳、许兴文，惠州周涌、南宁钟强以及江西廖伍英、湖南唐小虎等律师同行发起了“华南虎刑事辩护联盟”，目的是为青年律师打造授业解惑交流的平台（参见后记图 4）。

几年来，多次聘请梁玉霞、陈少文教授以及省公安厅李建军处长、省检公诉何处长、省法院赖法官等为同行提供了数十场免费公益培训讲座。同时我也多次应邀到公安机关、律师协会和律所举办的论坛、讲座和沙龙做主题演讲发言，如《从刑辩律师视觉看公安机关执法之问题》《走私犯罪辩护的技巧与难点》《死刑犯罪辩护经验分享》《刑民交叉案件办理路径探索》等。

2016 年 12 月承蒙徐建院长、钱列阳大律师的信任和厚爱，“华南虎刑事辩护

后记图 4　华南虎刑辩集训营公益计划 2014 年度总结培训会暨华南虎刑辩联盟成立大会

辩护联盟"成为中国人民大学律师学院广州教学基地。

2018 年我同成安博士携手合作，成为庭立方的"城市合伙人"和事业合伙人，组织刑辩律师参加出庭发问、质证等进阶技巧培训活动。刑事部取得成绩让同行们羡慕不已，而我也在这年复一年中成就着他人，也成就着自己。2019 年年底，部门举行年终总结会开启"十年磨一剑，盈风再启航"征程。

艾服之年，人生尔尔。2020 年，我刚刚度过 54 岁生日。年轻时的我，孤身于这座大城市，总是奔波流离、怅然若失，那时会叹息究竟要仰望多少次，才能真正看见广州的苍穹。

如今早已不是少年心，也不惧流年，跨越了无数山丘，仍在勇攀高峰征途上。只盼他日登高远眺时，自己能依然不畏的呐喊——昔日我曾如此苍老，如今才是风华正茂!

（七）* 运动人生、挑战自我 *

梦想使人类伟大，挑战让人生精彩。

跑马是挑战自己（参见后记图 5）、锤炼意志力的最好方式，从 2015 年至今我已顺利完成了 18 个马拉松赛事，其中全程马拉松 6 个，最好成绩已破四，妻子

后记图 5　参加北京马拉松赛事

在我的耳濡目染下也完成了 4 个半程马拉松。刘桂明老师主编的《法律人马拉松》一书，收录了我的文章《五十岁开始，也能跑好马拉松》。

2016 年“戈十一”全球华语商学院戈壁挑战赛中，我经历了“玄奘之路”4 天奔跑，116 公里漫漫黄沙洗礼，赢得了摄影男神奖，也锤炼了自己的意志。除跑步外，我的运动多样化。绿茵场上满场飞奔（参见后记图 6），篮球场上也可一显身手。市律师协会游泳比赛中与青年组同池仰泳尚能夺银摘铜，长距离更是强项。2017 年加入中国 EMBA 联队于武汉成功横渡长江，2018 年和省律协游泳队何丽国、刘培新、

后记图 6　代表厦门大学参加 2019 首届全国 EMBA 足球联赛获冠军

陈理三位律师接力，10 小时成功横渡 25km 琼州海峡。2019 年参加阳朔铁人三项比赛，获得完赛奖牌。

精彩人生需要战胜惰性不断挑战自己，每年完成一个小目标，实现人生大赢家。以后还有博士、极地、珠峰有待去“攀登”！律师工作既是良心活，也是体力活。刑辩律师不是在去看守所的路上，就是在通往出庭的途中。律师不堪劳累英年早逝的事件时有发生，没有一个强健的体魄，又怎能胜任繁重的工作呢？盈科的梅向荣主任就经常倡导盈科人要爱工作、爱生活、爱运动。

快乐工作六十年，健康生活一百岁，是我人生小目标。唯有运动和思考让我们生命之树长青！谨以此书鼓舞曾经和我一样志在四方的少年，也纪念当下的自己。

图书在版编目(CIP)数据

跨越山丘 : 刑辩律师丁一元办案实录 / 丁一元著
. -- 北京 : 法律出版社, 2020
ISBN 978 - 7 - 5197 - 4263 - 8

Ⅰ. ①跨… Ⅱ. ①丁… Ⅲ. ①刑事诉讼 - 辩护 - 案例
- 中国 Ⅳ. ①D925.210.5

中国版本图书馆 CIP 数据核字(2020)第 026565 号

跨越山丘:刑辩律师丁一元办案实录
KUAYUE SHANQIU: XINGBIAN LÜSHI DINGYIYUAN BAN'AN SHILU

丁一元 著

责任编辑 冯雨春 张 颖
装帧设计 汪奇峰

出版 法律出版社
总发行 中国法律图书有限公司
经销 新华书店
印刷 天津嘉恒印务有限公司
责任校对 晁明慧
责任印制 吕亚莉

编辑统筹 应用出版分社
开本 710 毫米 × 1000 毫米 1/16
印张 21
字数 290 千
版本 2020 年 7 月第 1 版
印次 2020 年 7 月第 1 次印刷

法律出版社/北京市丰台区莲花池西里 7 号(100073)
网址/www.lawpress.com.cn
投稿邮箱/info@lawpress.com.cn
举报维权邮箱/jbwq@lawpress.com.cn
销售热线/400 - 660 - 8393
咨询电话/010 - 63939796

中国法律图书有限公司/北京市丰台区莲花池西里 7 号(100073)
全国各地中法图分、子公司销售电话:
统一销售客服/400 - 660 - 8393/6393
第一法律书店/010 - 83938432/8433
西安分公司/029 - 85330678
重庆分公司/023 - 67453036
上海分公司/021 - 62071639/1636
深圳分公司/0755 - 83072995

书号:ISBN 978 - 7 - 5197 - 4263 - 8
定价:86.00 元